目录

致敬与礼赞

- 为英雄而歌　　　　　　　　　　　　　　吴绮敏　003
- 华屋村，那挺立的十七棵松　　　　　　　朝　颜　014
- 为了稻香满人间　　　　　　　袁瑰秋　熊育群　020
- 谷文昌的兄弟情　　　　　　　　　　　　钟兆云　026
- "茶山就是我的家"　　　　　　　　　　　方金华　036
- 追寻上甘岭神枪手　　　　　　　　　　　肖　勤　043
- 格桑花盛开在玉麦河谷　　　　　　　　　杜文娟　049
- 献给英雄的勋章　　　　　　　　　　　　余同友　056
- 点亮更多孩子的梦想　　　　　　　　　　李朝德　063
- 黄大发和乡亲们筑渠的故事　　　　　　　何建明　071
- 一位战斗英雄的传奇人生　　　　　　　　王　龙　081
- 我的邻居是战斗英雄　　　　　　　　　　陈荣力　089

- 把沙窝窝变成金银仓　　　　　　　　　　蒋 巍　094
- 走在上山的路上　　　　　　　　　　　　李明春　103
- 一诺七十载　　　　　　　　　　　　　　杨辉素　111
- 为了布力开村的乡亲们　　　　　　　　　熊红久　119
- 岁月里奔腾的浪花　　　　　　　　　　　温 宪　127
- 群山不会忘记　　　　　　　　　　　　　李春雷　135
- 执着的坚守　　　　　　　　　　杨明方　李亚楠　145
- 一心为了祖国和人民的事业　　　　　　　唐明华　154
- 霞云岭上，歌声响起来……　　　　　　　程雪莉　161

梦想与奋斗

- 花山岭上起新屋　　　　　　　　　　　　谭 谈　171
- 下庄村的幸福路　　　　　　　　　　　　吴 奎　176
- 山坡上的那片庄稼地　　　　　　　　　　曹卫华　182
- 派出所里的年轻人　　　　　　　　　　　朱千金　188
- 一叠珍贵的收据　　　　　　　　　　　　兰 欣　194
- 坡坡岭岭一片情　　　　　　　　　　　　纪红建　199
- 热土上的奋斗　　　　　　　　　　　　　王巨才　208
- 青春，献给那片蔚蓝　　　　　　　　　　黄海涵　214
- 深潜，万米海底　　　　　　　　许 晨　臧思佳　221
- 无悔的事业　坚守的力量　　　　　　　　黄传会　231
- 为了那一碧万顷　　　　　　　　　　　　秦 岭　239

- 向宇宙深处进发　　　　　　　　　王宏甲　245
- 小巷里，温暖的厨房　　　　　　　彭文斌　255

生态与发展

- 飘香的胡柚林　　　　　　　　　　周华诚　265
- 洋洞村的诗意生活　　　　　　　　向剑波　270
- 孔雀河边　　　　　　　　　　　　马聪娟　277
- 有一个故事，叫长江　　　　　　　刘汉俊　280
- 一生一事一叶茶　　　　　　　　　沈小玲　288
- 这里是翠湖……　　　　　　　　　李青松　293
- 染绿沙漠的人　　　　　　　　　　刘益善　299
- 这里是大黄堡湿地　　　　　　　　武　歆　303

城市与乡土

- 走在西湖边　　　　　　　　　　　苏沧桑　309
- 在烟台看海　　　　　　　　　　　王月鹏　313
- 在日照经山历海　　　　　　　　　赵德发　316
- 浏阳河边是家乡　　　　　　　　　谭仲池　319
- 又到襄阳　　　　　　　　　　　　何向阳　322
- 冬月看戏　　　　　　　　　　　　王　芸　326
- 新风鳗鲞　　　　　　　　　　　　虞　燕　329

- 腊月红 赖赛飞 332
- 窗花舞 张金凤 335
- 社火迎春 乔忠延 338
- 年里汤圆甜 王珺偲 341
- 炒年味 汪 群 344
- 潍坊的风筝 王剑冰 347

遇见与感悟

- 王医生画画 刘从进 353
- 阳台上的花 黄咏梅 356
- 迎春花开 陈爱民 359
- 大山里的医生 周小霞 362
- 温暖的围巾 李长顺 366
- 寻访万年稻源 赵丽宏 369
- 我的夙愿 陆天明 373
- 新春憧憬 叶 辛 377
- 布谷声声 关仁山 380
- 柳青与他的"三字经" 肖云儒 383
- 深巷里的老墙 梁 衡 388
- 希望的田野 幸福的模样 彭学明 392

致敬与礼赞

华屋村,那挺立的十七棵松

谷文昌的兄弟情

追寻上甘岭神枪手

点亮更多孩子的梦想

一诺七十载

为英雄而歌

吴绮敏

悠悠岁月,莽莽人寰。

战争与和平,记忆被歌声浸染。

自青春韶华,源源无尽的音律飞入胡德勤的心田。如今88岁了,她随口哼唱出来,听者无不动容,乃至潸然泪下。那歌唱,映照非凡岁月、英雄情怀。熟人说,她大约生来就担着一份特殊使命——为英雄而歌!

中共中央、国务院、中央军委向参加抗美援朝出国作战的、健在的志愿军老战士老同志等颁发"中国人民志愿军抗美援朝出国作战70周年"纪念章。接过纪念章的胡德勤,心情无比激动。

记者采访她,她谈得最多的,是那些赞颂英雄和友谊的歌,是那些曾经同她一起奔赴前线的战友,还有40余年从事革命回忆录编辑整理工作的感受……文艺宣传、历史传承、军旅之缘,贯穿她全部的职业生涯。

一

胡德勤说自己是幸运的,在芳华初放的岁月迎来解放。她投入时代的大潮,参加伟大的抗美援朝战争,成为奔走在硝烟中的光荣歌者,见证乃至成就着"英雄儿女"的传奇。

1949年11月30日那一天，重庆解放，山城人民欢欣鼓舞。

那是一个热血沸腾的年代！来自大学、中学的上万名重庆学生报名参军。胡德勤那时候刚刚17岁，是四川省立重庆女子师范学校音乐科二年级学生。不留恋在家里的舒适生活，也不留恋手捧钢琴乐谱、款款穿行于校园琴房之间的安逸……她毫不犹豫跟着堂姐胡德嘉、胡德蓉去报考第二野战军第三兵团第12军文工团。

文工团检视报名者的文艺天赋，胡德勤自然不胆怯。从小，她在家里伴着风琴，唱着跳着成长；初三时，还曾获得过全校歌唱比赛、演讲比赛、作文比赛三个第一名。结果，胡德勤同两个堂姐都被第12军录取了。同样考进来的还有：大学生杨肖永和她的姐姐、弟弟，大学生潘光汉和他的妹妹，大学生钟文龙、王廷，刚升入初中不久、曾活跃在重庆话剧舞台上的"儿童演员"余琳，擅长绘画的何孔德……都是渴望成长的年轻人。

走进部队大熔炉，投身伟大祖国的正义事业，这是无比光荣的人生旅途，也是勇毅奉献，甚至流血牺牲的人生旅途。

在朝鲜战场，杨肖永、潘光汉牺牲了，胡德勤、钟文龙负伤了；王廷、余琳挥泪为牺牲的战友最后送行；何孔德和战友们穿行于战壕间，用画笔展现上甘岭战役的壮烈……这一切，就发生在他们参军两年多以后。

为了和平，为了正义，青春无悔！

他们始终铭记着一句话：没有痛苦算什么生活，没有风暴算什么海洋……

二

1950年，朝鲜战争爆发。以美国为首的所谓"联合国军"攻入朝鲜，把战火烧到中朝边境。值此危急关头，应朝鲜党和政府请求，中国党和政府以非凡气魄和胆略作出抗美援朝、保家卫国的历史性决策。

出征！作战部队冲上去了，文艺战士也冲上去了。

1951年3月24日黄昏时分，第12军文工团部分人员随大部队从宽甸出发，跨过鸭绿江上搭起的浮桥——捆扎在一起的木船一字排开，船上铺着平整的、相互衔接的板子，一直延伸到江对岸。

进入朝鲜境内，持续行军20多天的考验立刻开始。

基本都是夜行军。一开始，一夜行军六七十里，后来增加到一夜走八九十里，最多的一夜曾走了120里。敌情随时可能不期而至，沿途山顶上部署的防空哨兵密切观察着，发现敌机立即鸣枪示警。

大路上，多路部队并进。只要没有敌情警报，胡德勤和战友们就主动承担起行军鼓动任务，打着快板跑前跑后，给同志们鼓劲。

回望那段体能极限大考，有人曾问她："是不是很苦？"

"当然，天天都艰苦。"她答。

"脚磨出泡了？"

"磨烂了！但这些都是小意思。"每次问到怎么个苦，她都不知该从何讲起。

找来作家魏巍描写女文工团团员的一段文字给她看，她说写得很真实——

"从跨过鸭绿江的那一天起，她们就背起了多少东西！背着背包，背着十斤干粮，十斤米，一把小铁锹，有的人还有一把小提琴。有一夜，行军九十里，有的男同志还掉了队，但是她们咬着牙，带着满脚泡，连距离都没有拉下。过冰河，她们也像男同志一样，卷起裤脚哗哗地蹚过去。冰块划破了腿，就偷偷地包上也不言声。露营了，就在山坡上用松树枝支起一块小雨布，挤在一起，夜间冻醒，就蹦一蹦、跳一跳再睡……"

第12军于1951年4月中旬到达谷山地区,不久后参加第五次战役。在战役第一阶段,突破"三八线",进逼汉江;在战役第二阶段,突破加里山,截断洪阳公路,激战自隐里,直抵兄弟峰。1951年11月起,第12军参加金城防御作战,在持续一年多的坑道战中圆满完成防御作战任务。1952年,第12军参加上甘岭战役,歼敌1.2万人。

1952年9月29日,在这一天的战斗中,第12军涌现了多位威名远扬的战斗英雄。但也是在这一天,敌机突袭距离上甘岭不甚远的第12军指挥部所在地区。在这次轰炸中,第12军文工团牺牲很大。

三

第12军文工团驻地距离军指挥部很近,是个名叫"隐洞"的山沟。

当初,为安全起见,军首长特别指示把军部直属工兵营的驻地腾给文工团。这里地形非常隐蔽,山下有一条小河,到处郁郁葱葱。

文工团在山坡上的绿树间搭起了排练棚,山腰处还有工兵营早就挖好的防空洞。

那些天,文工团团员们正在为国庆节迎接祖国慰问团的演出做准备。黄昏时分,去河边洗衣的文工团团员,总是禁不住面向潺潺流水练声放歌,每每都能听到山间回响。

1952年9月29日早饭后,各个节目组都忙着排练:胡德勤和钟文龙在山沟里的掩蔽部排练《阻击战之歌》;小歌剧《一门火箭筒》节目组正在排练棚里忙碌,编剧兼作曲杨肖永一边指导排练,一边修改。

突然间,群山回荡轰鸣声。4架敌机来袭,先用机枪扫射,然后是狂轰滥炸。一条小山沟,投下了80多枚炸弹,还有燃烧弹。用茅草搭建的排练棚燃起熊熊大火,硝烟弥漫。

《一门火箭筒》节目组，7位同志壮烈牺牲。受伤的人员也很多。

敌机轰炸时，胡德勤和钟文龙拼力向半山腰的防空洞方向跑，半途正遇敌机朝她们俯冲下来，只能就地卧倒。

爆炸声响起，胡德勤顿感腿部受到一击，一股热血旋即涌了出来。

"我挨了。"钟文龙的声音传来。

"我也挨了。"胡德勤说。

钟文龙伤在头和右腿，胡德勤伤在左腿。

敌机偷袭的消息很快传到军部，军首长立即带着担架队赶来，组织营救伤员。

负伤的黄业敬、余黎、丁光曦、刘国华、钟文龙和胡德勤都被送进医疗二所。最初，胡德勤被诊断为大腿擦伤，医生对伤口进行了包扎处理。几天后，她开始发烧，伤口上方出现红肿。于是医生从伤口处插入铁丝做的探针，最后在伤口上方12厘米处顶到留在体内的弹片，遂在那个部位开刀。胡德勤的左腿从此留下两道疤：一个是炸伤留下的开花状疤痕，一个是手术缝合后留下的条状疤痕。

那次空袭之后，牺牲的烈士们被换上了干干净净的军装。当天晚上，军首长、战士代表、朝鲜老乡都来为烈士们送行，这是战场上庄严的告别仪式。

"同志们，我们不要被敌人吓倒，要化悲痛为力量，还有许多任务等我们去完成。"

英雄流血不流泪！文工团领导明确要求："不准哭！"

与其说是葬礼，不如说是誓师。流血牺牲吓不倒文工团团员。

各节目组迅速调整，日夜加紧排练。杨肖永烈士牺牲前尚未完成《欢迎歌》的谱曲，王玉琴、杨承德担起了这份特殊的重任。

国庆节当天，演出照常举行。文工团团员们强忍着眼泪演唱《欢迎歌》,还表演了相声《美军四大弱点》、山东快书《爆破英雄黄家富》、四川评书《冷枪战》、小歌剧《一把洋镐》、朝鲜舞……这是一场表现部队战斗生活、战斗作风的高质量演出,这是一场在文工团刚刚伤亡10多位同志的情况下,把对敌人的仇恨化为力量、继承牺牲战友遗志的演出。

第12军军党委颁发锦旗,"战斗的文工团"6个大字成为永不磨灭的记忆。

"这场演出令人终生难忘!"观看演出的祖国慰问团同志深受触动。后来他们向祖国人民汇报时,每每都讲起这场演出。重庆代表团还撰写了题为《战斗的十二军文工团》的文章,发表在报纸上。

四

战事严酷,而中国人民志愿军士气高昂。中国共产党领导的人民军队历来重视文艺宣传工作,1929年12月通过的古田会议决议就对军队文艺宣传工作明确提出要求。成功的文艺宣传,也是中国革命不断从胜利走向胜利的一个重要"密码"。

曾赴朝鲜战场的作家舒群写道:"前方需要文艺工作,在一定的时间内,或者比后方需要的更甚。谁都知道火线上的生活,是极度紧张的,艰苦的……特别是展开战斗中间,我们最有思想,最有正义感的指战员们,一切的需要都集中成为一个需要——歼灭敌人……可是,只要有一个空隙,他们就会想到'我们的宣传队'呢?我们部队的文艺工作者,最懂得这种时机的可贵,抓住它是不会放的。"

把文艺送上前线,文艺又来自前线,这也是抗美援朝战争史册上闪光的一页。

作家巴金两赴朝鲜前线,第一次住了7个月,第二次又去住了5个月。他创作的小说《团圆》,后来被改编成电影《英雄儿女》,成为永不褪色的经典。时隔30年后，他感慨道："直到今天，我所爱的英雄们可歌可泣的事迹还激动着我的心灵，鼓舞我前进。"

作家刘白羽奔走在汉江前线，不仅以记者身份报道我军的战斗，而且记录了美国士兵讲出的"保命要诀"。那是1952年秋天，美国上等兵密勒对他说："没想到北朝鲜有这样强烈的炮火。"刘白羽在文章中写道，美军前哨阵地上的普遍心情就是"低下头来！"——一个美国士兵说："这是老兵告诉我的话中最经常、印象最深的一句话：'低下头来！'"

细数赴抗美援朝战争一线体验生活的作家，还可以拉出一个长长的名单：蓝澄、韶华、井岩盾、安娥、白朗、谢挺宇、马加……魏巍基于前线亲历，写了传世名篇《谁是最可爱的人》，在《人民日报》发表，感动了全中国人民。

很多知名演员参加了中国人民赴朝慰问团，梅兰芳、周信芳、程砚秋、叶盛兰、常香玉、赵丹、侯宝林、马三立、马思聪、王昆、郎毓秀……用精彩的演出慰问"最可爱的人"，在前线奔走几个月之久。但令人痛惜的是，著名相声演员常宝堃、弦师程树棠在前线遭遇敌机轰炸扫射，献出了生命。

当然，同前线指战员接触最多的文艺工作者，还是部队文工团。

在前线表演的节目，很多是根据战斗英雄的故事即编即演的。有些作战部队组建了战士歌舞团。据新华社1953年9月的报道，在上甘岭前线的某部文工团、文工队，曾在8个月中配合各时期的战斗任务，深入部队演出945次，有10位文工队队员在15天走遍45个阵地，演出59场，表演节目511个。这些数据都是文艺战士顶着炮火跑出来的，个中艰辛为常人难以想象。

隆冬时节，齐腰深的雪遍布山峦，文工团慰问小组依然坚持奔赴前沿阵地，把军首长的慰问、把鼓舞士气的节目带过去。

这是实实在在翻山越岭！爬到山顶时已经气喘吁吁，下坡时就索性顺势溜下去——哪个瞬间没掌握好平衡，就是滚下去。

在前哨阵地，他们爬进一个又一个"猫耳洞"，持续"换场"表演，一定做到给每个洞里的战士表演节目。

"艰苦就是光荣，坚持就是胜利！"赴朝前，他们在誓师大会上集体喊出这样的誓言。在前线，他们以实际行动忠实履行誓言。

前线指战员很感动，纷纷道出心声："文工团同志能来这里，什么都有了！回去请告诉首长，有我们守在这里，敌人就打不过来！"

把文艺送上前线，能够提升部队士气；当文艺来自前线，其穿越时空的生命力更能广泛而持久地震撼人心。

胡德勤严守部队纪律，在朝鲜没写过一纸日记，却留下了别样的战争纪实——她揣在军装兜里的小笔记本上，写满了战地歌曲。

几十年过去了，虽然只剩下一个红皮小本、一个蓝皮小本，且很多纸页早已泛黄、残缺、零落，但在所剩的页面中，连词带谱，竟有她密密麻麻抄录的141首歌。尤其珍贵的是，那些描写真实战斗历程的歌曲，以生动、完整的叙事，折射出永恒的光辉。

比如，描写金城防御作战期间一场战斗的歌曲《邓祥林》："水有源来树有根，英雄的连队里出英雄。这英雄在三十四师一零六团一营一连英雄王克勤连队当班长，他的名字叫邓祥林……"战士们听到文工团歌舞队创作的赞颂邓祥林的歌、看到文工团美术队创作的幻灯片《爆破班长邓祥林》，无不备感振奋。邓祥林所在的第106团，就是后来在上甘岭战役中战斗到最后胜利时刻的部队——1952年11月25日，第106团顺利完成使命，将537.7高地移交给第29师，战史上把这一天作为上甘岭战役的结束之日。

又如，描写上甘岭战役支前景象的歌曲《朴老汉》："上甘岭啊上甘岭，战火燃烧雪在飞扬。一寸土地一寸火，激烈的战斗在山前打响。山后的公路日夜运输忙，那汽车队又拖炮弹又拖枪，那运输队背的背、扛的扛……"质朴感人的歌词，从一个侧面真实描绘了上甘岭战役中的情境。宣传上甘岭战役，第12军文工团美术队贡献巨大。何孔德、周祖铭等美术队队员同一线战士朝夕相处，电影《上甘岭》片头的画，就是他们创作的。

还有，展现中朝友谊的歌曲《任廷昌》："有一个中国志愿军的战士任廷昌，洒下了无数的鲜血，在我们春耕的土地上。孩子啊，你将永远活在朝鲜人民的心上……"任廷昌是第12军的英雄战士，1952年春天帮助金大娘春耕时牺牲，后被追记一等功，获得"二级爱民模范"光荣称号。那年秋天，朝鲜人民特地用任廷昌牺牲之地长出的大米制作打糕，满怀深情地送给中国人民赴朝慰问团。朝鲜人民还创作了一首表达哀思的歌曲——"我们亲爱的任廷昌！如今已是秋收时光，这是你用血浇种的稻谷高粱，一颗颗长得又肥又壮，我们要把它留作种子，撒在全朝鲜的土地上，让你的名字遍地流芳……"

战地歌声，因英雄起，伴英雄行，立英雄志，扬英雄名，鼓英雄气！

五

"人都有感情，战士的心是更热烈和伟大的，有的战士背着炸药把自己生命跟敌人战车同归于尽……牺牲自己并不是容易的事，这样的感情我们不应该让它埋没，我们有责任把它表扬出来，让祖国人民知道。"中国人民志愿军政治部主任甘泗淇当年对巴金一行讲的话，道出了文艺宣传工作的责任，这也成为许多文工团团员一生的自觉追求。

1954年4月，第12军文工团回到祖国。抗美援朝精神的火种深深融入这些"最可爱的人"的血脉里,伴随他们开启新的人生旅程。根据组织安排,胡德勤调入中央警卫团文工队。无论在哪个岗位工作,她为英雄而歌的人生轨迹,都一直向前延伸着。

中国青年出版社创办《红旗飘飘》丛刊后,她加入编辑队伍。采访革命前辈,记录整理革命回忆录,编辑传记文学……日积月累,她对党史、军史中的重大历程了然于胸。

青春渐行渐远,但岁月抹不掉珍贵记忆。

胡德勤时常想起因为负伤而无缘表演唱《阻击战之歌》。听说第12军文工团创作的这个优秀节目,后来成为中国人民志愿军政治部文工团的节目,她一直想亲眼看看。

喜讯终于传来。1958年的一天,胡德勤忽然接到老首长的电话:"今晚在中南海怀仁堂,中国人民志愿军政治部文工团将向中央领导作汇报演出,你可以来观看。"

1958年10月,中国人民志愿军光荣回国。能够在这样的历史节点,获得观看这样一场演出的机会,对于一位曾经的志愿军文艺战士而言,是何等幸福的心愿得偿啊!

舞台上,大幕开启,雄壮的《中国人民志愿军战歌》响彻全场,观众无不振奋。胡德勤看到自己曾参演过的那些节目,脑海中浮现出无数难忘的回忆,心潮澎湃。演出结束后,她激动地走进后台,看望原第12军文工团的老战友,相拥祝贺,热泪盈眶。

"我们永远怀念那些牺牲的战友。作为战争幸存者,只能好好工作,对其他的事情不能有过多的要求。"她常常这样说,并且知行合一,无论经历什么风雨、面对什么际遇。

平平凡凡,兢兢业业,她参加编辑了数十期《红旗飘飘》丛刊,作为责任编辑奉献了很多重大题材传记文学作品:苗冰舒撰写的《刘邓在中原前线》,刘白羽撰写的《大海——记朱德同志》,纪学撰写的《朱德和康克清》,张帆撰写的《长城内外》,李荣德撰写的《齐鲁飞将军》……在这些书稿的编辑和推介过程中,她得到多位军队老首长的热情支持和帮助。聂荣臻元帅还为《长城内外》题写了书名。

"我愿与作者同举擎天史笔……让真理铿锵的声音,永远回旋,叩启人们的心扉。"写下这几句话时,胡德勤已届退休之年,老骥伏枥,志在千里。有人说,这是从战场走下来的人特有的气概。

歌声嘹亮!值得永远铭记的英雄赞歌,映射着非凡的民族风骨、民族力量。

华屋村,那挺立的十七棵松

朝 颜

一

枝叶苍翠、树干斑驳,从表面看,这样一棵松树,与南方众多上了年岁的松树并无二致。然而,当我的目光越过纷乱的杂草和矮小的灌木,投注到树底下立着的一块方形石碑时,忽然心中一凛。

这是一棵有故事的松树。

石碑上,简要地记载着一个人的生平:"华崇煌,男,1908年出生,红一军团战士,1932年参加红军,1934年随部队长征,长征途中牺牲。"我们不知道,他牺牲于何年何月何时何地,经历过什么样的战斗,我们只知道,他牺牲的时候,还不到30岁。

长征,二万五千里,那条路多么漫长,于他而言又多么短暂。文字上方,一颗鲜红的五角星静静地凝望人间。

山连着山,逶迤在赣闽边界。我所站立之处,是瑞金市叶坪乡华屋村的后山蛤蟆岭。雨后的山岭,绿意更加深浓,密密实实的林木拉开一个半圆弧的弓形,环抱着整座村庄。细细观察,可以发现其中生长得最为茂盛,并以绝对优势占据后山高地的,是松树。

我对写着华崇煌名字的那棵松树深深地鞠了一个躬,转身,又与更多这样的松树迎面相逢。每一棵松树下都立着一块石碑,上面写着:华崇宜、华崇森、华钦恩、华钦仓、华质彬、华钦柏、华钦梁、华崇沂、华桃生、华德和、华树生、华钦材、华德思、华崇松、华钦遥、华崇球。这一块块石碑、一个个名字，集中地呈现出这些松树与一个姓氏、一座村庄以及一段历史不寻常的关系。

是的，华屋，是著名的红军烈士村。这17位被后人刻下名字的华姓后生，都有着相似的简短生平，都再也没有回到过这个村庄。只有他们亲手种下的17棵松树，还挺立在密林中。这些松树，有的根枝相连，像携手的兄弟；有的独自站立，像倔强的孩子。但无论怎样，都有着同一个生长方向——朝着天空，朝着阳光，引颈张望，就像当年参加红军时那一份坚定不移的决心，就像87年前那一场义无反顾的出征。

风掀动阵阵松涛，仿佛是在低低地诉说。我围绕着那些苍劲刚直的松树，一次次地仰望着；注视着那些碑文上的文字，一遍遍地阅读着。这17个曾经鲜活的生命，连一张照片都没有留下，他们的音容笑貌，只能在后人的讲述和人们无尽的想象中复现。

但是，我知道，无论从这17个名字中抽出哪一个，背后都有一种意蕴丰富的人生，打开的都是一段壮烈豪迈的历史。

二

20世纪30年代初，为扼杀新生的红色政权，蒋介石调集大量兵力，对中央苏区发起了军事"围剿"。前方战事吃紧、后方兵源短缺，中华苏维埃政府发出"扩红支前"的号召。作为中华苏维埃共和国首都的瑞金，扩红运动规模最大，参军支前人数达到了总人口的近半数，村村寨寨，父送子、妻送郎、兄弟争相当红军的动人景象比比皆是。

这其中，便有华屋村的好儿郎。那时候，仅34户人家的华屋，家家户户都有人参加革命。他们不仅出人出力，还出钱出粮，为了革命是真正做到了倾其所有。据不完全统计，底子穷苦的华屋村民，共捐献稻谷300余担、豆类4000余斤、银圆1400余块，还有许多难以估价的银器、黄金制品。

第一批应征入伍的，是华质彬、华钦梁、华钦材。三个小伙子心绪激动，跑到后山上与村庄告别。想到马上就要离开这片熟悉的土地，想到这一去不知什么时候才能回来，他们收敛了最初的欣喜，内心变得沉重起来。"要不咱们走之前，每人在这儿种一棵松树，给家里人留个念想怎么样？"华质彬第一个提出了他的想法，华钦梁、华钦材听后，觉得是个好主意，便一同说好。

三人前往山坡上栽树的时候，引来了乡亲们的围观。古往今来，人们以诗文的形式赋予松树以高洁的品格，三人种下松树，正是要将松树的气节种进华屋人的骨子里，并生长为根深叶茂的精神和信仰。

"我们去当红军，决不做逃兵，更不当叛徒！"

"我们坚信革命必胜！"

"以后，咱们华屋人去参军，都来这里种棵松树，就算是我们留下的根！"

乡亲们听了纷纷拍手，心中更是深深叹服，许多人暗自想着自家初长成的男儿，是不是也该送去当红军了？

扩红运动还在继续。从那一天起，种一棵代替自己守望故乡的松树，留一份遥相呼应的思念，成为华屋男儿参军离乡时约定俗成的规矩，固定了下来。

这一种，便是17棵，种成了一个庄严神圣的仪式。

三

离别的日子眼看就到了，队伍集合的口哨声响遍了整个村子。听说这一次是跟随红军部队北上，村道上站满了前来送别的父老乡亲。华质彬的妻儿来了，华崇煌的父母来了……牵挂和不舍，骄傲与期盼，百种滋味翻腾在战士和亲人心间。

队伍中，个头最矮、身材最瘦小的华崇宜，年仅13岁。老来得子的爹娘，泪水涟涟地挤进送行的人群中。他们是积极支持儿子去当红军的，但看着面容稚嫩、从未出过远门的儿子，想到小小年纪就要扛起刀枪、冲杀战场……实在不敢再往下想。

两位老人忍住心中的担忧，拉着儿子的手，说："崇宜，你现在是红军了，是我们的骄傲。你要跟着叔叔和哥哥们好好打敌人、打胜仗，知道吗？"小崇宜看着忧心忡忡的爹娘，说："爹，娘，你们放心吧，我会像那些种下的松树一样坚强勇敢的，你们就等着我的好消息吧！"

从此，便是日复一日、年复一年的等待。华屋如此，瑞金如此，整个苏区留下的老弱妇孺都如此。不过，对华屋人而言，他们还有松树，还有一份看得见的念想。他们知道，出发前，华屋籍的战士们早有约定：革命胜利后，要一起还乡，回报父老乡亲。如果有人牺牲了，活着的人不仅要为阵亡的兄弟照顾好父母，还要照看好那些松树。

只是，华屋人没有想到的是，他们没有等来一个归家的儿郎。

后来，华屋人就把这一棵棵青松，当成了烈士的英灵和亲人的化身。每逢清明节，乡亲们都会来到这里，用最淳朴的方式祭奠亲人，寄托哀思。

循着一块光荣烈属牌，我走进了华钦材烈士的遗腹子华崇祁家中。今年87岁的华崇祁，是在父亲出发后1个月出生的。华屋的17位烈士里，留下过亲生子嗣的仅两人，如今，华崇祁是子嗣中唯一的健在者。"父亲生前是红军宣传兵，一直在黄沙村从事革命宣传工作。父亲是我一辈子的骄傲。"说到父亲，老人的眼里不禁闪动着泪光。

一个从未获得过父亲疼爱的人，最后只能凭借屋后的松树对着父亲倾诉心声。80多年了，华崇祁还是像小时候那样，经常一个人跑到山坡上，抚摸着父亲种下的松树，倾吐着自己的心里话。他的叔叔华钦梁种下的松树与父亲的松树并排而立，有时候，他抱过一棵松树，又去抱另一棵松树，就好像触摸到了父亲和叔叔的体温。

后来，在这两棵松树的不远处，人们建起了一座红军烈士纪念亭。人们还把这17棵松树称为信念树，把这片小树林称为烈士林。越来越多的人来到这里，聆听故事，祭奠先烈……

四

事实上，信念树的故事远未结束。在烈士林的东北面，又开辟出了一片青年林，十几株幼树正沐浴着阳光，茁壮成长。华屋村的后人，凡是参军入伍的，都会来种上一棵青松。像先辈们那样种一棵具有象征意义的松树，已经成为华屋人的一份特殊传承。

可以想见，这些生机蓬勃的小树苗，有朝一日也将长成一棵棵参天大树。这些树木不仅守护着这片土地、这方家园，更守护着代代相传的精神和信仰。

与之相对应的，是华屋人的新生活。

环村庄缓行，可见标志性的入口景观、宽阔的广场、庄严的红军祠，村里还设有篮球场、农家书屋、农民戏台、医疗卫生室、老年颐养之家、妇女之家、留守儿童之家等。

66栋白墙黑瓦飞檐的三层小楼，错落有致地排列在村庄里。全村家家户户都在2014年春节前搬进了新居，自来水、卫生厕、宽带一应俱全，房前屋后栽花种树、干净井然。昔日与贫穷为伍的华姓子孙，如今真正实现了"华屋"在汉语中的释义。

在新居的一侧，是村民们着意保留的7栋低矮土坯房。那是烈士们住过的房子，他们不舍得拆掉，经过修缮之后，现在成为一片可供游客参观的传统农耕文化景观。人们在这里寻觅烈士的踪迹，也在房屋的新旧比照中再次见证当下的幸福。

如果将目光往更远处望去，可见村前的田园上，建有大片的蔬菜基地。村民们用革命的干劲，在这片红色的热土上，种油茶、种毛竹、种果蔬，成立专业合作社，建立电商基地。连接319国道的入村桥和村内循环路修起来了，沿山脊的5000米环山游步道也修通了。收获的竹木果蔬，被源源不断地运往村外，为村民增收插上了飞翔的翅膀。

华屋人还在缓坡地上养起了蜜蜂。他们生产的蜂蜜，就以"十七棵松"为名，还注册了商标。青松，是他们脱贫致富的力量源泉。他们知道，这甜蜜的日子，离不开栽松人和更多革命者当年的流血牺牲。

到2020年，华屋村村民的人均纯收入已达15000多元，在小康路上阔步前行着。他们在华屋红军祠的主墙上，镌刻下"永远热爱党、永远跟党走"10个大字，表达着对新时代最真挚的情意。

苍穹之下，青松为证。清澈的河流绕村而过，天南海北的游客纷至沓来，欢声笑语回荡在村庄的每一个角落。如果17位烈士有灵，看见青山绿树掩映下乡亲们红红火火的新生活，也该欣慰吧。

为了稻香满人间

袁瑰秋　熊育群

一

刚入古稀之年,卢永根就觉得身子不舒服。他到医院检查,医生怀疑是前列腺癌,需"活检"进一步确诊。但卢永根似乎并不在意,症状一缓解,他又投入到野生稻的研究中。

听说佛冈一处山顶有野生稻,他立即动身。这座山荆棘丛生,密密的乔木与灌木阻挡了进山者的脚步。卢永根拄着手杖弯着腰,踏过荆棘,一边开道,一边攀爬。爬到半山腰,卢永根已体力不支,学生们架着他慢慢往上走。快到山顶时,终于发现了野生稻,卢永根高兴得手舞足蹈,像个孩子。尽管他所在的华南农业大学已经拥有1万多份这样的种质资源,但每一次野生稻的发现都让他兴奋不已,这代表了一种新的可能,蕴含着解决人类粮食问题的新希望。

60多年前,卢永根作为中国稻作科学专家丁颖的助手,用两年多的时间走遍中国无数的稻田,写下了数十本田野调查笔记。丁颖教授"以农为命、以稻为魂"的精神深深感染了卢永根。1964年丁颖去世,留下了7000多份稻种和大量尚未整理的科研数据。卢永根把恩师留下的种质资源小心保存起来,沿着丁颖的脚步继续上路,只要可能有野生稻生长的地方,他都前去寻觅。许多珍贵的稻种,就是他翻山越岭一株一株寻找回来的。

正是在这样的不断寻找、不断搜集、不断研究中，卢永根在作物遗传学，特别是水稻遗传学和稻种种质资源研究上，取得了重要进展。他提出的"特异亲和基因"新概念，对水稻育种实践具有重大指导意义。1993年，卢永根当选为中国科学院院士。

二

卢永根出生于香港一个富裕家庭。初中时，他遇到了改变他一生命运的人——语文老师、共产党员萧野。卢永根由此开始接触共产主义思想，并选择到坚持爱国教育的香港培侨中学读高中。

在培侨中学3年，他脱胎换骨了，表面上看他是一个成绩出众的好学生，骨子里却是一个"随时准备为共产主义献身"的进步青年。他以"平原"为代号，参加地下党组织的活动。1949年8月9日，还在念高中的他被香港中共地下党组织吸收为中国共产党党员。

新中国即将成立，19岁的卢永根毅然奔赴祖国内地。他考入私立岭南大学医学院，秘密从事地下学联工作，迎接广州解放。卢永根本是学医的，为了更多地为党组织工作，他选择了功课压力相对较小的农学系。新中国成立初期，广州还有很多特务暗中进行破坏活动。卢永根没有暴露党员身份，利用学生身份暗中调查，为党组织甄别特务作出了贡献。

1952年，包括岭南大学农学院在内的数所学院合并成立华南农学院。1953年卢永根从华南农学院农学系毕业后留校任教。改革开放后，卢永根获得了公派出国的机会。卢永根的祖辈有些已移民美国，他去美国留学时家族有30多人定居于此。在美国与亲人相见时，他的母亲已身患重病，家人竭力劝说他留下来，但卢永根最终还是回到了国内。从小疼他的大姐给他寄来了一张一家三口移民美国的表格，只需要他本人签字即可生效，卢永根再一次拒绝了。他含泪回复："我是一个中国人，祖国正需要我。"

从1983年到1995年，卢永根担任了12年华农校长，为华南农业大学办学规模、学科建设等各方面的发展立下了汗马功劳。上任后他大刀阔斧地进行改革，破格晋升优秀青年教师，建起了先进实验室，盖起了教师楼、高端人才公寓，为全校教职工装上了程控电话。他亲自设定课程表，撰写教学大纲。为了将国外先进学科引入，他经常加班到深夜。他的笔记本上写得最多的，就是教学规划和他在国外大学见到的先进学科的情况。在卢永根的努力下，华南农学院陆续开设了21个专业学科。1984年，华南农学院正式更名为华南农业大学。

三

卢永根的野生稻研究以及其他种质资源，在整个稻作遗传育种的科学研究链条上，属于"上游"的基础研究，为"下游"的实践运用提供基本的原理和路径。这注定是枯燥而孤寂的，甚至可能一辈子都劳而无功，但这是一个科学家的使命。

实验室是卢永根穿着白大褂常去的地方。显微镜下那个微观世界是他和他的学生们观察了一辈子的大千世界。

卢永根的恩师丁颖最喜欢下田，直到生命的最后一段日子，他的裤腿上都沾着稻田里的泥。卢永根深得丁颖的真传，只要双脚踩进水田里，他就像一棵稻株一样，土的干湿度、水的温度，都了然于胸。只要双脚沾满泥土，他仿佛就有无穷的力量。卢永根关于野生稻"基因"的灵感，离不开他那双踩进水田的脚。

很多时候，卢永根刚把脚踩进水田，学生们的脚就跟着踩了进去。

6月正是水稻抽穗、扬花的时节,那些日子除了上课,师生们都泡在水田里。哪有农人不忙碌的?在他们看来,学农的人既是学者又是农民。他们顶着广州酷夏最热的日头,头皮都被晒得发烫,脚底却是很凉的泥。

学生们总是看到稻田中的卢老师一副陶醉的样子,即便耄耋之年他在稻田里也如履平地。他一次次弯腰贴着稻穗,用放大镜观察花粉、柱头,针尖一样的稻芒常常扎破他的脸、刺伤他的眼睛,但他从不在乎。昂起头流完泪,他轻轻揉一揉发红的眼睛,又继续弯腰。他与宝贝似的稻穗、稻花脸贴脸、心贴心,像在听花开的声音,又像把心灵潜入稻花深处,一呼一吸都沉浸在奇妙的稻香里。

四

2015年底,卢永根在院士例行体检报告中注意到,一些指标突然异常升高。情况危急,这次他不得不做"活检",诊断结果是前列腺癌晚期。

2016年下半年,妻子徐雪宾和女儿卢红丁强迫他住进了医院。这时卢永根已经出现了肺部感染和骨转移,他腰背酸痛、头晕胸闷、难以行走。专家的结论是:中位生存期半年左右。

2017年3月14日下午,他们做出了一个重要决定——捐款。夫妻俩颤巍巍地从医院出来,互相搀扶着上了车。

在中国建设银行华农支行柜台前坐定,卢永根从破旧的黑色挎包里,掏出一个牛皮纸信封,缓缓取出一个又一个存折。他将这些存折里共计693万元的存款,全部转入了华南农业大学教育发展基金会账户。

一周之后,中国工商银行华农支行的工作人员上门来到卢永根的病榻前。卢永根强撑着孱弱的身体,一次又一次输入密码,一笔一笔签名,把最后187万元存款也全部转出，最后清点出捐款8809446元。这笔钱作为"卢永根·徐雪宾教育基金"，用于奖励该校农学院品学兼优的贫困本科生、研究生和教学科研优秀青年教师，以及资助农学院邀请农业领域国内外著名科学家来校讲座。

在此之前，卢永根还将广州花都两间价值100多万元的祖产商铺捐赠给了罗洞小学，租金收益用于奖励教学。这份祖业属于卢永根和他哥哥卢永经，远在美国的卢永经为此专门去中国领事馆办理了委托书。

尽管在捐款上毫不吝啬，但生活中卢永根的节俭是出了名的。下雨天他怕皮鞋淋坏，就脱下来拎在手上。师生们经常看到他穿着T恤短裤，拿着饭盒，和学生们一起排队打饭，跟大家在一张长条桌上吃饭，而且有说有笑。每一次吃完饭，他的碗里一定是一片菜叶、一粒米都不剩。卢永根家里陈设也极其简朴——小饭厅的小圆桌，两张磨白了边的老式靠背木椅，客厅与餐厅用五斗橱隔开，这五斗橱还是住平房时留下的旧家具，前面当鞋柜用，后面方框里放着旧款电视机。房间里没有装空调，连窗帘也没有。在他和徐雪宾的生活里，物品从来没有款式新旧之分，只有能用与不能用之别。对于浪费，哪怕是一丁点浪费，他们都于心不安。

五

卢永根与疾病抗争，在广东省中医院大学城医院，他的生命奇迹般地延长了2年8个月。由于病情，夫妻俩说话很少，这样的朝朝暮暮默默相守变得愈加珍贵。

他们俩先后办好了遗体捐赠手续，把自己的身体用于医学院解剖课。早在2012年，徐雪宾就拖着手术后的身体，顶着六七月间广州最热的太阳，一遍遍跑去中山大学中山医学院填报各种表格。办理好了繁复的手续，拿到红色的"遗体捐赠荣誉证书"，她心里才踏实。

2019年8月11日8时30分，卢永根出现浅度到中度昏迷。血氧水平一直下降。对这种状态的病人，医生采取的办法是先送去ICU（重症监护室），全身插管，对症处理，延续生命。卢永根还在清醒状态时，医生跟徐雪宾说："为了保险起见，还是把卢院士送去ICU吧。"

徐雪宾说："你可以把这个意见直接告诉他，让他自己做决定吧。"卢院士的答复虽然断断续续，却十分坚定："不要再浪费国家的财物……不要做任何抢救……不要做任何有创面的治疗……"他之所以不想要身体有任何创伤，是想把完整的身体交付给医学院的学生。

8月12日凌晨，卢永根告别了这个世界。

卢永根走后，他的学术"基因"依然在传承。弟子张桂权教授主攻"基因组学"，刘向东教授研究"四倍体"，傅雪琳教授研究"野生稻"，他们方向不同，但心心念念的都是同一块"水田"。

张桂权教授年纪不轻了，依然经常下田。傅雪琳教授两天不下田，心里就发慌。她也不知道那块田到底有什么"魔力"，一直吸引着她。直到卢老师走了一年，她突然有了领悟：那块"田"是从丁颖老先生到卢永根院士，到张桂权教授，再到自己这一代又一代华农人用人生和信仰耕耘、守护的"生命田"。卢永根老师的根在那里、魂也在那里，他带出来的学生也和他一样，心在那里、念在那里、信仰在那里。他们的努力，是要让稻香香遍这个生生不息的人间。

谷文昌的兄弟情

钟兆云

一

1949年初的太行山，峡谷里的树大都光秃秃了，仍有几片红枫在枝头漫舞，抖擞着精神，像要与寒风再斗300回合。

原平原省林县（今河南省林州市）石板岩乡郭家庄一处农家，烤红薯香味四溢。农民谷文德出口的话，却显得有几分苦涩："哥啊，你为何要自愿报名……"

他们说的是家事国事天下事。这年元旦，毛泽东同志借新年献词发令"将革命进行到底"后，"打过长江去，解放全中国"的激昂口号，连同中共中央关于从老解放区选调5.3万名干部，分配到新区领导建设的决议，在太行山谷里回响时，在林县当区长的谷文昌二话不说就主动报了名。

"文德，今年必将是中国历史翻天覆地的一个分水岭，关键时刻，共产党员更应当听从党的召唤！"谷文昌烤着火，说得热血沸腾，像报名时那样，字字铿锵。

"不是说自愿嘛！"

弟弟的话，弦外之音不言而喻。大哥早已前往山西谋生落户，他着实舍不得二哥谷文昌再远行。更何况二哥留在家乡做事，全家人还能经常见面。

33岁的谷文昌这个时候正值上有老下有小。母亲年逾六旬,在当石匠的父亲去世后备尝艰辛,身体一直不好,他南下的话必然难以尽孝;两个女儿大的不到10岁,小的还在咿呀学语……解放了,分田了,日子一天好过一天,祖祖辈辈梦想中的好日子刚开头,何必离家千里再奔波呢?

谷文昌说:"县委马书记、组织部蔡部长都带头报名南下哩。人家背井离乡来林县领导咱们闹革命,解放咱们之后又要随军南下,这是榜样哩!咱是共产党员,不能光顾自己,也要为党尽心,为江南老百姓的解放出份力!"

这番话如同钢钎凿石,弟弟的心扉终被撞出了火花,他知道哥哥有着比太行山巉岩还刚的犟劲、比峡谷云天还高的理想。想到亲如手足的兄弟情分,他为哥哥的壮志远行送上了定心丸:"好,你放心去吧,家里还有我!"

谷文昌就这样填写了"南征政民工作人员登记表",在"家庭有啥困难"一栏里填上"没有困难",在"家庭照顾的依托人姓名"一栏里写上"依托兄弟谷文德"。继而又联合6人向组织递交了一份写在烟盒背面的"保证书":"每人家庭早有准备,不会拖后腿。阴历正月初九早饭集中十区署,保证当天下午报到平房庄。"

那晚给老娘洗过脚捶过背,第二天一早给小女梳过头后,谷文昌就打起背包,出现在了郭家庄的欢送会上。他在会上郑重表态:"我已下定决心,不解放江南老百姓誓不回来!决不给家乡丢脸,决不辜负父老乡亲的期望!"

谷文德哪能知道:他的哥哥历时大半年、从中原腹地长驱3000公里,风雨南下,九死一生。躲敌机空袭,避特务黑枪,掩埋起战友的遗体又奋力向前。铁路遭敌破坏后,就靠双腿走路,滑倒了再爬起,血泡溃烂,脚底鲜红的肌肉与鞋底黏在一起,军装上印出一片白花花的盐渍。途中肺病发作,又经酷暑暴雨,高烧纠缠不休……

他更不知道,哥哥这一次远行,从体魄到灵魂都得以脱胎换骨,在进军福建途中所说的"不带私心搞革命,一心一意为人民",成了他一生践行的誓言。

二

福建在哪里?福建是什么样的地方?

1949年6月,谷文昌所在的长江支队到苏州后,才知并非留在苏州、上海,也不是拐个弯去大西南,而是继续南下去福建。明确最后的去向后,有人找来地图一看,不觉惊叫起来:福建偏远不说,连根红线(指铁路)也没有呀!有人还去书店买来相关图书,介绍福建的顺口溜很快就传开了:"天无三日晴,地无三里平,人无三分银……"

不切实际的故事越说越玄,越说越使北方人犯怵。有人瞻前顾后,心里打鼓;有人犹豫不决,称病要求留在苏沪。谷文昌却一往无前,党指向哪,他就奔向哪。

接到兄长报平安的信后,谷文德便对福建省东山县那个海岛心心念念起来。1952年,他带着大侄女一路向东行,去看望据说已当了东山县县长的哥哥谷文昌。

几天几夜的火车,再换乘汽车,辗转来到东海之滨。从八尺门海峡坐船跨海,海浪颠簸得他要把五脏六腑都吐出来。要是船能掉头,天边那个岛他可能就不去了。他想,一母同胞,哥哥在这孤岛进进出出,得吐多少回呢?

出现在眼前的县长哥哥,脚蹬布鞋,身着褪了色的灰中山装,绝非他在老家乡下所想象的"呢子大氅叫备用,迎来送往不发愁"的干部形象。那时候，哥哥在东山县当县长，嫂嫂当县妇联主任，所谓的家，就是在县长办公室里搭个床铺。他来了，只能和县委通讯员同挤一个门窗嘎吱作响的房间。

未见过大海的谷文德，幻想过东山的海岛风光，见到的却是个风沙呼啸的荒岛，心底竟有几分不信。晚上听得狂风呼啸，所居之屋就像风雨飘摇中的一叶小舟，随时都会被风浪吞没，便问同住的县委通讯员："你们这里的风沙咋这么厉害？"

通讯员回答他："这还不算大，大的都能把房子整个给埋了。"

谷文德在东山住了不到一个星期，就坐卧不安了，忍不住跟哥哥抱怨："咱林县够艰苦了，没料到东山更苦！咱林县再苦，好歹树上叶子能吃，地里有野菜能挖，河里有水能喝。东山却到处光秃秃的，沙子能吃吗，西北风能吃吗，海水能喝吗？"

哥哥却说："咱离乡背井不就是为了让更多的人能吃上饭吗？共产党人不就是来救穷人的吗？"

来一趟不容易，哥哥和嫂嫂都希望他多住几天。可谷文德实在待不下去，别说海岛上无处不在的海腥味让他反胃，出门还得戴风镜，否则只能让风沙把眼睛打肿打痛。他感到难以适应，一辈子都没见过这么大的风沙啊，怪不得东山的百姓称之为"沙虎""风妖"！离开东山时，他带走了些小鱼干和虾米，带上了哥哥节衣缩食省下的一点钱。他觉得东山的条件太恶劣，能够建成哥哥说的美丽与富饶的地方吗？

三

谷文德回去不久，就听说东山发生了一场大战。如何个震惊世界，他不知道，只是听说毛主席表扬这是个大胜利，而且最欣慰的是，哥哥还活着！

新中国成立后，福建还一直是前线，与台湾一水之隔的东山更是最前哨。谷文德又开始为哥哥牵肠挂肚，没过几年，他又来到东山。

这次，他从老家带来了哥哥打小爱吃的山楂、柿饼。哥哥烟不离嘴，吃这些可以化痰，他一直都是关心哥哥的。他也照哥哥的吩咐，带来一把卸了柄的锄头，问："你都当县委书记了，还要这把式干什么？"

谷文昌憨憨地笑着："老家的锄头我从小用得顺手，今后走到哪里都带上它，既能就地劳动，也好提醒自己别忘本。"

谷文德握了握哥哥的手，伤痕累累，比自己的手还粗糙。

在和通讯员及东山干部群众闲谈中，他已然知道，哥哥这双手，攀过沙丘，打过石子，筑过堤，种过草，植过树，捏碎过一个又一个天大的困难！哥哥还雄心勃勃地发起了改造自然的造林治沙之战，屡败屡战，听说还当众立下誓言："不把风沙制服，就让风沙把我埋掉！"这样的官当得可真是苦，何必呢？他有不解，也有担忧。

但他又看到，与自己第一次登岛不同，东山变样了，不说昔日充斥于耳的风沙咆哮声变弱了，时歇时续了，水贵如油及燃料紧缺的现象也不再让人揪心。最引人注目的是，原来的濯濯童山、千里荒滩有了丝丝绿意。人在东山，其实也难见哥哥的身影，他不是下乡调研去了，就是在开会，要么是在参加劳动，终日不得闲。有天难得在饭间多唠几句嗑，雷声忽至，哥哥二话不说披上雨衣，拿起锄头就冲出了门。他从此知道，在这个地方，雷声就是造林的命令，雷声一响，"一呼百应"。他有次跟着侄儿冒雨奔向就近的植树造林战场，嚯，从四面八方向雨阵中奔来的，是无数的群众和学生，几乎人人都没穿鞋。谁都说：谷书记就在前面和大家一起种树哩！

谷文德感受到了哥哥在东山的威望，却也没忘记老母亲希望哥哥回故乡工作的愿望。回家前，他特地央求过兄嫂："咱妈年纪大了，身体又不好,来不了东山,你们干几年调回老家,不是一样为人民服务嘛,顺道也满足咱妈的一个念想……"

哥哥打断了弟弟的话:"当了共产党员、革命干部,就是四海为家,听从党的安排,不管落在什么地方,都要在那里生根开花。你也入党了,该明白这个道理。"

那一次,哥哥陪着弟弟来到月光下的海边,思乡之情油然而生:"文德,你回去告诉咱妈,等东山像咱林县一样密密麻麻地长满了树,我一定回去好好服侍她老人家。你说中不中啊?"

月亮朗朗地照着兄弟俩。谷文德看见月光和海水一同在哥哥的眼里打转,闪烁得让他鼻子发酸。

四

谷文昌也不是忘情之人。那年观看潮剧经典戏《四郎探母》,戏里杨四郎有心过营探母,奈何关口阻拦,只能仰天长叹:"高堂老母难叩问,怎不叫人泪涟涟。"台下的谷文昌听得泪水直流,哽咽着对妻子说,不知道咱妈现在情况如何?

谷文昌真是有心把母亲接到东山来养老,但风烛残年的老人无法远行,只好节衣缩食接连寄钱寄物,有时让孩子们寒暑假回老家代为尽孝。

1962年2月中旬,谷文昌到北京参加大会,会后在回福建路上拐往大哥一家移居的山西长治市牛村,看望在这里过年的母亲。正值春节期间,他事先交代妻子带上孩子们从东山前来会合,弟弟也带着家小前来团聚。四代同堂,特地拍下了唯一一张家族合影。谷文昌夫妇和母亲住了一个来礼拜的窑洞,每晚都给老娘洗脚,听老人絮叨。

谷文昌欢迎亲人们去东山参加植树造林。弟弟心有余悸的不是苦和远,而是晕船,哥哥却自豪地说:"八尺门海堤开建了,孤岛很快就可以变半岛,下次你再来,天堑变通途,就不用坐船了。还有啊,几年下来,东山比咱太行山还绿了,那些树四季不落叶呢!"

河南林县那头的太行峡谷山多田少,相距不远的山西长治却有大片农田山田。谷文德曾想举家迁到长治去,希望当官的哥哥能帮助通融一下。谷文昌却说:"你是党员,又是村干部,得通过两边党组织批准,我无权过问。"

各奔东西一年多,1963年夏天的一个傍晚,谷文昌在办公室里久不下楼吃饭。儿子上去叫他时,却见他一个人面对窗口泪流满面,接过父亲手头的电报,才知奶奶去世了。此时的东山,正逢大旱,繁忙的工作使谷文昌忠孝难以两全。他速速汇了钱帮助安排后事,又忍着悲痛投身到抗旱指挥工作中了。

母亲走后那些年,谷文昌依旧每年给弟弟寄钱寄物。他知道,弟弟夫妇都是农民,又要抚养7个孩子,负担重。弟弟也知道哥哥负担不轻,5个孩子不管是亲生的还是抱养的,哥哥都一视同仁,连着嫂嫂娘家的亲人,得如何勒紧裤腰带啊。可是哥哥宁愿自己"瓜菜代",也要时时接济他。

五

20世纪70年代后期,谷文昌难得地回了一次河南老家,给父母扫墓,看望乡亲们。

接到哥哥时,弟弟开玩笑似的提醒:"哥啊,你都当局长了,也该有套像样的衣服啊。"

哥哥则笑着指着身上有补丁的衣服说:"这不是挺好吗?我们是人民公仆,是干革命的,过分讲究穿着,就脱离群众了。"

林县不少人都记得谷文昌的这次还乡,别说吃穿住行与村民无异,还因为带的衣物不多而受冻了。林县人还记得,谷文昌南下后不仅把中原的先进生产技术、工具介绍到福建东山,也把南方的好经验传播到林县。身在东海之滨,时时不忘太行山,在困难时期曾多次给家乡人民物资支援。

1981年1月下旬,谷文德接到哥哥召唤的消息,急急赶到闽南漳州医院时,顿时呆住了:病床上那个形销骨立、肤色黧黑、白发满头的人,是自己日思夜想的胞兄吗?哥哥不过65岁,一向精力充沛,怎么就病危了?眼前的一切,让他忍不住放声大哭。

积劳成疾的谷文昌,是在一次会上倒下而被"赶到"医院里来的,一检查,已是癌症晚期。受着病痛折磨的他,看着床前的弟弟,近乎喃喃自语:"莫哭莫哭,是人总有这一天。哥也没什么留给你的,床头这收音机,还有你看得上的衣物,就带回去留个念想吧。"

谷文德哭道:"我不要你的收音机,我也不要你的衣物,我就要哥好好的。你知道,这些年我除了那次想迁入山西和老娘、大哥做伴,还有那双皮鞋,我从没向你开口要什么。我真的什么也不要,就要哥哥快点好起来,再回老家,乡亲们都等着你回去呢!"

"哦,要求都没满足你,不怪我吧?"弟弟迁户山西之事,老家林县那边首先不放,说谷文德的村干部当得好,受到群众拥护。至于皮鞋,是东山驻岛部队发给兼任政委谷文昌的,但他从来不穿,而且宁愿给了警卫员也不给弟弟,只怕弟弟穿上皮鞋后自觉高人一等而脱离了群众。

"不怪,一点都不怪,我也是党员,哥说得对……"谷文德泣不成声。

谷文昌告诉弟弟,送他的这个收音机不是公家配的,是自己出钱买的:"这个收音机可以让人了解许多大事,就留给你做个纪念吧,老家那边可能还稀罕……"

"你和老家那边的亲戚，不要怪我没帮上你们，共产党员不搞一人得道鸡犬升天那一套，大家都得自力更生。你回去代哥给咱爸咱妈上一炷香，也告诉乡亲们，就说咱没给他们丢脸……"

相比离别太久的故乡，谷文昌更放不下东山。这个海岛曾是那样的陌生，环境是那样的恶劣，现在却是那样的熟悉、那样的亲切。他从1950年到1964年，从35岁到49岁，向这个海岛献上了一生最美好的年华。如果还有来生，他真愿意与这片土地长相守。

"我喜欢东山的土地、东山的人民。我在东山干了14年，有些事情还没有办好。我就不留骨灰了，都撒在东山吧，让我和东山永远在一起！"谷文昌的声音非常低，断断续续，几乎就只是口唇的气息。他似乎早有打算，流云潭影，来去无踪，只想化作春泥护花树。

床边的谷文德已是满脸泪水，眼前这个人，不仅是自己的二哥、谷家的次子，更是共产党员谷文昌！

六

回到林县的谷文德，带着儿孙们来到了著名的红旗渠，告诉他们：1960年，林县人民以敢教日月换新天的豪情壮志，在太行山上劈山凿就红旗渠。那个时候，谷文昌带领东山人民"上战秃山头，下战飞沙滩，绿化全海岛，建设新东山"已见成效，并在东山建成红旗水库，移山填海建海堤——林县与东山远隔千里，但不同的地方，一杆红旗一样的迎风飘扬。

虽然哥哥身上总有不少地方让做弟弟的不理解，甚至有怨气，但慢慢也就消解了。谷文德觉得哥哥行得正，是党的好干部。哥哥离世后那些年，他"心悲兄弟远，愿见相似人"，期冀身边的干部们也有哥哥

"不带私心搞革命,一心一意为人民"的样儿。

1991年5月,福建省委作出"开展向谷文昌同志学习"的决定。谷文德知道了哥哥是党和人民认定的好干部,为之深深自豪,却从不利用哥哥的影响力来为自家谋私利。数年后,谷文德也去世了,去世前留下遗言,要带上哥哥所留的一件遗物,并叮嘱兄弟三人的子孙:"谷家子弟都要好好做人做事,不要玷污了谷文昌这个名字!"这对连枝带叶的同胞兄弟,生生死死都手足情深。

2009年,谷文昌入选中央宣传部、中央组织部、中央统战部等11个部门联合组织评选的"100位为新中国成立作出突出贡献的英雄模范人物和100位新中国成立以来感动中国人物"。2019年,福建东山建起了"谷文昌干部学院"……

今日,走上福建东山岛,这里已是旧貌换新颜。昔日的荒沙滩、赤山岗,早已变成了国家海滨森林公园;昔日的风吹石走,满目苍凉,如今已是一步一景,如诗如画。美丽的东山岛,记录下一段"誓把荒岛变绿洲"的峥嵘历史,也深深印刻着一名优秀共产党员的如磐初心与高尚精神。

"茶山就是我的家"

方金华

一

茶山，一个地处浙江省淳安县中洲镇、被群山掩藏的小村庄。这里是一片革命的热土，流传着很多英雄的故事——半个多世纪以来，这里的人们不辞辛劳，寻找当年中国工农红军北上抗日先遣队留在这里的故事和足迹。

2011年6月27日，方志敏烈士的女儿方梅来到了茶山。随着方梅对方志敏烈士的足迹一次又一次的追寻，在这里沉睡了70多年的革命往事开始走出大山，逐渐为人们所知晓。

2016年，淳安县委县政府为曾在茶山战斗过的革命先烈建起了一座宏伟的纪念馆。各地的人们纷纷前来，深情缅怀方志敏等老一辈革命先烈的感人事迹与崇高精神。

茶山人民把方梅当成了自家人，方梅也动情地说："茶山就是我的家！"

茶山，有了一个响亮的名字——

红色茶山。

二

2021年4月6日下午，时隔五年，方志敏烈士子女中唯一健在的、已是89岁高龄的方梅，再次风尘仆仆地来到淳安，缅怀父亲方志敏等革命烈士。

4月8日，方梅抵达她曾多次造访的茶山。一下车，乡亲们就围上来与她握手。不远处，"欢迎茶山女儿方梅女士回家"的横幅十分醒目。此情此景，让方梅的眼睛不禁湿润起来。她站在村口放眼四望——村庄掩映在青松翠柏的怀抱之中，改造后的村居焕然一新，村路硬化后变得宽阔平坦……只是几年不见，茶山村的变化竟如此巨大，方梅不由连连赞叹。

乡亲们把方梅请进村口的接待室，为她端上热气腾腾的鸡蛋茶。吃着鸡蛋茶，面对茶山亲人们温暖的笑脸，她深情地说道："谢谢兄弟姐妹们，我又回家了！"

大家知道方梅的心思，休息了一会儿，便把她扶进了挂有方志敏烈士大幅照片的方氏祠堂。这里是方志敏曾经主持召开"茶山会议"的地方，也是方梅心心念念的场所。坐在方志敏烈士照片和"中国工农红军北上抗日先遣队"旗帜下，方梅感慨万千。她心里明白，茶山的乡亲们把她当作亲人一样看待，是源于大家对方志敏等红军烈士的尊敬与热爱。她感到很欣慰，因为她亲眼看到了茶山的巨大变化，看到了茶山人民的日子越过越甜美。她想，父亲这一辈革命者当年不惧抛头颅、洒热血，为之不懈奋斗的理想，正在眼前的这片热土上变成现实，她为此感到激动、感到自豪。

这时，92岁的方田生老人缓缓打开一个旧纸包，放到方梅面前。纸包里面是近百个已经生有铜绿的旧铜板。方田生老人说："这是当年北上抗日先遣队的红军到村里时留下的饭钱。我母亲在世时跟我说过，家里珍藏着这些铜板，但我那时候年轻，并没有在意。去年整修房子的时候，在房梁上发现了这个小纸包，里面就是我母亲一直小心保管的铜板。"

围在一旁的老人们,你一言我一语,讲起了当年方志敏带领红军来到茶山村时的情景——

当时,当地群众由于对红军还不了解,加上国民党反动派的宣传误导,村里的青壮年听说有"当兵的"要来茶山村,都早早躲进了大山里,留在村里的只有少数老人和小孩。方志敏来到茶山村后,找到村民方炳南等人,向他们宣传革命道理,告诉他们:"我姓方,你们村里的人也姓方,是一家人。我们是穷人的队伍,是为穷人打天下的。不用害怕,把山上的人叫回来吧!"

村民们听了这话,便纷纷回到家里,为红军烧饭做粿,还杀了两头猪慰劳红军。红军吃了村民的食物都按价付钱,军民关系十分融洽。在茶山的日日夜夜,红军战士纪律严明,不拿群众一针一线。有些村民不愿意收红军的钱,等到队伍离开的时候,红军战士们就会在他们的屋子里、桌子上,悄悄留下一堆铜板……

三

1934年7月,寻淮洲、乐少华、粟裕等领导的红七军团改编为北上抗日先遣队,开赴闽浙皖赣边区活动。10月,中央红军主力离开中央苏区,随后红七军团与方志敏领导的红十军会合,合编为红十军团,并成立以方志敏为主席的军政委员会。红十军团承担着掩护红军主力转移的艰巨任务,危险重重,前路凶险。方志敏毅然担当起这一重任:"党要我做什么,虽死不辞。"

1935年1月8日,红十军团在军政委员会主席方志敏、军团长刘畴西、政委乐少华、参谋长粟裕、政治部主任刘英等人的率领下进入中洲一带。1月9日,红十军团军政委员会在茶山村召开了一次紧急会议,中心议题是决定今后的战略方针,最终决定将部队全部带回赣东北苏区休整。

红十军团离开茶山后，一路艰难跋涉，多次遭遇敌军重兵。方志敏率领的先头部队本已脱险，但为接应军团主力，方志敏又复入重围。方志敏说："我因大队伍尚在后面，在责任上我不能先走。"随后，方志敏指挥红十军团与敌人多次激战，奈何敌众我寡，损失惨重，王如痴、刘畴西等将领被捕。1935年1月29日，饱受饥寒的方志敏在怀玉山区也不幸被捕。

除了方志敏烈士外，在淳安、中洲一带还留下了许多革命前辈的身影：1935年12月，中共闽浙赣省委派省独立师政治部主任刘中林、共青团皖南特委书记何英，率一支游击队进入淳遂歙交界的山区，在中洲一带开展武装斗争；1936年1月至1937年2月，在中洲一带还活跃着一支由中共开化仁宗坑区委书记程灶林领导的游击队，程灶林及队员余松松、张金田等在激烈的战斗中牺牲；1937年2月，中共皖浙赣省委书记关英为与浙南的粟裕、刘英等率领的挺进师取得联系，率独立团300余人进入淳安的茶山等村，以连为单位分三路向浙南进军，历经一场场艰苦卓绝的英勇奋战，300余名红军大部分牺牲，只有20余人杀出重围，进入皖南，后被编入新四军……

2013年，中国工农红军北上抗日先遣队纪念馆在茶山启动建设，2015年基本完工，整个项目占地面积120余亩，主体建筑面积7000余平方米。2016年9月23日正式开馆。

这一天，方梅也赶到现场，为开馆仪式剪彩。面对被群山包围的纪念馆，方梅心潮起伏，久久难以平静……

四

方梅对父亲革命精神的了解，是从读《可爱的中国》开始的。父亲对党的忠诚和对新中国的美好畅想，使她决定要在自己的有生之年，把方志敏坚定的爱国主义精神宣传好，让更多的后来人在革命前辈的精神感召下，成为国家建设的栋梁之材。

方梅曾经说："我别的本事没有，就是不怕苦。我花了20年时间，前10年收集资料，后10年写作。我跑遍了父亲生活和战斗过的每一个地方，采访了上千人。每到一个地方，人们听说我是方志敏的女儿，都热情地接待我。"

方梅出生于1932年11月，江西省弋阳县湖塘村人。1949年9月就读于烈士子弟学校，1954年参加工作，1986年退休于江西省航运管理局。当年，由于战争环境严酷，方梅一出生就与父母分离，被寄养在弋阳县一个山坳中的农户家里。1935年8月6日，方志敏英勇就义，时年36岁。方梅的母亲缪敏也因叛徒告密而被捕入狱。在这之前，方梅一共只见过父母两次面，还都是在他们匆忙行军的途中。"虽然我与父亲接触时间太少，但听养父母说，父亲对我格外疼爱。他最后一次来看我，把我抱起来亲了又亲，并嘱咐养母说：'革命一定会成功，请你好好将我的梅梅带大，我们全家人都很感激你……'"

就读烈士子弟学校之后，方梅开始识字读书。1953年10月19日，母亲缪敏把方志敏的遗著《可爱的中国》送给了方梅，并在扉页上题写了一段话："梅儿，这本书是你爸爸在狱中用血泪写出来的遗言，你要反复地精读，努力地学习，用实际行动来继承你爸未竟的事业！"从这一天起，方梅开始真正了解父亲，有了一份特殊的父爱。她说："我很快就被书中的内容所吸引，尽管有不少字不认得，但什么叫祖国，以及父亲对祖国深深的热爱，在我的思想里引起很大震动，让我得到前所未有的启示。后来，我看了父亲写的《我从事革命斗争的略述》《清贫》等文章，对父亲和他的革命精神又有了更多的了解和体会。"

后来，方梅花了20年的时间，数易其稿，一部满含心血的40余万字文学传记《方志敏全传》，由解放军出版社出版了。2006年5月，方梅又完成了《方志敏和他的亲人们》的书稿写作，并付梓。

想起艰辛漫长的写作之路，方梅深有感触地说："每当清晨我展纸写稿，仿佛看见父亲就站在我面前，向我微笑，期待女儿坚持工作，希望女儿生活幸福；睡梦中，我因看见父亲指挥战斗，而坐起来大声呼喊；写到父亲被敌人杀害前发出铿锵的声音：'我能舍弃一切，但是不能舍弃党、舍弃阶级、舍弃革命事业。'我心潮起伏，那呼声仿佛就在耳边。"

五

方梅对茶山有一种特殊的情感，这种情感已融进了她的血脉。受到中洲镇党委政府的邀请后，方梅欣然前往——2015年5月29日，她来到淳安县中洲镇，为中洲镇中心小学的方志敏雕像揭幕。当日，83岁高龄的她还给700多名中洲镇中小学生讲述了方志敏等革命烈士的英雄故事。2021年清明时节的淳安茶山之行也一样，每到一处，在爱国主义教育特别是对青少年教育的大事上，方梅都不辞辛苦，决不"打折扣"。

一路上，方梅在茶山革命烈士纪念馆、宋村乡中心小学等地，先后做了"缅先烈，爱祖国，做贡献"的爱国主义教育演讲。在孩子们面前，方梅谆谆教诲："为什么方志敏烈士被捕后无论面对拷打还是利诱，都不叛变、不投降？因为他始终坚信中国共产党一定能取得最终的胜利，也一定能带领中国人民把他梦想中'可爱的中国'变为现实。我们现在的美好生活，我们身处的可爱的中国，就是他坚持的理由和动力。希望同学们能好好学习，未来把中国建设得更强大、更美好。"

她还对同学们说："爱国要有真本事。把书读好，把本领练好，这样才能为我们的祖国做贡献。"

那天晚上，方梅住在茶山脚下"中国工农红军北上抗日先遣队纪念馆"的招待所里，有位企业家慕名前来拜访。谈话间，他说起自己正在茶山建设一个项目，其中包括方志敏烈士塑像工程。方梅听后心生疑虑。等那位企业家走后，她问随行的摄影师方长建："长建，方志敏烈士的塑像是谁投资的？"方长建对这个项目十分清楚，向她解释说："这是由中洲镇党委政府投资的，请了一位雕塑家，要雕塑一尊方志敏烈士的全身像。等作品完成了，就竖立在茶山村，请您放心。"听完这番话后，方梅才如释重负地说道："方志敏烈士的形象，千万不要沾染商业气息！"

之后，方梅不顾一路劳顿，坚持要去位于淳安县梓桐镇的雕塑工作室，亲眼看一看方志敏烈士的雕塑小样。在梓桐镇，方梅见到雕塑小样后，紧紧握住雕塑家的手说："看了小样，很是满意，你把方志敏的坚韧不拔和对祖国美好未来的畅想，都体现了出来，十分感谢！"

当方梅看了另一处的方志敏头像雕塑后，她又提了一个建议："一定要多参考方志敏烈士的其他照片资料，不但要把方志敏烈士坚定的共产主义信念表现出来，还要把方志敏烈士最美好的一面表现出来。"

深山之中，绿水岸边，方梅亲眼见证了父亲心底的那个梦想——"中国一定有个可赞美的光明前途"，正一步步变为现实。她坚信，这个愿望的实现"决不在辽远的将来，而在很近的将来"！

追寻上甘岭神枪手

肖 勤

一

刚过去的4月和以往不同,从山西打工回乡的邹军发现,祖父邹习祥的墓前插满了白色的菊花。远道而来的一个个陌生人满怀敬意地看着邹军说,原来,你的爷爷,就是当年著名的志愿军狙击手!

这时候,邹军才知道,70年前跨过鸭绿江的祖父邹习祥,竟然是中国人民志愿军第15军赫赫有名的狙击手。五圣山防御战和上甘岭战役期间,在祖父的带领下,志愿军第135团1营1连培养出了一批狙击手。

数十年光阴过去,"537.7高地北山"这个阵地名、"狙击兵岭"四个字,永远镌刻在历史上。

今天,高高的仡佬山栗园大草场、海拔1400米的山坳上,邹习祥就长眠于此。4月的清晨,雾色苍茫,上学的孩子正欢快奔跑在山路上,山上是悠闲吃草的羊群,风吹来,响起一阵清脆的铃声——家园如此安详,老英雄邹习祥当年毅然报名参加抗美援朝,为的就是家园这样的时刻吧。

整理好祖父墓前的白菊,和祖父一样少言寡语的邹军轻声向我们道谢:"如果不是你们,我根本不知道爷爷立下过那么大的战功,回乡几十年,直到去世,他除了说自己打枪很准,其他什么都没有提起过。"

我愧然摇头，这份谢意我们不敢承担。半个多世纪前，邹习祥从炮火硝烟的战场回到家乡贵州省遵义市务川仡佬族苗族自治县，隐姓埋名数十年。所以，我们根本不知道他。

发现邹习祥的英雄事迹，对我来说是个偶然。在采访贵州省抗美援朝二等功臣杨作云的过程中，对军史一无所知的我查阅了大量抗美援朝相关史料。在《解密上甘岭》和聂济峰口述《上甘岭：攻不破的东方壁垒》等书籍资料中，我不止一次看到同一张照片、同一位志愿军战士——他潜伏在灌木丛中，冷眉斜竖、目如利箭。

那是去年秋天的一个傍晚，窗外吹来微凉的风，翻动了桌上的书稿，这位志愿军战士锐利的眼神又出现在我面前。我盯着照片下那行字："45师135团1连狙击手邹习祥，一直活动到敌人前沿的灌木丛里，用七十八发子弹歼敌三十九人，战后，荣立一等功。"邹习祥、狙击手……我突然想起，曾听说务川县有一位从抗美援朝战场上归来的老兵，也姓邹，枪法很准……我立即打电话到务川县请求查询。

很快，县里回话说，是有一个神枪手，仡佬族，名叫邹习祥。但是因为患胃癌，已经去世好多年了。

惊讶、意外和遗憾一起向我袭来，我黯然看向书稿上的照片，沉思良久。山河无恙、人民幸福，一切都那么美好、如他所愿，可我们竟然不知道身边有这么一位大英雄。

务川那边也很震惊，上甘岭的狙击英雄？我们县里有一位上甘岭的战斗英雄？

放下电话，我们迅速启程去往邹习祥的老家。秋天的高原草场已经进入冻雨季节，一路上雾雨纷飞。远远的，我看到一个小小的山坳，山坳旁有几栋整洁的老屋，邹习祥的儿孙们就居住在这里。

坐在火炉旁，邹习祥的家人看着我们带过去的一本本资料，当看到邹习祥的照片时，他的小儿子邹书敬忍不住热泪长流。因为身体不好，64岁的他已经无法开口说话，只是紧盯着那张照片，双手不断颤抖。孙子邹军和邹银强则瞪大眼睛，喃喃道，我们从来没有看到过爷爷穿着志愿军军装的照片……我们只有这张。

说着，邹银强递过来一张陈旧泛黄的照片。

照片里，年老的邹习祥身穿蓝布中山装，脚上是一双沾满泥巴的解放鞋。整个装束和普通的农村老人没什么区别，唯一不同的是笔挺的坐姿、炯炯有神的双眼和两道不怒自威的竖眉。

只听说过他枪法很准。围拢过来的乡邻和老人们啧啧赞叹，哪晓得他恁厉害，他也是，恁甲（务川方言，意为"这么厉害"）的事，怎么就不说呢？

说什么？我耳畔回响起采访抗美援朝老兵时经常听到的一句话——说什么？说自己英勇？还有那么多英勇的都埋在战场了，自己说什么？！

青山不语、英雄无言，沉默的岂止一个邹习祥。2019年庆祝中华人民共和国成立70周年大阅兵，空降兵战车方队通过天安门广场，一面密布381个弹孔的战旗迎风飘扬，那是邹习祥所在第15军浴血上甘岭后保存下来的一面战旗，它属于中国人民志愿军15军、属于上甘岭特功8连，更属于顽强英勇的中华民族，同样，也属于贵州大山里的农民邹习祥。

我爷爷在上甘岭到底做了些什么？邹军和他的家人迫切地看着我们。

二

时间回到1952年的4月，朝鲜上甘岭的白雪正在融化，邹习祥所在1连守卫的537.7高地北山，是第15军30公里防御正面上最突出的阵地，与敌所在的高地南山相峙，两阵地相距仅有100来米。

由于1连缺乏强大的炮火支撑，敌军气焰一度十分嚣张。邹习祥和战友们每天都要忍受对面阵地上敌人的肆意挑衅，眼睁睁看着他们在阵前三五成群地晒太阳，志愿军们却只能困在简陋的工事里。

后来，随着一线坑道阵地初步完成，志愿军有了坚实的地下长城，15军决定按照"零敲牛皮糖"战术，开展冷枪冷炮运动，好好打一场。邹习祥所在1连迅速响应，从4月17日到10月13日，只用了短短5个多月时间就歼敌800余名。被喻为"神枪手"的邹习祥更是创下了78发子弹毙伤敌39名的优异战绩，荣立一等功。敌军被打得惶惶不可终日，在换防时惊恐地将537.7高地北山称为"狙击兵岭"。

无论是走进军史馆，还是翻开厚厚的《抗美援朝英模事迹纪念集》；无论是寻访军史专家张嵩山，还是时任志愿军45师政委聂济峰将军的女儿聂昭华，没有人不知道邹习祥。透过一页页泛黄的史料，我们仿佛看到了邹习祥穿梭在坑道中交流经验、组织狙击小组的一幕幕场景……

在聂昭华女士提供的《抗美援朝英模事迹纪念集》里，其中有一篇《狙击兵岭的由来》写道："班长邹习祥打出了第一发冷枪，就把正在阵地上来回走动的敌人打了个嘴啃泥，胜利的消息像风一样传遍了全连，马上有六七十个战士报名参加了狙击队，组成了二三十个狙击小组，于是，你一枪、我一枪，掀起了狙击比赛的高潮……"

在聂济峰将军的口述实录里，则谈到当时守在537.7高地北山的135团1连商量了一个星期，哪一天打？谁先打？最后推选了枪法最好的班长邹习祥。邹习祥打出好成绩后，45师三个团开会邀请冷枪手邹习祥和冷炮手高奎介绍战斗经验。1953年，上甘岭战役结束，部队为邹习祥所在1连报功，充分肯定了邹习祥在全连开展狙击运动中的引领带头作用。被打得丢盔弃甲的敌人永远记住了这个"狙击兵岭"。邹习祥和他的战友，就这样用老旧的步枪，打出了一个让敌人胆战心寒的军事地名。

三

之后呢?

我笑了,之后的事,应该你们告诉我们。

沉浸在我们讲述中的老人一个个回过神来,七嘴八舌地讲起了邹习祥——

他从东北带回了稻种,他机灵,栗园地势再高,气候再冷,总冷不过东北呀。然后他就带着大家建梯田——那之前,我们草场上根本没有田,山下才有。

对,那以后我们就吃到了自己种的大米。

他脸上有伤,花斑斑的,放牛娃们喜欢和他玩,取笑他,但他从来不生气。

他身上也到处是伤,冻伤、烧伤、枪伤,冬天那些地方的皮肤又干又痛,就叫我们帮他去割松油,痛得实在受不了的时候抹一抹,但他从不跟组织说。

他眼里容不得沙子,为人正直,十里八乡遇到看不惯的事情,他都要管。

神枪手、倔脾气。老人们长吁一口气,和善又嗔怪地用简单的六个字完成了对邹习祥的评价。

我们则在军史专家张嵩山和军史馆李子波、刘圣德等同志的指导下,整理完成了这么一段文字:邹习祥,男,仡佬族,贵州省遵义市务川仡佬族苗族自治县人,中共党员,1922年4月出生。1951年参加抗美援朝,曾任中国人民志愿军135团1营1连7班长、副排长、排长。作战期间,邹习祥冷枪狙敌,英勇善战,先后荣立一等功一次,二等功两次;获得朝鲜最高人民会议常任委员会颁发的二等军功章一枚。

在志愿军15军资料中，有关邹习祥的记录基本终止在1952年10月。10月14日凌晨，惨烈的上甘岭战役打响了，邹习祥和战友们忍受着难以想象的艰难困苦，坚持作战，一次又一次收复阵地。在无数次生死之际的残酷战斗中、在打得"人死枪毁阵地烂"的上甘岭，我们已经无法分辨出哪一响射击声来自邹习祥和他的枪，我们只知道，在他沉寂多年的档案里，留下了歼敌203人的纪录。

1952年12月1日，那一天，漫天大雪，志愿军15军召开了上甘岭战役胜利祝捷大会。

我想，队伍里的邹习祥，在那场大雪中，就已决定把自己的所有功绩和记忆都留在这片土地上，让它们和洁白的雪花一起、和长眠在这片土地上的战友一起。

当然，这一切只是我的想象，关于带着稻种回乡的邹习祥，我们知道的只有他无边的沉默。

今天的务川，广袤的栗园草场，牛羊成群，宁静安详。

崇尚英雄、敬畏历史，有些过往，远去了，仍值得一提再提；有些人，故去了，仍值得永远铭记。

格桑花盛开在玉麦河谷

杜文娟

金色的油菜花和葱郁的青稞将大地染得愈加鲜亮。西藏和平解放纪念碑与千年左旋柳咫尺相望。白鸽蹁跹在祥和欢乐间,雄鹰在茫茫雪原上空翱翔。伴着雅鲁藏布江的涛声、东山顶上的暖阳,我走进了玉麦。玉麦是卓嘎与央宗的故乡,在这里,我听到了卓嘎、央宗一家人的感人故事。

一

玉麦乡隶属于西藏自治区山南市隆子县,地处喜马拉雅山脉南麓,受印度洋暖湿气流影响,植物垂直分布明显。杜鹃花从南开到北,山下是花的海洋,山上却只长枝干不开花。原始森林遮天蔽日,松萝随风飘扬。这里一年到头只有两个季节,半年雪,半年雨,一年260多天的雨雪天气让这里常年云雾缭绕。青稞只长苗不结穗,土豆只有拇指大,水草太丰美,羊蹄子会泡坏,所以这里的牧民只养牦牛犏牛不养羊。

那是1960年的春天,民主改革工作组来到绿雾一般的玉麦河谷,讲山外的变化,教村民识字,还建议桑杰曲巴担任乡长。桑杰曲巴是卓嘎与央宗的阿爸,那时候他还不明白"乡长"是什么意思。工作组告诉他,乡长就是为全乡人民办事的,同时强调,乡长责任重大,国土也需要乡长带着牧民一起来守护。桑杰曲巴问,"国土"又是啥?工作组说,国土就是咱们世世代代生活的这片土地,是我们共同的家,哪一座雪山,哪一个牧场,都不能丢失。从此,正值壮年的桑杰曲巴记住了国土就是家园,是不能丢失的最宝贵的东西。玉麦乡人民政府第一任乡长桑杰曲巴,就这样雄赳赳地站立在了玉麦的森林与雪山之间。

日拉山的冬天,冰雪能淹没牦牛的脊背。每年大雪封山之前,玉麦人要花上10多天时间,翻越两座5000米以上的雪山,跨过陡峭的山谷,穿越沼泽森林,把羊毛、酥油、奶渣、竹编运出去,换回青稞、盐巴、土豆、砖茶、火柴。这些物资要用到来年铃铛花开满山坡、道路通行之时。整个冬季如果没有特殊情况,山外人进不了玉麦,玉麦人也出不去大山。后来,为了改善牧民的生活,政府在日拉山另一侧的曲桑村,给玉麦人盖起了新房,发了粮食和牲畜,人们纷纷搬进了曲桑村。桑杰曲巴一家也跟着搬了过去。曲桑村的生活虽然惬意,桑杰曲巴的心里却始终牵挂着玉麦。3个月以后,他赶着牛群,返回玉麦。通往老屋的道路已经被绿草覆盖,家里的东西都被邻国人拿空了。桑杰曲巴对家人说,必须得有人在,这块土地才能守得住。

独自一家住在大山深处,见不到国旗,桑杰曲巴感到心里不踏实。到哪里找国旗呢?来到县城后,桑杰曲巴在街上一边走一边想办法,猛一抬头,看到县委大院的上空,五星红旗正迎风招展。他停住脚步,心想,国旗是布做的,可以自己做。孩子们见阿爸回来,以为鼓鼓囊囊的包里的布料是用来缝制衣服的,围着火塘高兴地跑来跑去,可是阿爸最后却剪出了一大四小5颗黄色星星,又将星星缝在红布上。阿爸严肃地说,这是最宝贵的东西,是我们的国旗。就是那一次,卓嘎和央宗第一次见到了五星红旗,懵懂地懂得了国旗的意义。

那一天,五星红旗飘扬在了桑杰曲巴家的屋顶上。后来,去山外开会,领导问有没有要解决的困难,桑杰曲巴说,那就送我一面国旗吧。

他渐渐地得到了很多面五星红旗。他把这些国旗插在近处的放牧点上，插在高高的山头，插在路边的高山松上……看着比朝霞还要夺目的旗帜，桑杰曲巴感到了从未有过的力量。

二

玉麦乡的条件实在太艰苦了，没有医生，不通公路。自从桑杰曲巴的小儿子去了山外读书，空阔的玉麦林莽间，就只剩下卓嘎与央宗，还有她们并不高大的阿爸了。山外人把这里称为"三人乡"，乡政府就设在桑杰曲巴的家里。

除了放牧，就是看雨雪更迭，彩虹变幻，采摘比星星还要繁盛的报春花。一人抱不住的木灵芝随处可见，狼、黑熊、岩羊也常常不期而遇。每年转场两次，冬牧场转到夏牧场，夏牧场转到冬牧场。有的牛倔强不好赶，有的则钻进森林，掉进石头缝隙里，姐妹俩得费力一头一头去找回。她们把拌有盐巴的青稞粉喂进牛嘴里，算是对听话的牛儿的一种奖励。没有熟悉的面孔，成天只能跟牛儿说话。根据牛的毛色和犄角不同，她们给牛取了各种各样的名字，有的叫昂珠（白色小鸭子）、邦金（草坪上生的）、查果（黑白色），有的还取上亲近人的名字，高兴的时候，会和牦牛额头抵着额头玩耍。

桑杰曲巴巡山或者外出开会换粮食的时候，会让猎犬"支莫"和藏獒"雷索"陪伴姐妹俩。一旦听到外面有动静，"支莫"与"雷索"就会吼叫起来，姐妹俩感到特别害怕，盼望着阿爸赶快回家。有一次，她们对阿爸说，搬出去吧，搬出去就能看见人了，就有人说话了。阿爸说，这是国家的土地，我们不能走。央宗说，国家的土地就让国家的人来守吧。阿爸说，我们就是国家的人啊，如果我们走了，这块国土上就没有我们的人了。

20世纪80年代,白玛坚参成为定期进出玉麦的邮递员。当白玛坚参翻山越岭把邮件送到玉麦时,桑杰曲巴的眼里总会闪烁起欣喜的光芒。他迫不及待地展开报纸,一篇一篇读下去,重要新闻还要给孩子们诵读。姐妹俩逐渐懂得了放牧就是巡逻,在边疆放牧就是守护国土。牦牛和犏牛已经超过100头了,今天把牛赶到这座山上,明天赶到另一座山上,冬季会赶到南面的山谷里。有的牛儿跑得远,就任其游走在山峦草甸之间。

日子再苦,定期巡山是桑杰曲巴雷打不动的工作。一袋熟土豆,一把开山刀,就是巡山的全部装备。白天,用刀劈开密不透风的荆棘和灌木,在青苔泥泞的林间冒雨穿行;夜晚,在石缝树洞里躲避野兽。饿了吃点土豆,渴了掬一捧溪水,累了靠在树下休息。每次巡山前,桑杰曲巴总要叮嘱姐妹俩,两天就能回来,如果第三天还没回来,赶紧出山去曲桑报信。巡山路上,桑杰曲巴检查着自己以前楔下的木桩、挂上的国旗、刻下的文字。木桩如果被人拔掉了,他就重新楔上。国旗不见了,他就再次挂上。

卓嘎、央宗姐妹长大后也开始巡山,她们背上阿爸背过的糌粑土豆袋子,带上阿爸用过的砍刀,一次次跋山涉水。只要看见自家牦牛的蹄印,闻到熟悉的菌菇清香,她们就感到无比踏实和亲切。巡山时,不少陡坡在70度以上,上去要借助绑在树上的绳索,一点点往前挪。她们走遍了玉麦的深山老林,一路走一路挂国旗,用最纯粹的方式给这片土地赋予"家"的意义。卓嘎逐渐成为玉麦乡的活地图,玉麦有多少个通道、多少座山口,没有人比她更清楚了。甚至卫星都探测不清楚的地方,她却能描述得很准确,解放军官兵有时也会来向她请教。

1988年,卓嘎接替父亲当了乡长,央宗担任副乡长兼妇女主任。1996年,卓嘎光荣地加入了中国共产党,央宗随后也入了党。时间一年一年过去，桑杰曲巴的身体大不如前，他开始为女儿的婚事操心了。

这时候，一位叫巴桑的青年来到玉麦。憨厚的巴桑不但是放牧的好手，还赢得了卓嘎的芳心，最后与卓嘎走到了一起，3个女儿也相继出生。有了巴桑的加入，玉麦乡的巡逻队伍壮大了。

三

1994年，西藏自治区组织相关部门，对玉麦乡的居住条件、配套设施进行考察调研，精心选择了新的乡址，提出了扩建方案。搬到新乡址以后，桑杰曲巴一家人的生活条件得到了很大改善。1996年，邮递员白玛坚参和另外一家人搬进了玉麦，玉麦乡终于结束了34年只有一家人的历史。桑杰曲巴在有生之年看到玉麦河谷人口的增加，放牧巡山的人越来越多，他的心情格外高兴。

20世纪90年代末，桑杰曲巴家里装上了太阳能发电装置和电视接收器，灯泡可以亮上几个小时，如果阳光充足，还能看上一两个小时电视。2001年9月，玉麦乡通往山外的公路修通了，当第一辆汽车开进玉麦的时候，桑杰曲巴高兴地给这个"铁牦牛"献上了哈达。沿着这条公路，他去了一次向往已久的拉萨。这年冬天，77岁的桑杰曲巴在大雪纷飞中，安详地离开了坚守一生的土地。临终前，他把全乡人叫到床前，对大家说，不要因为玉麦苦就离开这里，这是祖祖辈辈生活的地方，是国家的土地，一定要看好守好。

2011年，新的玉麦乡政府成立，卓嘎、央宗姐妹分别从乡领导岗位上退了下来。边防派出所进驻玉麦，军警民共同守边固土成为现实。

公路彻底改变了玉麦人的生活，全乡9户人家有7辆汽车，边民补贴、生态补偿和草场补助等政策性收入节节攀高，每户人家一年能拿到4万多元。来玉麦的游客也多了起来，有4户人家开起了餐馆和家庭旅馆，村民自制的竹器、鸡心藤手镯、奶渣深受游客喜欢。家家户户都装上了Wi-Fi，不论给孩子寄零花钱还是在商店买东西，人们都开始网上支付。

四

日子一天比一天美好，卓嘎和央宗抑制不住内心的激动，她们从电视上看到习近平总书记深入基层访寒问暖，于是萌生了把家乡的变化汇报给习近平总书记的想法。她们给总书记写了一封信，让全村人惊喜的是，党的十九大闭幕后第四天，习近平总书记就回信了，这一天是2017年10月28日。平日里雨雪不停的玉麦，这一天却是金色的阳光洒满了山谷。习近平总书记在回信中说："看了来信，我很感动""希望你们继续传承爱国守边的精神，带动更多牧民群众像格桑花一样扎根在雪域边陲，做神圣国土的守护者、幸福家园的建设者……"喜讯传来，玉麦乡的人们奔走相告，卓嘎哽咽地说，要是阿爸能看到这封回信，该有多好啊！

2018年，卓嘎、央宗姐妹俩被中央宣传部授予"时代楷模"称号，以表彰她们半个多世纪以牧带巡、爱国守边、守护祖国神圣领土的事迹。2021年6月29日，卓嘎又荣获"七一勋章"，更多人知道了卓嘎、央宗一家人的感人故事与可贵精神。

在"不忘初心、牢记使命"主题教育期间，卓嘎用实际行动带动更多牧民群众扎根雪域边陲。她结合自身守边经历，在党员中开展宣讲教育10多次，还带头参加"重走桑杰曲巴巡边路"、向党旗宣誓等活动，引导牧民群众感党恩、听党话、跟党走。

令卓嘎和央宗倍感欣慰的是，虽然自己没有上过一天学，但她们的孩子都能到山外读书了。央宗的儿子索朗顿珠是玉麦乡的第一位大学生，

2018年从西藏大学毕业后，在成都找到一份高山滑雪教练工作。阿妈央宗给他打电话说，难道你忘了波啦（爷爷）临终前的话吗？爷爷的话，他当然不会忘。索朗顿珠立即回藏参加了公务员考试，成为玉麦乡政府的一名工作人员。小伙子深情地告诉我们，波啦是他人生道路上的启蒙老师，小时候跟着波啦一起放牧巡山，波啦给他买了玩具枪，还给他做了刀削的竹子枪和木枪。有一次天气太冷，波啦取下牦牛鞍子下的护垫裹住了他。作为玉麦人的后代，他说，会继承波啦的遗愿，守好祖国的边疆，建设好家乡。

"西藏山南玉麦线"在2018年2月被国家旅游局、国务院扶贫办列入"西部行"十大自驾游精品线路。在湖南省对口援建的大力支持下，如今，玉麦边境小康示范村已经建成。2019年4月，又有47户人家迁入玉麦，玉麦乡常住人口达到56户。56户人家如同格桑花一般，盛开在玉麦河谷间，盛开在高高的喜马拉雅山脉南麓，盛开在祖国960多万平方公里大地上的西南一隅，共同建设和谐安宁的美好边疆，谱写守边固土的新篇章。

献给英雄的勋章

余同友

一

2021年6月10日，早晨6点不到，住在安徽省合肥市蜀山区一家社区卫生服务中心的马毛姐就起床了。

小女儿刘光林知道母亲的习惯，早早带了早饭过来。马毛姐一边吃，一边不停地看着手表上的时间。刘光林说，不急，不急，还早着呢。

马毛姐是赶着去参加省里举行的"光荣在党50年"纪念章颁发仪式。尽管已经86岁高龄了，10多年前又患了脑梗，行动不是太方便，但接到参会通知，她还是毫不犹豫地决定："我要去，今年是建党100年啊！"

7点钟刚过，马毛姐出门了。服务中心的工作人员和其他康复患者都知道她，这位永远笑呵呵的老太太，可是当年渡江战役中的"渡江英雄"。他们纷纷与她打招呼："马老太，出门去啊？"

马毛姐笑着点点头，伸手拉了拉衣服，她收养的那只小猫跟在她身后，"喵呜"叫了一声，跑到小花园中玩去了。

仲夏的阳光从树叶间洒下来。女儿忽然问："娘，你可算过，你这一辈子一共得了多少块奖章啊？"

马毛姐摇摇头："不记得了。"

二

不过，马毛姐永远也不会忘记，自己得到的第一份荣誉——"一等渡江功臣"称号。

那一年，她才14岁。

马毛姐成长在安徽无为一个贫苦的渔民家庭，从她的家穿过一道低矮的江堤，就是浩荡的长江。靠水吃水，村里人大多是江上捕鱼人，因为国民党反动派和当地渔霸的欺压，乡亲们过着贫苦的生活。马毛姐的父母没有文化，加上旧社会对女孩子根本不重视，她一直没有正式的名字，由于在家中排行第三，大家就称呼她"三姐"。

马毛姐从小在江边跟着父母兄弟打鱼，练得一身好水性。12岁那年，为了赎回被抓做壮丁的父亲，马毛姐不得不被送去做童养媳。那段日子真得太苦了，天天不是被打就是挨骂，马毛姐的额头上至今还有一个凹下去的伤疤——那天她生病了，可是还得天没亮就起床，为一大家人煮饭。又累又困又饿的她眼前恍惚，一不小心栽倒在灶前的铁炉上，额头磕出又大又深的口子，一时鲜血淋漓，却没人管没人问，伤口也是过了好久才结痂。

1948年6月，家乡解放，马毛姐终于结束了悲惨的童养媳生活，重新回到父母身边。宝贵的自由失而复得，"解放军""共产党"的名字由此深深刻在她幼小的心灵里。转过年，1949年初，马毛姐再出江打鱼，发现沿江的村庄里都驻扎着解放军战士，墙壁上都写上了"打过长江去，解放全中国"的标语。她这才知道，在江对岸，还有好多地方的人和自己以前一样，生活在一个黑暗的社会里。那里的人民正等待着解放。

当时，解放军战士不少来自北方地区，不熟悉水性，马毛姐便每天早早去部队营部，教战士们扯帆、撑篙等船上活计。她教得认真又仔细，战士们都竖起大拇指夸她：这个小老师真厉害！但马毛姐不满足，她还想为解放军做更多事，想让更多人早点过上解放了的好日子。于是，她和思想进步的哥哥瞒着父母，一起报名参加了"渡江突击队"。

1949年4月20日晚上，马毛姐急匆匆和哥哥来到江边，按照编号找到分配好的木船。马毛姐手刚刚摸到舵把，一名解放军干部见她身材瘦小，脸上稚气未脱，便赶紧拦住了她："哎呀，小姑娘，你上来干什么？我们这是去打仗！你赶快回家去！"马毛姐急了："我知道你们是去打仗，是去搞解放的，我是突击队员啊，来送你们过江的。"为了显示自己是个熟练的船工，她还特意将船舵摇了摇。但解放军干部还是不同意："太危险了，不行！快下船去！"说罢，硬生生地赶她下了船。

马毛姐心里特别失落，眼泪都流了下来。但她不甘心，就躲在附近芦苇里。信号弹升起来了，光照亮了江面，也照得马毛姐眼前一亮。她猛地蹿出去，三步并作两步跑到江边，向着即将离岸的船奋力一跃，有惊无险地落在了船上。

上了船的马毛姐俨然是个老水手，她像往常出江一样，和哥哥各就各位。哥哥眼睛不好，但力气大，便坐在船桅杆边负责扯帆；马毛姐手脚灵活，一手掌舵，一手划桨。借着隐隐的波光，马毛姐看到，身边的芦苇丛里如离弦之箭般射出了一艘艘小船，每艘船上都坐满了解放军战士。

马毛姐双手不停，船只快速地向南岸前进，已经隐约可见对岸的江堤影子。忽然，敌人的照明弹升起来，渡江船只暴露在江面上。霎时，对岸的子弹如雨点一般落下来，有的打烂了船帆，有的打穿了船舷，有的掉落在江里，在江面翻起阵阵水花，江水如同滚沸一般！

这一晚的江面，比马毛姐经历过的任何一次都要凶险。但这一刻，她忘记了害怕，心里只揣着一个念头：把解放军送到对岸去！她拼命地划动着船桨，突然，右手臂一麻，接着火辣辣地疼起来。她低头一看，胳膊上鲜血直流,是被一颗子弹击中了。枪林弹雨中,解放军战士为她包扎了伤口,她试了试,还能使上劲,便继续和哥哥配合着,凭着过硬的撑船技术,快速地向南岸破浪前进。

一次、两次、三次……马毛姐和哥哥就这样,一晚上六次横渡长江,运送了三批解放军战士。渡江战役胜利后,马毛姐被授予"一等渡江功臣"称号,无为地区的3000多名"渡江功臣"中,她年龄最小。

三

参加完上午"光荣在党50年"全省老党员老干部座谈会,领受了纪念章后,马毛姐又匆匆忙忙赶了回来。她将纪念章小心地收拾好,放在盒子里,收藏进床头柜。

做这些的时候,她的目光不由得落在墙上的挂历上。挂历上是毛主席画像及他的诗词《卜算子·咏梅》。看着挂历,她不由想起当年受到毛主席接见的情景。

成为"一等渡江功臣"后,马毛姐并没有觉得自己做了什么,依旧白天在村里干农活、晚上到夜校去学习。她没有想到,新中国会惦记着她这样一个普通的渔家女——1951年9月,马毛姐收到毛泽东主席亲笔签名的请柬,邀请她进京参加国庆庆典。

在北京,毛主席亲切接见了马毛姐,还为她题词"毛姐:好好学习,天天向上"。激动、感动、幸福……种种美好的情感充盈着马毛姐的心。在北京的日子,成了她一生都不会忘记的美好回忆。

从北京归来,马毛姐在安徽省炳辉烈士子女学校等学校读书学习,1954年加入了中国共产党。1957年毕业后走上工作岗位,先后在合肥车站麻纺厂、针织厂、被服厂、帽厂、东风服装厂等生产一线工作,担任过车间主任、工会主席、党支部书记,后又担任合肥市服装鞋帽工业公司副经理、工会主席、党委委员。在这些平凡的工作岗位上,她严格要求自己,努力学习和工作,多次荣获省、市劳动模范,先进工作者等称号。这些党和人民授予的荣誉,她都郑重以待,倍加珍惜。

待将奖章收拾好后,马毛姐刚准备坐在轮椅上休息一下,突然,一个黄黑的身影"嗖"的一下跳入了她的怀抱,正是那只小猫。这小猫不仅会捉老鼠,还会提前"报告"有人来访。她幽默地说,小猫跳,客人到。

四

最近,马毛姐的客人真不少。

2021年是中国共产党成立100周年,党中央决定,首次评选颁授"七一勋章",隆重表彰一批为党和人民作出杰出贡献、创造宝贵精神财富的党员。在这份无比光荣的名单中,马毛姐的名字赫然在列。

许多当年的老同事、老朋友从报刊新闻上看到消息后,纷纷赶来看望她。其中,还有一些特殊的客人,他们曾经是她的"听众"——

退休之后,马毛姐没有忘记一名共产党员的初心使命,经常义务到机关、学校、工厂等单位做革命传统报告,进行红色革命文化教育。在2005年马毛姐患脑梗之前,差不多每周她都要义务为合肥的大中小学校做一两场报告。

女儿刘光林到现在还记得,自己读小学四年级时,学校还请母亲来做了场报告。那是她第一次听母亲做报告,她没想到,母亲一口气在台上说了两个多小时,说她童年时的苦难生活,说她参加渡江战役的经历,说她受到毛主席接见时的情形。说这些时,母亲总是说,我并没有为党和人民做些什么,而党和人民给了我太多的荣誉。平时看着话语不多的母亲,做报告却不用看稿子,她是带着感情说的,说完了后,同学们拼命鼓掌。后来,刘光林参加工作了,遇到过去的同学,他们还会说起她母亲,甚至能复述出她母亲当年做报告时说过的话。

2021年3月28日,清明节前夕,无为市想请马毛姐在建党百年之际,回老家看一看,给乡亲和孩子们讲一堂党课,做一次报告。马毛姐答应了,却谢绝了当地政府派车的好意,让女婿开着私家车,送她回到了阔别多年的家乡——马坝村。

一下车,她就感叹不已,昔日破败的渔村如今早已楼房林立,道路宽敞,周边的农田、蟹塘、莲池形成了优美的生态大环境,村庄内外的河流、水塘连通在一起,蛙鸣鱼跳,水面上闪耀着粼粼波光。

乡亲们得知马毛姐回来,非常热情,拉起横幅欢迎她:"致敬渡江英雄!欢迎回家!"

有的老人喊出了她的小名:"三姐,三姐!"

在村活动广场,马毛姐现场给上学的孩子们上了一堂爱国主义党史教育课。虽然多年没做报告了,但说着说着,那些往事又都在脑海中鲜活起来。她用自己的亲身经历告诉孩子们:我总结一句话,那就是"没有共产党,就没有新中国"!

做完报告,马毛姐和家人一起去给母亲和大哥扫墓。

祭奠完后,她在江边看着滔滔的江水,仿佛又回到了多年前的那个夜晚,又听见了那嘹亮的军歌:

> 向前!向前!向前!
> 我们的队伍向太阳,
> 脚踏着祖国的大地,
> 背负着民族的希望,
> 我们是一支不可战胜的力量。
> ……………

五

来访的客人们走了。吃过简单的晚饭，天色暗了下来。

小猫又爬上了她的膝盖，享受着她的抚摸；小区外，响起了叫卖水果的吆喝声……马毛姐有些累了。这一天，除了参加上午的活动，她又接待了好几拨客人，来看望问候的，来采访录像的，来请她讲党史的。

女儿告诉马毛姐，明天上午电视台的人请她去渡江战役纪念馆，要拍一个片子。

在渡江战役纪念馆内，有一座展示人民群众送解放军过大江的群像雕塑，其中就塑有14岁的马毛姐帮助人民解放军划船渡江的场景。当年，纪念馆举行开馆仪式时，马毛姐受邀参加，女儿陪着她。当女儿看见大屏幕中播放的渡江战役纪录片中，小木船在枪林弹雨中奋勇前行的镜头，便问马毛姐，当时真是这样？马毛姐说，就是这样，就是这样，当时我们一起出去的是四条船，结果两条船被打沉了。马毛姐说着，眼泪流了下来。

听到女儿说起"渡江战役纪念馆"，马毛姐沉思了片刻，认真地对女儿说，"七一勋章"如果颁发下来了，她要在自己百年之后将勋章捐献给渡江战役纪念馆。

"为什么？"女儿问。

"当年参加渡江战役的人，很多都牺牲了，而我幸存下来了，才有了今天。所以，这个奖章不是属于我个人的，而是属于大家的。"

点亮更多孩子的梦想

李朝德

一

2021年7月3日下午，悬挂着"热烈欢迎七一勋章获得者张桂梅同志载誉归来"布标的中巴车，驶过华坪县鲤鱼河畔，驶过县城大街小巷。所经之处，群众纷纷驻足，鼓掌致敬。

位于云南和四川交界处的云南省华坪县，是滇西北高原的一座小城，人口不到20万。在这块偏远的土地上，获得如此高的荣誉还是第一次。

车辆行驶到华坪女子高级中学门口，张桂梅从车上下来。在热烈的掌声和欢迎声中，华坪女高的两名女生捧着红色的康乃馨迎了上来。她们把鲜花献给张桂梅，然后懂事地挽着张桂梅的手臂，轻轻抚摸她贴满膏药的手。

县里的同志搀扶着张桂梅走进女高校园。在当天讲话时，张桂梅把胸前的"七一勋章"取下，将这枚代表着无上荣誉的勋章举起，激动地说："这个光荣的勋章不属于我，而是属于我们这片英雄的土地，属于我们在座的父老乡亲，属于我们英雄的党员和英雄的人民！没有你们，没有这块土地，就没有我的今天，没有我为国出力、为民服务的今天。"

台上的张桂梅，身形消瘦，让人心疼。金色的阳光照耀着她沧桑的容颜，也照耀着孩子们。在鼓掌的人群中，穿红色校服的女高学生特别显眼。几天不见张老师，因为激动和想念，很多孩子的泪水从脸颊上滚落。

她是孩子们眼中的老师，也是她们心中的妈妈。仿佛远山的一位提灯人，张桂梅给大山里的孩子们带来光明、温暖、希望和爱。

而在张桂梅看来，"是这片土地给了我一个绽放人生的舞台！是党和政府支持、培养了我，让我能做事，把事做好，让我实现了我的梦想，了却我的一桩桩心愿。"

对于一个没有财产、失去家庭、孱弱多病的人来说，是什么样的意志让她"千磨万击还坚劲"？是什么样的信念让她初心不改、勇往直前？

让我们到岁月深处追寻答案。

二

1957年6月，张桂梅出生在黑龙江省牡丹江市。

小时候，她经常听东北抗联、八女投江的故事。杨靖宇、赵一曼、赵尚志……这些抗日英烈的英勇事迹常常让她听得如痴如醉，在脑海里久久萦绕。

"朔风怒吼，大雪飞扬，征马踟蹰，冷气侵人夜难眠。火烤胸前暖，风吹背后寒，壮士们！精诚奋发横扫嫩江原。"奋进激昂的东北抗日联军《露营之歌》，让少年张桂梅心潮澎湃。老师声情并茂地讲述八女投江的故事，也每每让她听得泪光闪闪。

她最爱读《红岩》，前前后后不知读了多少遍，每读一遍都会受到巨大的鼓舞。《红岩》中江姐视死如归的革命气节让她十分敬佩。

一个偶然事件，让她终于找到革命先烈不怕困难、不怕牺牲的

"秘诀"。

20世纪60年代的一天，上小学的张桂梅像往常一样背着书包欢快地回家。

虽然已是初春，但黑龙江的雪还没有完全融化，寒风依旧凛冽。才走到村口，她就发现自家的房屋前围了许多人。张桂梅心里一紧，身材瘦小的她跑过去扒开人群，挤到前面看出了什么事，才发现原来是自家的房子倒塌了。

张桂梅家的破旧房子在雪水渐渐融化时，因墙根被长时间浸泡，再加上连续刮大风，土墙支撑不住，完全倒塌。父亲看着倒塌的房屋，欲哭无泪。她站在父亲身边，看着遍地的瓦砾和泥土，吓坏了。

这时，人群中一名女干部走了出来。这位女干部个子高高的，脸白白净净，两条麻花辫梳得很齐整。张桂梅至今都记得她的样子和声音。这位女干部对张桂梅父亲说："你不要担心，把家管好就行。房子的事有我们呢！"她说话时声音细细的。张桂梅说，她当时根本不相信这样一个白白净净、穿着讲究的女干部能把她家的房子重新盖起来。

女干部声音不大，但非常有号召力，转身招手对大家说："大家别看了，赶快行动起来，我们一定要把倒塌的房子尽快建起来。不能让这家人在外面冻着饿着！"

女干部不仅指挥镇定有序，还加入到盖房的队伍中来。她跟村民一起把倒塌的土墙碾碎，找来茅草铡碎，再混合成胶泥拓成土坯，然后再砌墙盖房。

为了尽快把房屋盖起来，这位女干部没日没夜地工作。她的衣服上沾满泥浆，脸被大风刮得通红粗糙，双手裂开了一道道血口子。

房子终于盖起来了。完工时，张桂梅小心翼翼地问："阿姨您是谁啊，为什么帮我家盖房子？"这位女干部说："我是一名共产党员，共产党员就要帮助人。你们家房子倒塌了,不帮忙盖起来,你们没有地方住怎么行?"少年张桂梅心中一阵温暖,又问:"阿姨,谢谢您,您能告诉我您的名字吗?"女干部摸了摸她的头说:"孩子,房子是大家盖的,这是我们应该做的。共产党员都会这样做,也没有必要知道我的名字。只要你长大也能去帮助别人就行了。"

这之后,张桂梅又见过那位女干部几次。她总是笑眯眯的,常常停下来与村里的人聊天,谁家有困难都爱找她帮忙。

女干部的形象,深深地印在了张桂梅心里。她知道了共产党员这个称呼,也知道了共产党员就是要做好事,就是要帮助需要帮助的人。

三

1974年,张桂梅响应"奔赴祖国边疆、支援三线建设"的号召,不远千里,和姐姐一起来到云南省中甸县。

中甸,现名香格里拉,是云南省迪庆藏族自治州首府所在地。对年轻的张桂梅来说,那是一个遥远而陌生的地方。

就风景来说,这里美不胜收。草原辽阔,天空澄碧,远方的雪山熠熠生辉。但这里海拔高、气候寒冷、空气稀薄、交通闭塞。很难想象,一名17岁的东北姑娘,在地理环境、生活环境与家乡迥异的地方落地生根,要付出多少不同寻常的努力。

到云南后不久,张桂梅的父亲去世了。这让背井离乡的她身心遭受巨大打击。

1990年7月,张桂梅大学毕业,她和丈夫董老师来到大理市喜洲一中工作。丈夫当校长,她当普通老师,琴瑟和鸣。然而,幸福的生活并没有持续很久。1994年,丈夫患重病去世,留给张桂梅无尽的悲伤和思念。

1996年8月,重新振作起来的张桂梅收拾好行装,毅然离开这片给她带来幸福温情又给她留下巨大痛苦的地方,来到了丽江市华坪县。张桂梅没有选择进入全县条件最好的县一中,而是选择师资力量薄弱的中心学校任教。她主动请缨,承担起4个毕业班的语文和政治教学工作。

但命运再次弄人,1997年4月,张桂梅被检查出患有子宫肌瘤。如果这个时候离开教学岗位去治疗,会严重影响孩子们的学习。上百个孩子、上百个家庭的希望就在眼前!该怎么办?

八女投江、江姐的事迹如在眼前,为什么她们能坚持下来,能把生死置之度外?一想到革命先烈的英勇无畏,想到共产党员无私帮她家盖房,还有自己病重时,素不相识的乡亲们为她捐钱,她就无法心安。

不是还没倒下吗?那就先把学生送去中考再说!只要能帮孩子们考个好成绩,自己忍受病痛又算什么?直到把学生送进中考考场,张桂梅才去医院——医生从她腹腔切出一个超过两公斤的肿瘤。

人一旦坚定了信仰就会勇往直前,就会所向披靡。焦裕禄身患重病,依然以坚强的毅力、炽热的情怀带领全县干部群众治理"三害"。如今,她也要把有限的生命,投入到无限的为人民服务中去。

1998年4月,张桂梅成为一名光荣的共产党员。她在党旗下默默许下诺言:要努力成为江姐、焦裕禄那样的人。"能把青春献给党,正是我无上的荣耀",歌剧中江姐的这句唱词,铸就了她的人生信仰。现在,她要把"对党忠诚,积极工作,为共产主义奋斗终身,随时准备为党和人民牺牲一切",作为人生最高追求。

那时,每年开学,总有缴不起费用的家长。有次,一位家长来给孩子缴费。他伸出黑黑的大手,将一大把5角、2角、1角的钞票放到张老师的办公桌上,不好意思地说:"就这些了啊,实在对不起老师了——有了钱我还会送来!先让我家娃娃读着吧。"

再看看他身边背着书包、脸蛋黑黑的小姑娘，清澈的目光充满求知的渴望。张桂梅被深深触动了，她说："没有事，你能将她送来读书就很好了，剩下的我负责。"家长走后，她清点了这些钱，最大的面额5角，总共35.3元。这是全家积攒了半年供女儿上学的费用，而当天要缴的费用是150元。

张桂梅把剩下的学费垫付了。她说："那是终生难忘的一幕，让我看到了山区的贫困和对上学的渴求，也提醒着作为老师的基本职责和任务是什么，明白了一个共产党员奋斗的目标和方向是什么。"

在学校教书时，张桂梅为让每一个孩子能接受教育而奔走；在华坪儿童福利院，她又为让不幸的孩子都有温暖的家而努力。为了改善孩子们的生活、学习状况，她节衣缩食，把省下的每一分钱都用在学生和儿童福利院的孩子身上，自己却越来越穷。

后来，福利院里的弃婴、深山女生的遭遇又让她萌发创办一所免费女子高中的想法。

筹备免费女子高中吃苦受累，不被理解、受委屈是常事。"绝不放弃每一个孩子！无论多难，无论多苦，我绝不退缩。"这是张桂梅的选择。

2008年8月，国内第一所全免费女子高级中学——华坪女子高级中学建成。学校建起后，张桂梅把所有的时间和精力都给了孩子们。"越是偏远落后的地方，越需要把党和政府的温暖送到有需要的群众手上，这是一名共产党员的责任和使命。"张桂梅说。

由于学习压力大、家庭困难，有些孩子会萌发辍学打工的念头。为了把温暖送到最需要的人手里，为了让有梦想的女孩子从大山里走出来，张桂梅翻山越岭去家访。

张桂梅知道，有时候一个眼神、一次拉手就能改变孩子的人生，几句鼓励的话、一个拥抱，就能成为她们勇往直前的力量。

为了不增加学生家里的负担，家访 10 多年来，她与随行人员从不在学生家里吃饭。家访的车上，一行人员都是自带面包、方便面、矿泉水等。遇到困难家庭，送衣服、送物品、送钱是常有的事，在张桂梅的带领下，随行的老师也把自己的腰包掏得干干净净。张桂梅说，我们的家访不是走形式，而是要有实实在在的内容：家里多少人，多少亩地，多少亩花椒，多少棵果树，是否挂果了，一年多少收入，最主要的困难是什么……都是家访的内容。到家里后，揭开锅盖，看看他们吃什么，走进住处，看看盖什么被子，就知道孩子是什么家境了。

在家访过程中，遇到路不通的，群众出行不方便的，就向有关部门反映，协调把路修通；遇到水管破裂无人管的，也要落实责任人尽快处理。家访一路，留下一路的故事。她说："共产党员，就是要解决群众困难，不分分内还是分外。"

2020 年寒假，张桂梅又踏上了家访路。但与前些年相比，路好走了，车子可以直接开到学生的家门口；易地搬迁让许多家庭搬出了大山，不像原来家访只能往大山里跑。脱贫攻坚取得了举世瞩目的成就，对大山的影响也显而易见。"这次家访，不到 10 天就走完了 100 多家，学生们的家境明显比之前好多了……"张桂梅说。

四

建校 13 年的华坪女高，正悄悄地改变着当地的面貌。这种改变有些看得见，有些更重要的东西则是看不见的，比如思维方式、价值理念、人生追求，等等。在当地，几乎人人都知道华坪女高和张桂梅，华坪、永胜、宁蒗这些县偏远的山村也有女高的学生。如今，华坪女高的学生、儿童福利院的孩子，许多都已长大成才，走向祖国各地去发展。

过去，一些家长不愿意送孩子来读书，找各种理由搪塞。这些年不一样了，很多家庭都会主动送孩子来读书。每年新生报到时，张桂梅都会问家长一个问题："为什么送孩子来我们女高？"建校初期，家长们的回答是："我们借不到钱，只能来读这所学校。"如今，她再这样问，家长们都会自豪地说："因为女高好，成绩好，张老师好，我们全家都以娃娃能读女高为荣！"

这无疑像一束光，让整个家庭都有了盼头。而张桂梅老师，无疑成了孩子们最贴心的掌灯者，用自己默默的付出，照亮孩子们前行的路。

她用自己的行动，引领着每一个孩子前行，也用自己的行动，践行着一个共产党员的初心和使命。

从北京回来的当天，张桂梅又投入到紧张忙碌的工作中。晚自习时，张桂梅佝偻着身子，在教学楼里开始新一轮的巡视。她上下楼梯时斜着身，双脚在一个台阶站定，再伸出一只脚迈向下一个台阶。每一步仿佛都回应着她说过的话："教书育人，是无上光荣的事业，每一个教师都要珍惜这份光荣，择一事，终一生。"

第二天课间操时间，张桂梅又一次站在红旗下，与全体师生共唱《英雄赞歌》："烽烟滚滚唱英雄，四面青山侧耳听，侧耳听，晴天响雷敲金鼓，大海扬波作和声……"

再次听到这熟悉的旋律，张桂梅内心依然充盈着澎湃的激情。她在心里发誓，只要还有一口气，就要站在讲台上，倾尽全力、奉献所有，点亮更多孩子的梦想，托起大山里的希望。

黄大发和乡亲们筑渠的故事

何建明

我认识他是4年前的事。那时他已82岁,不到一米六的个头,站在我面前,让我看到山一般的坚毅,从此再没改变过他在我心中的形象。

他就是黄大发,一名普通的共产党员。2021年"七一"前夕,他被中共中央授予"七一勋章"。

一

第一次见黄大发之后,我才真切体会到"大山"和"大山深处"的含义——

当地人说,过去从县城到黄大发所在的村子,即使抄近路,也要翻山越岭走整整两天两夜。如今,这些边远山区都已通了公路,然而要想抵达这位老人所居住的小山村,仍要在盘山公路上颠簸两三个小时。第一天进山,我的头就被转晕了……粗略数了一下,汽车在群山之中拐了上百道弯。

黄大发老人早已在村口等候。"上山吧!"握过手之后,老人家便迈开稳健的步子,要将我带到千米之上的悬崖,去看那条用尽了他一辈子心血的"天渠"。

上山。看渠。

群山峻险之地,竟有股清凌凌的泉水在半山腰流淌!驻足观渠,我被这项杰作深深震撼。

"咱们再往前走……"老人家一次次这样招呼着我，生怕我止步。

我们一只手拿着一根竹竿作拐杖，另一只手则撑着雨伞。此刻正下着雨。身体的左侧，是峻峭嶙峋的山体，右侧则是万丈深渊。远望山脚下的公路，仿佛一缕细丝。

所谓的"天渠"，其实是在山体边缘挖出来的一条宽六七十厘米、平均深50厘米左右的石渠。渠身的一边傍着大山山体，另一侧就是峭壁悬崖。

悬崖上的水渠坎沿宽度仅几十厘米，黄大发老人在上面健步如飞。第一次行走在如此峻险的悬崖边上的我，每迈一步，都心惊肉跳。

现在，我们只能弓着身子一步步挪动了——弯弯的水渠已嵌在悬崖的"脖颈"底下。

我不停地擦着脸上的汗珠和雨水。同行的当地干部在后面拉住我："要不就到这儿吧……"

而我，确实也犹豫了——前面到底还有多险哟！

这时，距我五六米远的黄大发回过头来，两眼盯着我，一言不发。那一瞬，我的心颤动了：老人家是希望我能够看完这条他拼了命换来的"天渠"啊！从他坚毅的目光中我读懂了一件事：这水渠是他的全部生命，他希望别人能完完整整地了解它，从而也了解黄大发……

"走吧。"我下定了决心，再次迈开了步子。黄大发的脸上顿时露出微笑。随后他把手伸了过来。

当我握住老人家的手时，一股热流立刻涌至全身……我真的不再惧怕什么了。

继续前行。"前面就是水渠最险的地方，叫擦耳岩！"黄大发说。

"擦耳岩"听着就让人胆战心惊。果不其然。山岩是倒着长的，上凸下凹。人在水渠上行走，只能双脚踏入水渠中间。

"凿这一段渠，我们整整用了半年时间。"黄大发一边用手捞着清澈的泉水，一边跟我聊："那半年，我带着村上五六个骨干就吃住在这里。"

猫腰前行一段后，黄大发指给我看近在眼前的"奇景"：想不到在悬崖绝壁上，竟有一个1立方米大小的洞穴。洞穴内尚残存着一些灰渣和岩壁上的某些人工印痕。

"都是我们干活时留下的。"老人家很自豪地告诉我。

擦耳岩并非"天渠"收笔之处，前面还有10多里长。黄大发说，还有两处非常险要的地方，"跟擦耳岩差不多，就不用看了"。

从山巅下来，我们踏上去往黄大发所在村子的路，那是一条深深的峡谷。

"喏，你看我的渠在那儿……"此刻，老人家仰起头，指着云雾缭绕的半山腰说。

我跟着仰起了头。我看到：在大山的山体上，有一道"刀痕"清晰地刻在那里；它延伸到很远很远的山峦，宛如系在大山腰际的一条彩带……

二

黄大发所在的草王坝村位于贵州省遵义市播州区平正仡佬族乡。这是一个十分偏僻、边远的穷山村。

父母相继离世后，靠吃百家饭长大的黄大发，比谁都懂得感恩村里的每一个人。新中国成立后，他想得最多的是：我的命是党和乡亲们给的，我应该为村里干好活！乡亲们也特别看好他，说他做事实在，有着大山的本色。

1958年，23岁的黄大发被推选为草王坝大队大队长。第二年年底，他成为一名光荣的中国共产党党员。当了村干部的黄大发，想得更多的是如何让村民们过上好日子。可是，乡亲们依然吃不上白米饭，连苞谷汤也不是每家顿顿都能吃上的。

1962年，黄大发担任了村支书。在一次全体村民参加的会上，黄大发说："大伙儿信任我，我也不能含糊。今天我把心肝托出来放在这石板上，就是希望大伙儿一起，把草王坝最大的事办了！"随后，他张开手掌，铆足了劲往石头上连连拍打了十几下。

"啥子事嘛，你快说！我们听你的！"村民们等着黄大发发话。

"我想让大伙儿吃上白米饭！"黄大发连吼三声，喊声在大山里久久回响。黄大发的话，让许多村民当场流下眼泪。是啊，大家实在是太想吃上白米饭了！

可村民们知道，要吃上白米饭，就得种稻子。种稻子就得有水。然而，这儿尽是干旱的大山，水从哪儿来呀？人们开始嘀咕。

黄大发认真地告诉大家，他要从"天上"把水引到草王坝来！

天上引来水？这咋可能？人们议论纷纷。

黄大发指指身后的大山，信心满满地说："大家都知道，我们的后面是太阴山。太阴山再往后，有条螺蛳河。那螺蛳河的地势高出草王坝许多，等于在我们头顶的'天上'。把螺蛳河的水引到咱们这儿，不就是从'天上'引水吗？"

"这主意好！"众人一听，纷纷响应。

"好！那从今往后，我们草王坝人就要干一件从没干过的事——凿渠引水，吃白米饭！"

"凿渠引水，吃白米饭！"草王坝的晒谷场上，口号声阵阵。激起的回声，在群峰间此起彼伏……

"想吃白米饭的跟我上山去！"正式上山的那天清晨，黄大发就喊了这一句话，便招来村里几十个壮年汉子加入了上山挖渠的队伍。

山岩上，一壶酒，一丛火苗，外加一碗苞谷沙饭和几只山果。开山筑渠的战幕，就这样拉开了……

三

此后的十几年里，只要农闲时节，黄大发就带领村民们上山筑渠。

当太阳从山㘭里探出头时，草王坝人的劳动号子已在大山中激昂地响起了。那千米悬崖上的开山凿渠现场异常壮观：男人们大力地抡起铁锤，妇女们帮忙搬运石块，连老人和孩子也来帮手添力……

仅用短短的一个冬天，草王坝人便凭着一身胆气和干劲，用双手和铁锤钢钎，硬是在悬崖石壁上一点一点抠、一寸一寸刨，凿出了近3公里长的石渠。

"年后我们再加把劲，争取三年拿下引水渠！"黄大发举杯谢乡亲。

然而，大山似乎并不想给黄大发那么如意的好事，也执意想考验一下草王坝人。某一日，它突然一个变脸，整个草王坝便笼罩在寒雨冷风之中。这一年春节前后，草王坝下的雨，不仅时间长，而且雨量大。最要命的是，还出现了少有的"冻雨"现象，把整个山上山下的地面冻得像冰面一样滑溜。

黄大发如坐针毡：山上挖好的渠道啥样了嘛？他心头急，可又没法上山去。

眼看就要到春耕时节，可这坏天气还没完，人们无法上山。黄大发心急如焚。今年的渠道咋修呀！

正当大家束手无策之际，事情有了转机。一位村民抱来一捆草干干，将草干干绑在自己的脚上，然后在黄大发面前转了两圈。

好！就它了！黄大发大喜。

在黄大发带领下，一支冒着刺骨寒风的"草脚队"勇敢地向大山进发了……

可是，上山之后的黄大发，顿时瘫软了。原来，天一暖，厚冰块将刚刚修实的渠壁全都给融酥塌陷了！

"别急，总会有办法的！"那位村民又向黄大发建议："我看过老辈子曾经用过石灰加固水沟，石灰有黏性，应该也可以加固石壁。"

黄大发和村里人都觉得这是个法子。于是，又是一场背石灰大战。几十吨石灰，由上百个壮劳力，像蚂蚁拉骨头一样，从草王坝驮到了十几里外的山崖沟渠处。

谁知，黄大发他们用双手一米一米加固起来的渠道，竟又被一场"端阳水"冲得稀里哗啦，重新修好的水渠塌的塌、倒的倒……

眼瞅着3公里长的石渠转眼间变成一条烂泥沟，黄大发"扑通"一屁股坐进了沟渠里，泪水跟着大雨一起落下……

乡亲们本以为，黄大发会就此作罢。没想到，黄大发又斗志昂扬地来到村里的晒谷场，放开嗓门，对大家说："毛主席早说过，愚公能移山，靠的就是子子孙孙不断力，一代接一代地挖，直到挖完为止。从螺蛳河到草王坝共十几公里的路，挖一米，就短一米。困难肯定有，但它吓不倒咱！只要大伙儿心往一处想、劲往一处使，就算再长十里百里的沟渠，我们也要靠十只手指把它抠出来！"

战鼓再次擂响。

开山修渠的战斗，越到后来越发艰巨。30多里长的石渠，绵亘蜿蜒，如何保证水能在渠道里越走越畅，一直流到草王坝？没有任何水利工程专业知识的黄大发他们，如何解决施工中的这道难题？

"我们就用几根竹竿，在山上山下来回地比画着，凭眼睛目测，然后朝着一个方向开山劈道……后来才知道这个土法其实是行不通的！可当时我们只能这样干！"黄大发说。

草王坝的乡亲们告诉我，那些年里，大伙儿除了庄稼地里的活儿，其余时间就是开山挖渠。山里吃、山里宿，已经成为村里人的习惯。

黄大发便是这样带领村民，仅凭一锤一钎、一担一筐，在大山的悬壁上，一寸一丈往前挖凿……这是真正意义上的自力更生、艰苦奋斗。

"明天我们要把这峰打出个窟窿来，让水往咱草王坝流……"黄大发指向挡在面前的一座山峰说。

"要挖隧道了？这能行吗？咱又没钻山的机器……"有人望着高耸的山峰，胆怯了。

"别说晦气话！"黄大发生气了："没有钻山的机器，可我们有打天的拳头！"他抡起双拳，有力地挥动着。

打隧道的战斗开始。

黄大发遇到了前所未有的难题。原本沿山壁而走的沟渠，靠竹竿马马虎虎弄成一条直线，并由此凿石刨沟。可这大山腹部对穿一条"沟沟"，对不准的话将是什么后果！

土法已经失灵。黄大发一时想不出高招，急得直抓头。

"有办法的！"村里与黄大发同岁的一位村民说："见过老人用茶盘装满沙子，放在山顶，再用两根绳子垂直交叉于泥沙上，纵向的一根固定在茶盘，横向的一根则标志出隧道掘进的方向……"

真是个好办法！黄大发一听，高兴得跳了起来。一溜烟，他"飞"到了山的另一端。

这里，一队民兵们正等着黄大发下命令，他们是担任隧道战斗的两支青年突击队。

"大家都听着：这回在山腰里打洞，咱谁也没干过。但不用怕！"黄大发特意站在一块高过自己两米多的大岩石上，而且把声音又提高了几度，喊道："一年的工作量，半年拿下，大伙儿有没有信心？"

"有——！"回答声响彻山谷。

黄大发组织两支队伍在山体的两个不同位置，向着相对的方向一起开始凿山打洞……

草王坝人修水渠的事情，也感动了上级。在打隧道的关键时刻，他们获得了8000元资金。有了这笔钱，黄大发心里更有底了。

战斗可以开始了！

黄大发在山体的两端来回奔跑并嚷嚷。

最怕的是炸药点了没动静。这个时候，让人不知所措。

每逢此时，黄大发的脸总是铁青。他把其他人远远地挡在身后，自己用厚棉衣将头裹了个结实，然后独自朝山洞里走……

所有人屏住呼吸，目不转睛地瞅着黄大发的身影走进漆黑的山洞，直至消失。

"轰隆——"山洞里突然传来一声巨响，一股冲鼻的硝烟随即喷出。

"大发——""支书——"人们焦急的喊声此起彼伏地响起。

只见黄大发全身冒着烟尘，出现在村民们面前："我又没有死，你们哭嚷个啥嘛！"

山洞再一次向纵深凿进了十几米……

经过半年的苦战，山洞打通了。十几里长的渠道也早已挖成，在山腰上划出一道奇观。

然而，让人失望的是，这条渠根本引不上源头的水。这是咋回事？

原来，在山峰之间的水渠汇合之处，由于用的是土法，出现了近百米的落差……

草王坝村陷入了从未有过的悲恸。最无法接受现实的是黄大发，这一次，他真的绝望了。他甚至想到跳崖，用生命向全村人"赎罪"。

"爸，我没离开草王坝，就是想看到你让全家吃上白米饭，让村上人吃上白米饭，我相信爸你能做得到！"女儿揪住了他的衣袖，眼泪汪汪地说。

黄大发的心软了，跳崖的脚步收住了。但是，他不再继续担任村支书……

四

20世纪90年代初，贵州大地连续几年极度干旱，山区许多地方几乎颗粒无收。

"老书记引我们开山引水的事情没有错！""我们要吃上白米饭！"

草王坝的乡亲们又想到了黄大发。自学过3年水利工程知识的黄大发再次担任了村支书。

这一年黄大发已近60岁。为了草王坝，为了30多年前在党旗下许下的承诺，他毅然再度担任村支书，担起了重启修渠引水的重任。只是这一次他更相信科学的力量。在接任村支书的第二天，黄大发穿着一双解放鞋，独自从村里走向县城，整整走了两天。他来到县里的水利局，请求专家支援草王坝的筑渠工程。

"只要我不死，就让大伙儿相信咱党员说的话是算数的，就要让村里人吃上白米饭……"黄大发几近声泪俱下。

他感动了所有想帮助他的人。水利局及时派出专家，同时又在资金等方面力所能及地给予草王坝村支持。

不过，开山筑渠的大事仍然需要黄大发他们自己来完成。"我这辈子就一个心愿：让你们吃上白米饭！如果谁相信我的话，那就跟我上山……"对村民，黄大发能拿出的只有这样一个简单的"动员令"。结果，村里所有可以上山的人，都跟在了他后面……

这回，黄大发真的把大山撼动了。

4年之后，一条崭新的绵延十几里长的"天渠"，在崇山峻岭之中垒成。一股股清澈的山泉，从螺蛳河那边，途经道道山梁，潺潺地流进草王坝，灌入村里的每一块稻田……这一年秋天，草王坝村的田野里飘出了稻香，每户农家的灶堂里洋溢着激动而欢乐的声音：

"我们吃上白米饭啦！"

"白米饭好香啊——"

五

香喷喷的白米饭，让草王坝人陶醉了许多日子。之后的日子，草王坝村的生活如芝麻开花节节高，一路走到了今天的全面小康。

而在家家户户吃上白米饭之后的20多年里，村民们常看到一位老人的身影，几乎每天都会出现在山崖上——

他，就是黄大发。每天，黄大发都会上山去巡视一趟他心爱的水渠。

我知道，在水渠修成的最后几年里，黄大发失去了22岁的宝贝女儿。在生死攸关的施工现场，一刻也不能离开的黄大发，自知无力更无时间送患肾衰竭的女儿出山去城里治病……

一位战斗英雄的传奇人生

王 龙

在庆祝中国共产党成立100周年之际,党中央决定,授予29位同志"七一勋章"。"七一勋章"获得者中,有一位已离世的老英雄柴云振。

1952年5月1日,中国人民志愿军给柴云振记特等功,并授予"一级战斗英雄"称号。在庆功会上,柴云振的奖章和证书无人认领。因为柴云振在朴达峰阻击战中负伤昏迷,转运回国治疗后与部队失去了联系。当组织最终想方设法找到柴云振时,这位"失踪"的英雄,已在大西南的山区里务农30多年。

柴云振不会想到,在之后的战斗中,他所在的志愿军15军战士们,正是喊着"学习柴云振""为柴云振报仇"的口号冲锋陷阵;

柴云振不会想到,他的英勇事迹在朝鲜广为传颂,朝鲜画家还根据柴云振战友的描述,画了一张他的"遗像",悬挂在纪念馆供人们瞻仰缅怀;

柴云振更不会想到,从党和国家领导人,到当年的15军军长,以及师长、团长各级领导,无数人关注着他的去向、追寻着他的下落,而那枚闪亮的勋章也一直苦苦等待着它的主人……

一

"坚决顶住敌人!"

漫山遍野的敌人又冲上来了,柴云振端起机枪扫射不停。坚决不能让阵地再丢失……

柴云振又一次大喊着从梦中惊醒,全身大汗淋漓。复员回乡的几十年里,柴云振反复经历这样的梦境。妻子不知道他在战场上究竟经历过什么,只看到他一次次醒来后泪流满面。几十年来,家人从不知道他打过什么仗、立过什么功。他甚至连应得的优抚待遇都不愿去申报,所以各级组织寻找他,才那么困难重重。

只有柴云振自己知道,他的心永远留在了朴达峰,留给了那场壮烈的战斗。

那是1951年5月,抗美援朝战争第五次战役。当时,中国人民志愿军和朝鲜人民军奉命向北转移,进入防御作战。新上任的"联合国军"总司令李奇微研究了志愿军的作战情况,最终决定摆开阵势,展开全线反扑。

朴达峰为志愿军15军45师134团防御地区的主要支撑点,是阻敌北上的咽喉。这是至为关键的一道防线,一旦被敌军突破,将给志愿军总部和后方基地造成严重威胁。志愿军首长严令15军迅速在金化以南芝浦里地区的角屹峰、鸣城山、朴达峰一线阻击北上敌军,要不惜一切代价坚持7至10天!

从5月29日开始,"联合国军"在飞机、大炮、坦克的掩护下,开始向朴达峰发起猛烈进攻。不到一公里的朴达峰山脊被炸成一片焦土,随便抓一把泥土都是弹片。

激烈的战斗一直持续到6月4日,敌人在我阵地前死伤千余人。我

134团3营7连、9连也损失很大，只能合编为一个连。

134团到底还能坚持多久，15军从上到下都在关注。

6月4日清晨，连吃败仗的敌军指挥官变得更疯狂了。他们集中了一个战地所能集中的所有飞机大炮和坦克，用尽一切攻击办法，向阵地潮水般进攻，一线防御阵地眼看就有被敌突破的危险。

对敌战斗中，连通信员、炊事员都上了战场，可以想象战斗形势有多吃紧！

柴云振就是这个时候从师部警卫连紧急抽调去补充134团3营8连的。

柴云振带着7班的9名战士一冲上去，就和敌人激烈交锋，场场都是恶战。他们配合部队一次又一次把阵地抢回来。战至下午2点钟，敌人又兵分多路向我军猛攻，占领了我主峰阵地。防线眼看就要崩溃，营指挥所危在旦夕，柴云振和战友们被敌人的重机枪火力紧紧压在一个地堡里。

送饭的炊事班也挨了炸，炊事班长拼着命用围裙送来一包饭，柴云振胡乱抓起几把饭正猛嚼着，就听营长一声大喊："8连7班，去把阵地给我拿回来，坚决把敌人的威风打下去！"

柴云振带着破釜沉舟的决心，把全班最后4个人分成两个战斗小组。党员郭忠堂为战斗小组长，带领王富贵为一组负责掩护。他自己带领周辅清为一组，向左侧被敌人夺去的无名高地反击。

他们趁敌人照明弹落下后匍匐前进，又快速跃入弹坑隐蔽，顺利拿下了第一个山头。第二个山头上的敌人眼睁睁看着自己的人一片片倒下，却干瞪眼不敢射击——柴云振瞅准了时机，和战士们趁乱冲上去和敌人"粘"在一起，一番混战，很快又夺回第二个山头。

战斗中，两名战友不幸牺牲，只剩下柴云振和另外一名战士。

二

天黑了下来,暴雨突然倾盆而下。这时,柴云振发现,朴达峰山脊上另一个制高点还在敌军掌控之中。那个山头地势很高,敌人居高临下,对我方威胁极大。如果不及时消除这个隐患,我们的部队明天一旦反攻,必将损失惨重。

可是,柴云振带领7班已经完成了任务,那个山头并不在攻击目标之内。现在他们势单力薄,固守待援才是稳妥之策。打,还是撤?眼下不可能有首长的指示,也不会有战友们的增援,到底应该怎么办?

柴云振心想,为了夺回这块鲜血浸透的阵地,已经牺牲了那么多战友,如果再丢了怎么行?午夜时分,他做出了一个大胆的决定:孤身出击,夜袭敌营。

暴雨下得更大,狂风更加猛烈。柴云振艰难地蹬着湿滑的山石,小心翼翼地向山顶靠近。离山顶还有30多米,他突然听到"吱吱啦啦"的电流声响,在暗夜中特别响亮。他仔细一看,在黑乎乎的一个树桩后面,竟然藏着一个半遮半掩的山洞!那里面正叽里呱啦地响着,电流声正是从那里传来的。他凭经验判断,这一定是敌军驻扎在山顶的营部指挥所。

柴云振心中顿时欣喜无比,斗志大增。他一口气冲到指挥所前,飞起一脚踢开门,举起冲锋枪就向敌人扫射,一个敌指挥官模样的人应声倒地。刚好门口有几箱手榴弹,他就顺手抓起几颗向指挥所内投去,然后火速撤退。

这场仗打到6月5日凌晨,主峰阵地还在志愿军手中——不过只在柴云振一个志愿军战士手中了。

一个人就一个人!虽然没有上级的命令,柴云振决心一个人也要死守阵地，牢牢钉在这里。

天刚一放亮，敌人就展开了大规模反扑。柴云振利用有利地势，将成捆的手榴弹和爆破筒奋力扔向敌群，又用机枪和冲锋枪轮番扫射，连续打退了敌人的数次冲锋。

敌人暂时停止了进攻，可柴云振一点也不敢大意。枪声暂停，他就去山头四周搜索，防止敌人偷袭。果不其然，刚转过山头，4个敌兵就在眼前！他抬手一梭子弹打出去，当场击毙3人。最后一个敌兵离柴云振只有几米远，柴云振一个箭步冲上去，连枪带人把他拖倒在交通沟里。两个人拼命扭打在一起，在泥水中翻滚，在血水中恶战。

敌兵抓起一块石头，拼命砸柴云振的脑门。柴云振身体比他瘦弱单薄得多，再加上那天战斗了那么久，全身实在没劲了，搏斗中逐渐处于下风。但柴云振心中只有一个念头：今天就是同归于尽，也不能放走敌人！

缠斗中，敌兵咬断了柴云振的一根手指，已经占了优势，却被柴云振拼命到底的劲头吓住了，竟然忘记去捡枪，只顾用石头狠砸柴云振的脑袋。眼见这位中国军人血肉模糊，还一次次揪着他拼命，敌兵心里发虚，翻身起来朝山下逃命，原来他在心理上早就输给柴云振了。

志愿军部队终于反攻上来了。柴云振使出最后一点力气，抬枪扫倒了那个逃跑的敌人，然后一头昏倒在阵地上，什么也不知道了……

朴达峰阻击战，柴云振带领7班连续夺回3个山头，歼敌200余名，捣毁敌人指挥所一个。他自己就消灭敌人上百人。他所在的15军也粉碎了敌人攻占铁原、金化的企图，胜利完成了志愿军首长交代的任务。大战过后，134团的战士们虽然衣衫褴褛，疲惫不堪，但许多人抱在一起，热泪横流。

三

身负重伤的柴云振醒来后,已经躺在国内的一所医院里了。

那时朝鲜战事激烈,柴云振治疗了一年多后,慢慢恢复了健康,但由于临时战斗编组时错把他的名字"柴云正"写成了"柴云振",导致他从此和老部队失去了联系。

1952年4月,柴云振领了残疾军人证,从医院直接办了复员手续。他清楚地记得,那时候上级给他发了80元补助费,还有可以在老家领1000斤大米的票据。柴云振后来总是说,那时候国家困难,能发这么多东西,我很知足了。

他并不知道,一场关于他的漫长寻找就此拉开帷幕。

当年的老部队后来改编为空降兵第15军。老首长们下定决心,不找到柴云振的下落决不罢休。为此,部队寻访组跋山涉水,几乎寻遍了全国主要省份。直到1984年9月,借助柴云振战友提供的信息,通过在《四川日报》刊登"寻人启事",终于如同大海捞针一般,在四川岳池县找到了柴云振。那枚躺在部队荣誉室里的勋章,终于和它的主人相逢了……

2010年,作为军队作家的我偶然得知了柴云振的事迹。我了解到,他从小出身贫苦,被抓壮丁在国民党军队做伙夫,因不堪虐待,两次逃跑两次被抓回。1948年,柴云振在淮海战役中加入人民解放军,很快就在渡江战役中荣立二等功。

我对柴云振的事迹产生了强烈兴趣,总有一些疑问在心中挥之不去:一位在国民党军队受尽欺凌、想方设法逃跑的伙夫,何以在人民军队里,就能不畏生死冲锋在前,迅速成长为顶天立地的战斗英雄?

在我后来的采访中,所有这些问题都有了明确答案:在此之前,他早已在人民军队的漫漫征途中百炼成钢。

柴云振老人给我展示了他终生留下的两处伤疤：一处是在朴达峰战斗中，头部被敌兵砸出的20多道伤痕；另一处是他的腰上被国民党军一个营长打出的旧伤。"这是我当伙夫时，有一次送饭上阵地，炮火封锁太严，就迟到那么一小会儿，国民党军一个营长就朝我腰上砍了三扁担，好狠哪！而在共产党领导的军队里，最大的不同就是凡事都讲平等。平时在一个锅里搅大勺，打起仗来，干部战士也一起冲锋陷阵，官兵之间的关系亲如兄弟。"

他忘不了，1948年刚刚参加解放军时，指导员亲切地告诉他，我们是穷人的队伍，是为天下劳苦大众的翻身而打仗；得知他已患了很久的湿疹，班长四处找来草药，细心帮他擦洗，直到他康复痊愈。

他忘不了，1949年千里追击敌人的路上，秦基伟军长一边帮战士扛起机枪，一边为大家加油鼓劲："同志们加油追呀，我肩上除了比你们多扛一支枪，还比你们多了一把年纪，我不停下，你们就决不能停下！"

他忘不了，1949年冬天的那个夜晚，在隆隆的炮火声中，冲天的战火和满天的繁星交相辉映，一面鲜红的党旗缓缓铺开，他满怀激情地举手宣誓："我志愿加入中国共产党……"

在九死一生的炮火硝烟中，在薪火相传的革命征途上，柴云振经历了一次次血与火的淬炼。在人民军队的行列里，从当警卫战士的严谨细致，到当突击队员的英勇无畏；从渡江战役冲锋在前，到朝鲜战场舍生忘死，柴云振在每一个战位上，都践行着自己神圣的入党誓言。

四

复员回乡后，柴云振也曾有过困难和委屈。然而，对那些涉及个人荣辱的事情，他从来都不记旧怨。相反，对于涉及群众利益的事情，柴云振却爱多管"闲事"：为了修好乡村公路，他摇着轮椅反复去找县里领导协调；为了修缮烈士陵园，他不断呼吁提出方案，直到现状改观；即便看到一些不懂事的小青年在街头打架，他也要去制止教育一番。后来这些年轻人一看到他都赶紧躲开："那可是上过战场的大英雄，咱可不敢惹！"

最难忘的，还是2010年深秋那一天，我采访柴云振老人并送他回家的情形。那时老人刚刚意外摔伤，行走艰难，然而英雄卸甲，军人气概却从未褪去。他坚决拒绝任何人帮忙，即使家住在4楼，他也拒绝了我的搀扶，坚持自己拄着拐一步步挪回家。他用紧握过钢枪的手，紧紧拄着双拐支撑起身体，奋力向上跨越一级级台阶，就像一次坚定无声的突击……

仰望着老人坚韧沉默的身影，我的热泪奔涌而出。

就在我创作讲述柴云振事迹的长篇作品时，遇到了一个意味深长的"巧合"：2018年12月26日，老英雄柴云振在四川广安岳池县因病逝世。而就在同一年同一月，张富清隐藏了60多年的战功，因为国家开展退役军人信息采集工作，意外地被外界知晓……多年的采访和研究让我发现，柴云振的英雄事迹绝不是孤例，这样深藏功名数十年的英雄何其众多：李玉安、井玉琢、张国富……柴云振的故事是一位抗美援朝老兵的人生传奇，更是无数志愿军将士的英雄图谱。

我的邻居是战斗英雄

陈荣力

大刘明当然不姓大,那时我父亲所在的棉花加工厂有两位同名同姓的刘明,为了方便区分,一位叫大刘明,另一位便叫小刘明。

大刘明是我父亲一辈的人,与我父亲共事几十年,是看着我们这一辈出生、长大的,按道理我们该叫他一声刘明伯或刘明叔。但或许因为太过熟稔,厂里所有人以及我们这个浙东小镇(浙江上虞崧厦镇)上的一些孩子,人前人后都爱叫他大刘明。大刘明也不在乎,谁叫他,都顺口应着。

我家与大刘明家做了30多年的邻居。细细想来,大刘明与我父辈的许多人一样过着平凡普通的日子。如果一定要说有什么特别,他有两点让我印象较深。

第一是严肃。大刘明不苟言笑,总是板着一张面孔。大刘明家在临街路的前面一进,屋前有一个廊亭。这里既热闹又可遮阳避雨,小孩儿们爱在这里玩耍。但如若我们远远瞧见大刘明拎着两壶热水回家,就迅速作鸟兽散。当中逃得最快的,自然是大刘明的几个儿子,他们当中谁要是慢了几步,说不定头上就是一记"毛栗子"(当地方言,用手指弹击脑门)。

我们之所以对个头并不高的大刘明有点害怕甚至畏惧,很大程度上是因为见识过负责安全保卫的大刘明在工厂里的严厉和较真儿。

我们这个棉花加工厂是杭州湾沿线几个县中规模最大的棉花加工厂。厂子大，好玩的东西也多。棉花堆里捉迷藏、剥绒机下抓棉铃虫、消防池旁打水仗、输棉管上耍杂技，等等，都是孩子们乐此不疲的节目。但只要看见大刘明在车间和工厂四周不停转悠的身影，或远远听见他的声音，大家很快就四散而去。也有调皮的，捉迷藏时一直寻不到对方，但只要喊一声："大刘明来了！"藏得很好的那位便立马慌里慌张地跑了出来。

在棉花加工厂玩，存在安全隐患。有大型机械是其一。此外，棉花是易燃物，如果小孩玩火引发火灾，后果不堪设想。现在想想，如若大刘明那时不是这样严格，甚至有点凶，发生事故怕不是一桩两桩。

大刘明不抽烟，也很少喝酒，偶尔在厂里的食堂买一两份菜，也大多是豆腐、萝卜之类，很少有肉或鱼。节俭是大刘明的另一个特点。

大刘明老家在苏北，新中国成立后他转业到省工程局，20世纪50年代末调到我们这个浙东小镇的棉花加工厂。大刘明有5个儿子，妻子没有工作，一家七口全靠他一人每月四五十元的工资，生活的拮据可想而知。正因如此，大刘明一年四季穿的工作服总比别人旧一些、破一些，补丁也总多几块。刚发的新工作服，或稍好一点的衣服，他都要留下来给儿子们穿。

在我们这个小镇上生活了60多年的大刘明，是个默默无闻的存在。虽然他是小镇绝少的几位离休干部之一，但大刘明在大家心目中依然是个貌不惊人、名不贯耳的邻居老头而已。像我们这辈，随着时间的推移，差不多都快要忘记大刘明这个人的存在了。

如果不是不久前，大刘明的老家江苏盱眙县新四军研究会的一次专程造访，这样的"默默无闻"和"都要忘记"终将定格为一帧泛黄的底片。前不久，盱眙县新四军研究会寻访盱眙籍新四军将士，在他们敲开

96岁的大刘明家门的同时，也向我们展现了大刘明那段鲜为人知，也从未被他自己和家人提及的峥嵘岁月。

1944年9月，19岁的大刘明在乡长王秀恩的带领下，与同乡40多位青年一起，离开洪泽湖畔的家乡，参加了新四军。在新四军二纵队4师12团1连，大刘明先后任战士、副班长、班长，跟随部队转战于安徽、江苏一带抗击日伪军。1945年初，部队转移到山东韩庄，伺机歼敌。因作战勇敢，表现出色，1945年4月，入伍才半年多的大刘明经王秀恩介绍加入中国共产党，他是同批入伍的战士中最早入党的。抗战胜利后，大刘明又投身到解放战争中，任华东野战军21军61师183团副排长、新兵团副排长，先后参加了孟良崮、莱芜、诸城、淮海、渡江等著名战役，并参加了61师攻打普陀山六横岛和桃花岛的战斗，后于1952年复员转业。

战争的烽火淬炼了大刘明的意志，生死的考验锤炼了大刘明的党性。在硝烟弥漫的解放战争战场上，在炮火连天的几十次战斗中，年轻的共产党员大刘明冲锋在前、出生入死。孟良崮战役围歼国民党军74师，参与打阻击战的大刘明，荣立个人二等功。解放杭州时，大刘明随部队抢占和控制南北交通要道——钱塘江大桥，截断了沪杭敌军南逃之路，又荣立个人三等功。

在长达8年的浴血奋战中，有三件事在大刘明的生命里刻下深深的烙印。

一是带领他参加新四军、介绍他入党的王秀恩同志的牺牲。1946年，国民党军队向山东解放区发动重点进攻时，王秀恩在一次激烈的遭遇战中壮烈牺牲。王秀恩的牺牲，让大刘明感受到战争的残酷，也更激起他杀敌制胜的决心。

二是自己的负伤。在山东诸城战役的一场巷战中，大刘明和战友冲进一个院子进行搜索，突然，敌军的一个手榴弹掷了进来，猝不及防，弹片击中大刘明的腰部和小腿。支前民工抬着大刘明转移途中，又遇上敌机狂轰滥炸，危急之际，民工冒死扑在了大刘明身上。这次负伤，让大刘明见证了军民血肉深情，也让大刘明对共产党一切为了人民、一切依靠人民的真理有了至深的感悟。

三是一次战斗后遭遇的一件小事。淮海战役一次战斗后，国民党军队四处溃逃，大刘明与战友们乘胜追击进入一个村庄。那天，村庄里正好有一户人家在办喜酒，听到枪炮声，村庄里的老百姓匆忙躲藏，办喜酒的那户人家甚至连大门都来不及关。虽然连日战斗，战士们早已饥肠辘辘，但看到空无一人的院子里满桌的酒菜，没有一个战士迈进去半步。大家就坐在屋檐下咬着自己带的卷饼。比起流血和牺牲，这件小事或许不值一提，但恰恰是这件不值一提的小事，让大刘明对人民军队的纪律、作风和素质，对人民军队为什么能战无不胜，有了生动、鲜活的认知。

盱眙县新四军研究会的同志专程寻访大刘明后，起初我也和小镇上的不少人一样，对我们熟知的那位大刘明有点费解。一个是在硝烟弥漫的战场上出生入死的战斗英雄，一个是普普通通的小个子邻居老头，两者之间似乎很难画上等号。然而在详细了解了大刘明那段历史后，尤其是当面聆听了大刘明讲述他生命中最难忘的三件事之后，我豁然明白了。战斗英雄大刘明和邻居老头大刘明，完全可以画上等号，其理想信念、价值追求和品行操守一以贯之。

平平常常、默默无闻的大刘明，尽管生活俭朴，但我相信他的内心是充实和强大的。每每面对军功章和身上的伤疤，我想，他会不断想起那烽火硝烟的岁月，牺牲的王秀恩，扑在他身上的支前民工，还有面对满桌的酒菜却坐在屋檐下咬卷饼的战友……这种种刻骨铭心，让从不居功自傲、有困难自己克服、不向组织提任何要求、安于清贫生活，成为大刘明的人生准则和自觉操守。由此，我也想起20世纪80年代初，我在棉花加工厂做人事助理时遇到的一件事。

棉花加工有淡旺季之分，淡季不加工棉花，以检修机器为主，每年的11月至次年1月则为加工棉花的旺季。旺季来临，生产所需，得找一批干活的临时工。为照顾本厂职工，临时工大都面向职工家属。为公平起见，每年旺季的临时工基本轮换着做。那年的临时工名单公布时，却没有本该轮到的大刘明的妻子。大刘明得知后，向负责公布名单的我询问原因。我告诉他，有位家庭困难的职工向厂里申请，厂里优先安排了。大刘明点点头，走了。

因为是前后进的邻居，这天晚上我听见大刘明夫妻俩在争吵。我想，大刘明家其实也不宽裕，日子也过得紧，也许第二天，大刘明会去找厂里说情。但是接下来的日子里，大刘明一直没有任何动静。事后我与大刘明的儿子聊起此事，他说："我爸一个劲地向我妈解释，先紧着同事们吧，我们明年还有机会。"

其实，即使盱眙县新四军研究会来过之后，大刘明在小镇上也依然是那个貌不惊人、平常普通的邻居老头。或许随着时间的推移，镇上的许多人对大刘明曾经的过往也会渐渐淡忘，大刘明对此亦不会在意。但我相信历史终究不会忘记。

如果说大刘明昔日的辉煌是大字的一撇，他此后在小镇默默无闻的岁月是大字的另一捺，那上面的一横，正是大刘明——一个新四军老战士和有着76年党龄的共产党员走过的坚定的足印。

大刘明者，大写的刘明，大写的人生也！

把沙窝窝变成金银仓

蒋 巍

这是一位肤色黝黑、寡言少语的老农民。

2021年6月的一天，阳光透窗而进，照亮了他棱角分明的脸庞。几位年轻干部笑盈盈地帮他换上一套笔挺的黑西装，系上一条鲜红的领带。他瞅瞅镜子里的自己，打趣说："这样好，这样风沙就不会钻进领口了。"就这样，石光银从西北大漠飞到北京，踏着长长的红地毯步入人民大会堂金色大厅，光荣地领受"七一勋章"。

那一刻，全场掌声响起。

那一刻，石光银的眼睛湿润了。

石光银是一个有梦想的农民。但在少年时期，他的梦想从未越过毛乌素大沙漠的边缘。如果没有后来对大沙漠的决绝抗争，他极有可能和祖辈一样，挣扎在沙窝窝里默默老去。人的一生，转折点常常是悄然到来的。18岁那年，青年农民石光银光荣地加入了中国共产党，共产党人的初心使命豁然照亮了他的人生道路。从此，他的梦想像风帆一样高扬起来。

站出来给大家做个样

石光银的故事要从他小时候的一次遭遇说起。

6岁那年，他正和小伙伴金锁在沙梁上玩耍，遮天蔽日的沙尘暴突然就从地平线那边扑了过来,两个娃儿被卷到黄沙滚滚的半空中。不知过了多长时间,小光银晕头涨脑滴溜溜随着风沙从天而降,滚落在一片草坡上,被一位牧羊人救了起来。3天后,父亲找到这里,小光银才知道自己被刮出了很远,而他的小伙伴金锁则再也找不到了。

这件事给石光银留下深刻的印象。长大后,他说:"老天既然把我的小命留下了,就要为乡亲们干些实事、好事!"

"一年一场风,从春刮到冬。白天三两土,晚上接着补。"以前,黑压压的沙尘暴时不时就会突然从地平线上猛扑过来。天地顿时消失,白昼暗如黑夜。沙尘暴过后,土墙被推倒,羊群被刮散,农田和水井被掩埋。遍地黄沙一直铺到天边,留下令人绝望的干旱、荒芜和赤贫。资料显示,新中国成立前的100年间,榆林地区有6个城镇、412个村庄、210万亩农田被流沙吞没,"堆沙高及城堞"。沙进人退,人们牵着骆驼一次次远走他乡。十几年间,石光银的父亲带着全家老小总共搬了9次家,最后落脚在毛乌素沙漠北缘的榆林市定边县海子梁乡四大壕村。3年后,黄沙又逼近了家门,本来还想搬,但他的父亲累垮了,病倒了,实在搬不动了。

新中国成立不久,人们喊出了"向沙漠要田要粮"的口号。党和政府先后组织数十万民工扛起铁锹、背起树苗,像打仗一样,一波接一波向大漠深处推进。毛泽东同志发出了"绿化祖国"的伟大号召,从此"植树造林、绿化祖国"成为全国人民奋起响应的国家行动。1957年,榆林组织近20万名群众和1个团的解放军官兵,连续奋战3年,修建了10条大型水渠,建成八大林场,并首创飞播草籽技术,600多万亩沙地被植被覆盖。农林局老局长杨增占带领群众苦干18年,挖出35公里长的"沙漠运河"。1974年,补浪河公社成立一个屯垦制的"长城女子治沙连",冬季搞军训,春季搞造林,平时种粮菜。历经三代人艰苦奋斗,绿化沙地1.5万多亩。

紧接着,改革春风吹来了。各地敢想敢干的农民纷纷与村委会签订承包沙地合同。但是,定边县海子梁公社四大壕大队(现白泥井镇)却一片沉寂。因为这里沙梁连着沙丘,又是大风口,队员们认为树苗种下去不是渴死就是被风刮走,"干了也是白干"。只有大队长石光银不这么看。社员大会上,石光银苦口婆心地动员群众:"我虽然当了大队长,可大字不识几个,为什么?因为父亲领着全家老小先后搬了9次家,哪有机会上学读书?"然后他点着名问那些逃难过来的老乡:"如果不治沙,我们就一直搬家吗?我们的娃娃也要像我们一样,读不了书吗?"

这一年,石光银32岁。他从小听着老爸唱红歌长大——陕北老辈人都会唱,都爱唱,那是永恒的记忆和情感,是血脉中流出来的歌。跟父亲去放羊时,父亲鞭子一扬,一嗓子能吼出十里地。回到家,小光银还在门外帮母亲干活呢,躺在炕上歇息的父亲又开唱了:"千军万马介支个江边站,十万百姓泪汪汪……"红色根脉就这样深深扎在小光银的心底。长大了,入党了,20岁当上大队长了,常去县上乡上开会,受的教育更多了。因为从小饱受风沙之苦,石光银上任后便带领队员在村里村外、地角周边种下数千棵树。几年过后,四大壕大队已是绿树成行。眼下,党和政府动员群众承包沙地、造林固沙,可大伙儿生怕血本无归,没人敢挑头干。咋办?

"不治沙就拔不掉穷根子。我是党员,必须站出来给大家做个样!"石光银下定决心。

三战狼窝沙

石光银跟他爹一样,性子急、脾气倔、骨头硬,想定的事情,九头牛也拉不回来。他走家串户做思想工作。没资金?我出!没口粮?我出！赔光了？算我的！最终说动了7户人家，由他牵头与乡政府签订了治沙造林3000亩的承包合同。早年，榆林地区动员群众造林治沙喊出的口号是"向沙漠要田要粮"，石光银喊出的口号更具体："向沙漠要奶要蛋。"队员们瞅着光秃秃的大沙漠，不禁哈哈大笑，你小子太有想象力了！

石光银豁出去了，砸锅卖铁也要干。1985年春，他不顾妻子反对，硬是把家里的1头骡子和24只羊卖了。这可是多年来好不容易攒下的家产啊！可还不够，他又从银行贷了2万元，为的是买树苗和工具，给7户劳力发工钱，一人一天4块钱。那个时候，对农民来说，每天4元钱可是不小的数目。7户人家总共出了12个劳力。石光银带领他们背上行李、工具和树苗，"浩浩荡荡"开进狼窝沙。狼窝沙地势较低，挖下一两米就能见水。大家甩开膀子开干了。白天开沟引水，挖坑栽树，夜里裹上破棉袄，找个沙坑倒头就睡。天天喝的是沙窝水，吃的是又干又硬的青稞面饼或苞谷饭，满嘴沙子咯咯响。遇上沙尘暴，大家就往一起凑，免得谁被沙子埋了。为抢时节，每天种下上千棵树苗，人累得精瘦，皮晒得干硬，一碰就破，鲜血直流。脸晒得黢黑，一层层蜕皮，回家把妻子、孩子都给吓一跳。但不管怎样，眼瞅着一排排绿油油的杨树苗、柳树苗、灌木苗不断延伸开去，大家还是很有成就感。哪想到，这一年偏偏遭逢春旱，加上风吹沙埋，90%的树苗没活过来，首战狼窝沙便告失败。大家垂头丧气，有的人甚至不想干了。

石光银可不是轻易认输的人。第二年开春，他动员了70多个人再战狼窝沙。苦干了一个春天，又遭逢干旱，又宣告失败。石光银蹲在沙梁上，瞅着那些东倒西歪的枯黄树苗，脸色阴沉，两眼血红。看到石光银蹲在沙梁上一动也不动的背影，全村人沉默了，谁都不愿意说一句责备他的话。他们理解石光银是好心，他不是为自己，而是为大家，才不惜舍出一切造林治沙。这颗火烫的赤子之心，他们品了十几年了，对石光银，他们心里只有感动和敬重。

两次失败，逼着石光银另寻成功之路。乡党委书记对他说，你不能闷头傻干，到县林业局找找专家，请教请教，再去造林成功的地方取取经，路费我给你掏。转了20多天，石光银信心百倍，装了满脑子的新知识新技术回来了。转年，也就是1987年，他第三次组织人员挺进狼窝沙，没想到呼啦啦上来百十号人。石光银感动得不行："我铁了心，这辈子一定把治沙干成功，死不回头！"老乡们说："我们跟你干，不成功不回头，成功了更不回头！"全场大笑。

这回完全按科学办事了。把沙地垒出一块块1米见方的格子，四边插上矮树杆当栅栏，格子里撒上固沙草籽，中间挖坑栽树苗。真是"精诚所至，金石为开"，这一年春夏雨水也特别丰沛，栽下的树苗，眼看着就长了起来！一片蓬勃的绿意让大伙儿高兴得直抹眼泪。接着又干了两年，3000亩承包沙地全部绿化。石光银成了全县全市的治沙典型，各种荣誉纷至沓来。不过很少有人知道，这会儿的石光银已经倾家荡产了。三战狼窝沙，他把卖骡卖羊、砸锅卖铁的钱都分光用光了，还借了数万元的债，还欠着不少乡亲的工钱。家里几个月看不见肉星星，儿子的学费也拿不出来了。

不久，石光银当选为四大壕村党支部书记。这一干又是10个春秋，旧的承包合同完成了，一刻不停再签新的。

村民们的工钱也整整等了10年，而且越滚越多。但没人向石光银要债，只要看到他在村里村外忙碌着，扛着铁锹在沙地和林地上奔走着，大家的心里就感到踏实。

石光银心里却过意不去，他对村民说："让会计记上账，我一定能找到来钱路，一分钱不会少大家的！"

治沙也能致富

事业是血肉之躯垒出来的，主意是艰难困苦逼出来的。

石光银想，造林治沙是有利国家、有利群众的大好事，但多年的苦战让他也意识到，造林治沙不挣钱，就算有收益，也得等到十几年几十年以后树木成材了，才能搞点间伐什么的。可瞅一眼他和乡亲们流血流汗栽培的小树苗，棵棵都金贵得不得了，谁舍得去砍啊！再说远水也解不了近渴，要是连大家的工钱都发不出来，年复一年的谁能挺得住？他左思右想，终于逼出来一个主意：以副业养主业。什么是主业？就是造林治沙——那是他生命的全部！

经发动群众，各家各户养起了羊，村上的砖厂、苗圃也办起来了。经济压力有所缓解，群众生活有所改善，每年种树也有了一定资金，但还是不够还贷还债。1998年12月中旬，榆林下了一场大雪，连绵的林地和远处的沙梁沙丘一片洁白，银光闪闪。瑞雪兆丰年，石光银很高兴。他戴上狗皮帽子，拿麻绳把大棉袄拦腰系紧，扛起铁锹出了门。这是他的惯例，三五天就去巡查一次林地。在村口，遇上几个打工归家的小伙子，他们扛着大包小裹，热情地跟石光银打着招呼，说过年时一定请书记到家喝顿酒。分手后，石光银的心情暗了下来，他想起还欠着村民们的工钱。是啊，按中国农村的惯例，年关前一定要把欠债还上，这样自家好过，人家也好过，也是讨个新年的吉祥。可眼下上百号村民、十几年的工钱还压在他身上，大家虽然不说，但他心里能好受吗？尤其村里还有20多家贫困户，10多个病残孤寡老人，过年过节，当村支书的还要带点儿年货上门慰问，咋见人啊！

晚上，石光银吃罢饭，双手架着脑袋躺炕上，一脸愁闷。迷迷糊糊间，电视里的几句话忽然钻进耳朵，说的是广东一个村庄为发展产业，大家集资入股搞起了股份制。股份制?石光银腾地坐了起来,瞪大眼睛盯着电视仔细听,可惜这条新闻没几句话就结束了。石光银却兴奋得一拍炕席,拍出一股黄尘,重要的话不由得连说3遍:"好主意!好主意!好主意!"他第一时间想起了儿子。儿子高中毕业后曾外出打工,走南闯北,眼界和知识面比他宽广。小伙子从小对老爸的印象就是"不管家、专治沙"。后来他成了家,见老爸一直坚持领着乡亲们造林治沙,很是感动,于是辞了外面的工作,跟着老爸钻沙窝窝里种树。这个雪夜,石光银蹬上鞋匆匆来到儿子家,父子俩盘腿上炕,烫了一壶酒,头对头、碗碰碗,兴致勃勃地谋划了大半夜。转天,石光银跑到乡党委,把自己的构想做了汇报。书记、乡长表示大力支持,说:"光银啊,无论遇到什么困难,都不能倒!咱海子梁乡的沙漠有多大,你的事业就有多大,甩开膀子干吧!"一番话说得石光银热血沸腾。

一周后,开了四大壕村村民代表大会。石光银说:"20多年来,欠了大家钱,这个账大家记得不?"村民哄地笑了:"分分钱都记得,你别想赖账!""大家放心,村会计也有账哩,我赖不了。不过今天要说个实情。"石光银表情很严肃,"这些年为治沙,我砸锅卖铁,就差把裤子当进去了。大片林子是起来了,可忙到现在,还是两手空空。这笔债到底咋还?啥时能还?眼下快到年关了,为这事我天天睡不着觉……"治沙以来,这是石光银第一次对大家说软话。村民们面面相觑,不知他这是咋了。石光银停顿了一会儿,接着说:"不过我憋出一个道道,咱们合伙搞个股份制治沙公司,大家把我的欠债当股金入股。以后大家绑一起干,心往一处想,劲往一处使,大力发展种植业、养殖业和村办企业。相信集体的力量肯定比分户单干强!赚钱了,除了集体提留,大家年年按股分红,你们说行不行?"

村民们觉得这是个新招。道理、办法说清楚了,全场一声吼:"行!"

历经多年锤炼，石光银的眼界宽多了，雄心也大多了。1999年1月25日，他们的治沙公司宣告成立。

股份制果然灵。以往村民在村办企业里当力工，现在变成了股东；以往养羊是自家的事，现在成了大型养殖场，存栏上千只；以往副业各干各的，现在办成产业和农场。后来，砖厂办得红红火火，村民一天就能拿到七八十元工资。老债清了，资金足了，毕生深感没文化之痛的石光银干的第一件大事，就是在村里盖了两座二层楼房，建起了村小学，周边人家闻风而至，都把娃娃送来上学。接着又改造了村里的危房老房，拓宽铺建了道路，制定了清洁卫生制度，全村面貌、环境焕然一新。公司还兴建了一所造林治沙历史展览馆，全面展示四大壕村近半个世纪的奋斗史。经济发展，人力显得不够了。于是，经上级批准，海子梁乡决定将相邻的两个村与四大壕村合并，更名为白泥井镇，一座集造林治沙、种植养殖、旅游观光、科技示范、农工牧于一体的绿色小镇拔地而起。

没想到，一个突如其来的打击让石光银一夜白了头。2000年3月12日植树节，儿子押送一车树苗冒雪往回赶路，不幸遭遇车祸，猝然离世，年仅38岁。老伴哭得昏天黑地，石光银把脑袋"砰砰"往墙上撞，三天三夜没吃饭。过后他好像变了一个人，天天一声不吭埋头栽树巡林，不时含泪摸着一棵棵亲手栽下的树，像在抚摸自己的孩子。"儿子没了，我就把树当孩子养了。"后来学习林学专业的孙子接了父亲的班，义无反顾地站到爷爷身边。一家三代，接着干！

大片的林子郁郁葱葱生长起来，但因榆林气候干旱，不少杨树柳树枯死了。已成为绿化土专家的石光银意识到，这类树木抗灾能力差，经济价值低，他决定大规模更新换代，改种樟子松。乡亲们被吓了一跳，一亩樟子松投资要三四十万元，换得起吗？石光银说："你们以为这是把钱扔给沙地吗?这是给我们的儿子孙子重孙子、世世代代儿孙投的资啊!"自此樟子松全面铺开,如今已长成了浩瀚的一大片。

从20岁干到现在,石光银牢牢扎在了毛乌素大沙漠里,带领乡亲们造林固沙5万多亩,植树5300多万株。如今治沙公司年产值达1亿多元,纯收入上百万元,极大提高了乡亲们的生活水平。治沙竟然能致富,这是村民们万万想不到的。有人问石光银,你自己想到了吗?石光银说:"一开始也没想到。小时候老天给我留下一条命,我就一门心思想着把沙子治好。"

走在上山的路上

李明春

两年前,我赴四川达州采访周永开。在市委老家属院周永开的家中,与老人的一席长谈,一顿便饭,让我数夜难眠。此后,我动身去万源,沿着他走的路探访了花萼山、大面山等地。一路上,仿佛总能看到一个身影,立在山巅,蹲在泉边,在项家坪山民的草房里,在修路的悬崖上,在植树的大山坡上……与群众打成一片。

信仰如山

1928年3月,周永开出生在四川省巴中市巴州区金光乡。两岁时母亲过世,家里靠租田维持生计,日子充满了苦难和艰辛。然而谈到过往,周永开总说自己幸运。因为还在童年时,这片土地上的红军故事就伴随他成长。后来,党组织在家乡办起两所学校。周永开的家就在这两所学校之间,一个穷孩子因此得以免费上学。

周永开一辈子都不会忘记,那个晚上,在满天繁星下,学校的一位老师,也是一名共产党员,领着他在校园后面山坡上,举起拳头,庄严宣誓加入中国共产党……从此,周永开的人生就有了信仰的支撑。那信仰,如山一般坚定。

70多年过去了。这一天,周永开从外面回来,发现家里多做了两个菜,儿孙们也都回来了。这时,他方才记起今天是自己的生日。周永开长长一声感慨，74年啦！年幼的小重孙奶声奶气地纠正说，祖祖，你说错了，不是74年，是91年。一旁的父母笑了，祖祖没说错，他说的是党龄。

没错，是党龄！父母给了周永开生命，到今天已是91个年头。而在周永开心中，他的第二次生命是从入党开始。之前的17年，不仅贫穷，而且一味认命受穷。加入党组织后，他的人生才有了方向和追求，生命才有了意义和光彩。

而他也用90多年的人生，见证着中国共产党领导下国家所发生的翻天覆地的变化。昨天远在天边的梦想，今天已经成为近在眼前的现实。

一生的岁月，不变的是对党虔诚而坚定的信仰。2011年中国共产党成立90周年之际，周永开将对党的满腔赤诚，化成"中国共产党万岁"7个大字。他请来石匠，将字錾刻在家乡的山崖上。7个大字气势磅礴，光照日月。他对前来观看的父老乡亲说，共产党就是我们老百姓的靠山。

同样的赤诚，还体现在那幅长卷上。一部手抄的《共产党宣言》，表达着耄耋之年的周永开与另一名老党员的拳拳之心。

一泓清泉

新中国成立后，来自川东地下党的周永开，脚蹬草鞋，踏上执政为民的人生道路。

自22岁担任县委组织部部长，到64岁从地区纪委书记岗位退休，42年的时间里，周永开向党和人民交出了一份无愧的答卷。

当我因采访第一次踏进周永开家中时，一下子惊呆了。单门冰箱、旧电视机、布沙发……陈旧的家具电器，狭仄的房间，怎么看都与主人离休干部的身份不符。可在周永开和老伴的眼里，这里的一切再用很多年也无妨。

同样惊讶的还有项家坪村村支书项尔方。第一次来看望周永开,辞别时,项尔方紧紧拉住老人家的手,含着泪说:"老书记,您私人花那么多钱帮我们办学修路通电,可您自己生活上却这么节俭……"

那天午饭,我和另一位采访者是在老人家中吃的。因为多了两个人,家里特地加了两个菜,凑成四菜一汤。我们围着一张折叠小方桌,边吃边谈,由八项规定说到狠刹宴请风。老人笑着说,我在宴请这件事上就是3个字:不参与。

周永开夫妇二人,多年的岁月里没办过一次宴请。

周永开说,办的理由无数,不办的理由只有一个:我们是共产党员!不办宴请,已经成了他的家规。

这话,我相信。可是,你不请人家,人家要请你呀。

那就更不能去了。老人讲了一件事,那是他担任地区纪委书记离休前最后一班岗。

当地一个厂的厂长李某,利用手中权力,违法乱纪。人被抓之后,群众无不拍手称快。可落网者还心存侥幸,托人打听是谁在办案。当听说是周永开,其廉洁的名声早已在外,这让李某不寒而栗。李某想尽办法企图拉拢周永开,但在周永开身上却屡屡碰壁。请客他不到,送礼他不收。这让李某实在是无法理解。

那几夜,周永开也翻来覆去难以入眠。李某他熟悉,该厂是地区重点企业,李某曾经是优秀厂长,头上的光环耀眼。周永开也实在无法理解,努力想弄明白,李某是怎么失足的?

周永开至今记得,当年李某被抓之后痛哭流涕,说自己辜负了党的培养,忘记了入党誓言,在金钱美女面前丧失了党性……这些话没人信,但周永开信。李某的忏悔书他反复看了好几遍,他认为忏悔书上的话是李某的心里话，而李某当年入党时说的话也是心里话，只不过，他迷失了，堕落了，后来的心已不是当初的心。

这个案例，周永开走到哪讲到哪。他说，病从口入，许多人的堕落是从酒桌上开始的。先吃公家的，再吃私人的。先是便饭，后是豪宴。一步一步跌下悬崖。

我说，总结得好。周永开摆摆手说，这不是我总结的，是李某的忏悔书上写的。

当年下基层，周永开总要再三叮嘱身边人，搞纪检要学会观察。一个地方的风气好不好，饭桌上就能看出来。凡是海吃海喝的，多数有毛病。

每次周永开下基层，随行的人都会给接待的人叮嘱几句，按标准上菜，按规定收费。也有不相信的，丰盛地上一大桌，结果必定招来难堪。

群山又绿

万源市花萼山项家坪，一间草房，房顶灰黑，屋内空空。这样的草房在过去很常见。1992年周永开买下了它。从此，这里一下子热闹起来。五六个人来了，周永开走在最前面，他又一次踏上封山育林的征程。

20世纪50年代末，周永开工作的巴中县有一个莲花山林场，由砍树的林场变成植树造林的全国先进林场。然后全县开始大力发展林业经济。20世纪70年代，巴中县奇章乡成为全国林业先进典型；不久后，巴中县成为全国林业先进县。那时，周永开正担任巴中县委书记。

然而，20世纪90年代，在拍摄电视剧《血战万源》时，周永开却对人与自然的关系有了新的认识。这里的萼贝珍贵，可再好的宝贝也经不住没节制的采挖，萼贝几近绝迹。黑熊、豹子、锦鸡……也不见了踪影。

再次踏上生态保护之路时,有人跟周永开开玩笑说,周老革命,你都退休了还撸起袖子上山,不保养自己去保养大山,当山神爷呀!

周永开说,我当党员不当山神爷。当年红军保卫万源,万源保卫战就发生在这里。现在我来保卫万源的青山。

周永开在花萼山,维修学校,花了1年时间;通电,花了2年时间;修路,花了8年时间;封山创建国家级自然保护区,整整花了14年时间。

周永开要求,全村党员干部带头,牛羊圈养,柴火只准捡不准砍。干部们把村规民约挨家挨户分发,还特别叮嘱,周老革命说,大家定的规矩大家执行,谁违反了,就要天天跟他一起巡山护林。

周永开成立了专门的护林队伍。村支书项尔方任护林联防队队长。他自己掏钱给护林队员发工资和奖励,每人每年100元到300元不等。要知道,那时村干部的工资每年也才200多元。

那些年,周永开不知走了多少山路,检查了山民多少采笋子的背篓,收了山民多少砍树的弯刀和斧头,甚至冒着危险,排除了山民狩猎安下的套子。

有一天,一根木杆横空而出,堵住了村里上山的必经之路。木杆后面,是几个愤愤不平的山民。

周永开带着技术人员上山勘察,却过不去了。

"周书记,靠山吃山,我们要打笋子!""周老革命,我们要散放牛羊!"

周永开缓步上前,指指四周的荒山,痛心地说:"树没了,草没了,鸟没了,兔子野鸡獐子全没了。它们若是活不下去,我们靠啥活下去?"

几个山民低下头,默默让开路。

上级的批文下来那天,周永开的眼角湿了。望着新挂上的保护区牌子,周永开用衣袖擦了眼泪,又擦了擦牌子。他退后几步,朝着大山,朝着乡亲们，深深地三鞠躬。

2019年国庆前夕，91岁高龄的周永开又一次来到花萼山。

苍翠的群山，茂密的树林，蜿蜒的水泥公路，新建的农家庭院，漂亮的保护站办公楼，高大的钢结构瞭望塔，一切让周永开兴奋不已。特别是听说熊和锦鸡又回山里来了，他开怀地笑了起来。

初心不变

周永开17岁入党。在黎明前的黑暗里，他所在的党组织遭到破坏，他是幸存下来的几人之一。他一辈子都时刻提醒自己，要不忘共产党人的初心和使命。

周永开喜欢穿草鞋。从穿着草鞋的百姓中走出来，继续穿着草鞋进城走上领导岗位。穿草鞋，不变的是本色。一直到市面上买不到草鞋，农民也不穿草鞋了，他才试着换上布鞋、皮鞋。

鞋变了，路没有变，脚步没有停。

周永开常说，当初参加革命，凭的就是对理想的憧憬，对人民的挚爱。这种情感，到周永开年逾花甲没变，年逾古稀没变，年逾鲐背还是没变。自己不变，子子孙孙也不变。

周永开有4个孩子。他们从小跟在父亲的草鞋后面长大。开始觉得没什么，后来进城了，在一众皮鞋中，父亲的草鞋便让他们有了不一样的感觉。从此，孩子们的作文中有了这样的题目——《父亲的草鞋》《草鞋风波》。子女们虽没穿过草鞋，却对草鞋有割舍不掉的情结。草鞋带给他们的家风，受用至今。以至多年后，子女们还重写《父亲的草鞋》，怀念那些日子。而今，4个子女都已退休。当年，大女儿考上清华大学，二女儿在外地工作，大儿子、小儿子响应号召参军，退伍回来由国家安置。没有一个人，为上学、就业、升迁等事得到父亲的照顾。

对孩子的事，周永开从不插手，说路得他们自己走。不一定穿草鞋，但必须走正道。对子女，周永开有一个要求，到党内来，与父母做同志。如今儿孙辈20人，党员有10人。几年前，周永开在家中设置"家魂奖"，每年评选一次，每次一人获得，奖励政治进步、工作成绩优秀、对社会公益事业有突出贡献的子孙。

从1992年离休至今，已近30个年头。周永开虽早已不在岗位，但心还在队伍里，使命还在肩上。大到地震洪水，小到辍学治病，周永开必定伸出援助之手。他捐出自己个人的收入，却从不图回报，不要表彰。对于人民，身为党员的他常常怀有歉意。在职时，他唯有拼命地工作；如今离休了，只有以奉献来回报。几十年来几十万元的捐助，成了他心意的表达。

常常有人问周永开长寿的秘诀是什么？老人说，就是4个字，大而化之。不过，这个大而化之，与马虎不同，也不是难得糊涂，实际上说的是心底无私天地宽。周永开不止一次对别人说，把自己的喜怒哀乐融入国家的兴衰成败之中，就会忧虑少、疾病少。

还有人问道，古稀之年在花萼山陡峭的山路上攀爬，万一有个闪失，你不怕？闻言，周永开笑了。他讲了一件事。有一次在花萼山踏勘，路经一险要处，脸得贴着崖壁下去。几位年轻人都心虚了，上面由山民拉紧，下面有山民接住，个个都大汗淋漓，差点站不稳脚。轮到周永开了。从小一直到老，他的脚就没离开过山路，老人家不要人搭手，轻轻松松下去，脸不红，气不喘。

这些年来，周永开自费组织拍摄了《巴山教魂》电视专题片，组织编纂了"热血"丛书。在他建议并积极筹资下，张爱萍将军执教过的达州市通川区蒲家镇中心校建起了"蒲家英烈园"，重塑了700多名达州革命先烈的塑像。他又倡议协调，在党组织曾经开展地下革命工作的达州、巴中、广安等地的12所学校,建成了爱国主义和革命传统教育基地。同时,他还组织发起巴山渠水共产主义运动友好学校联谊会,定期到中小学校开展革命传统教育。

丹心永远向阳开。周永开的人生道路上初心如炬,闪耀着信仰之光。2019年,周永开被中共中央组织部授予"全国离退休干部先进个人"称号;2020年,被中共中央授予"全国优秀共产党员"称号。

2021年"七一"前夕,周永开被中共中央授予"七一勋章"。

一诺七十载

杨辉素

东方刚刚露出鱼肚白,杨爱公就下了床。

他拄着拐棍,颤颤巍巍出了门。他今年92岁,身子骨还算硬朗,耳不聋眼不花。要不是前段时间跌了一跤摔伤了腿,他此时已经走到去往莲花山的半路了。

儿媳妇李秀英在身后喊住他:"爹,您安心在家歇着,我去。"

李秀英也57岁了,干活却不输年轻人。此时她已经收拾利索,把一柄大扫帚扛在肩上。晨曦映着她朴素的衣着,身形被大号扫帚衬得更显瘦小。她腿脚麻利地超过公爹,向着莲花山左权将军墓走去。

杨爱公没有听从儿媳妇的话回去歇着。他继续走着,就是走得慢也要走,这已成了他的习惯。

70年,2.5万多天,他义务为左权将军守墓,每天风雨无阻地从邯郸涉县石门村的家里,步行5里地走过去。打扫墓园,守护墓园,早已成为他生命中无法割舍的一部分。

一

八百里巍巍太行,镌刻着那段血与火的峥嵘岁月。

位于河北邯郸涉县境内的莲花山,是太行山脉上的一座小山峰。山头如一朵盛开的莲花,仿佛风一吹,"花瓣"上的脉络都会随风而动。

与山峰遥遥相对的，是湍流不息的清漳河水。青山依依，流水汤汤，抗战名将左权将军的衣冠冢静静地伫立在这里。

左权，一个镌刻在中国革命史上的闪亮名字！

1905年3月，左权出生于湖南醴陵一个农民家庭。1924年入黄埔军校第一期学习，1925年加入中国共产党，同年赴苏联，先后在莫斯科中山大学、伏龙芝军事学院学习。1930年回国工作，参加了中央苏区历次反"围剿"作战，在长征中参与指挥强渡大渡河、攻打腊子口等战斗。全国抗战爆发后，左权任八路军副参谋长、八路军前方总部参谋长，后兼任八路军第二纵队司令员，协助朱德、彭德怀指挥八路军开赴华北抗日前线，粉碎了日伪军多次残酷"扫荡"。

1942年5月25日，山西省辽县（今左权县），左权将军为掩护中共中央北方局和八路军总部等机关突围转移，在十字岭战斗中壮烈牺牲，年仅37岁。

名将殉国，山河举哀，万民垂泪。

1942年10月，晋冀鲁豫抗日殉国烈士公墓在莲花山建成。八路军总部在这里为左权将军举行公葬，方圆百里的群众纷纷赶来送别左权将军。现场肃穆，泪飞如雨。

人群中，一个13岁的少年双眼含泪，眉头紧蹙，牙齿咬得咯嘣响。他就是杨爱公。杨爱公7岁那年，父亲被迫给日军修工事时摔死。不久，爷爷也被日军残忍杀害，只剩下他和母亲及3岁的弟弟相依为命。家仇国恨，让杨爱公的拳头越攥越紧。他发誓要替左权将军报仇，把日寇赶出中国！

他加入了抗日儿童团，为村里的抗日组织、驻村八路军站岗放哨；

他参加了民兵连担架队，从战场上抢救下一名又一名伤员；

他上了前线，参加了上党战役、平汉战役……

战火淬炼了他，烈士的鲜血让他更加懂得革命的意义。

1946年，17岁的他光荣加入中国共产党。共产党员的理想信念，从此深深地根植在他心里。

新中国成立后，为了让更多的人缅怀革命先烈，经上级部门批准，在邯郸市区建立了晋冀鲁豫烈士陵园。1950年，左权将军和其他几位烈士的遗骨由涉县迁往烈士陵园。但莲花山下的左权将军墓原墓区却完好地保存了下来。

这一年，杨爱公21岁，他复员还乡回到石门村，成了村委委员。

也就是从这时起，杨爱公立下誓言：他要义务守护莲花山下的左权将军墓，把将军的爱国精神传承下去。

这一诺，就是70年。

用坏多少扫帚了，他数不清。

走坏多少双布鞋了，他记不清。

但他始终记得自己是一名党员，他的信念，他的誓言，从来没有改变过。

二

7月的阳光明亮刺眼，但在左权将军墓园里，却是一片浓密的阴凉。

杨爱公让儿媳妇用三轮车把他拉上山。他在墓碑前长久地坐着，双眼看着墓碑。耳边有风，卷起他的衣角，许多往事也像风一样从记忆里撩起来，扑打着他衰老的身体。

那时他还年轻，每天踏着晨曦走进这墓园里。

墓园面积很大，一圈扫下来，从早到晚，要用两天时间。宽阔的地方他用大扫帚扫，窄小的边边角角和台阶，他用小笤帚扫。一帚一帚，比扫自家的炕还仔细。墓碑上落了树叶，他就用手一叶一叶拾起。墓碑蒙尘，他就用干净的抹布轻轻擦拭。墓上的石缝里长出了小草，他一根根薅掉。

经常有游客来参观，他就当义务讲解员，讲左权将军在十字岭战斗中如何将自己的生死置之度外，用生命掩护同志们突出重围。在一次次讲述中，杨爱公仿佛回到了那战场上，耳边炮火轰鸣，战士们的呐喊声犹在耳畔。他的心被震撼着，激荡着。讲罢，常常湿了眼眶。他觉得有必要让后来人牢牢记住，今天的幸福生活，是用烈士的鲜血换来的！

他的讲述让很多人受到了教育：机关干部、党校学员、人民群众、校园学子……还有许多单位的党员擎着党旗，来这里重温入党誓词。铮铮誓言在左权将军墓前回荡，在巍巍太行间回荡。

而那时候，他也心潮澎湃。作为一名老党员，他感到自豪。

三

每次打扫完，杨爱公都要习惯性地围着左权将军墓前的两棵大树走一圈。

这是两棵柏树，是杨爱公亲手栽下的。他还记得当年树苗只有手指粗，一转眼，就长到一个人都抱不过来了。大树上端的枝叶相互交错，像两个肩并肩的士兵。他拍拍树干，像跟两个老战友打招呼："嗨，好好守着将军啊。"

风过，树枝摇啊摇，仿佛听懂了他的话。

杨爱公很欣慰，又转身望向这满山的青翠，笑容把脸上的沟壑都填满了。

当年，墓园周围的山坡一片荒芜，荆棘杂草长满乱石间。杨爱公决心把这一带山坡上都种上树。树大了就有阴凉，就会有更多人愿意来了。

当年的杨爱公还有满身力气。一个人干不过来，他就动员老伴、儿子、儿媳全家人和他一起上山栽树。他和儿子刨坑,老伴和儿媳负责填土、浇水。

山上都是硬石,树坑不是用铁锹挖的,是用铁镐刨的。胳膊抡圆了一镐一镐刨,抡得胳膊都酸了,手上都磨出了水泡。老伴拿针把水泡挑了,再贴一块胶布,继续刨。后来起水泡的地方结成了厚厚的茧子,也就没那么疼了。

填土好说,浇水是个难事。山上没有水,得从村里运。他们用小拉车拉,用扁担挑,一天来来回回也运不了多少水。儿子说,可以买一辆燃油三轮车。老伴反对,咱家哪有那么多钱?这么多年你们都在墓园里义务奉献了,吃喝仅凭那二亩地,家里没有来钱的道儿。沉默了许久,杨爱公说,没有钱,借。屋顶昏暗的灯泡发出"嗞嗞"声,照着他瘦削黝黑却坚毅的脸。谁都不说话了,都知道他脾气倔,定下的事没人拗得过。

借钱买回三轮车后,效率果然提高了。每天上山时就灌满两个大塑料桶,浇水用完了,再回去拉。每天往往返返,新三轮车变成了旧三轮车,一发动就响得震人。泥土和树苗"咕嘟咕嘟"喝着水,树苗的根系紧紧扒进岩缝里。它们努力生长,长出绿叶,长出枝干。

有了这辆三轮车,植树进度快多了。日复一日,年复一年,这个山坡上竟也有了上万棵树,有柏树、松树、木槿树,郁郁葱葱。那开不败的一朵朵紫色木槿花,则是浓绿中一点明丽的点缀。

这些树,全都交给国家。他们全家的劳动,都是义务的。

有人说他傻,杨爱公不在意。凡事他都要拿来和左权将军比一比。左权将军命都不惜,我们出这点力气,有什么好可惜的?

杨爱公喜欢坐在墓前看这些树,看它们长大、繁茂,他觉得这满眼的高大苍翠才配得上将军的英名。

杨爱公爱这里胜过爱自己家。他平时待人宽和，可谁要做损伤莲花山、损伤墓园的事，他绝不同意。曾有人赶着羊来这儿放牧，杨爱公急得大喊："快把羊赶走，快快快。"那人故意气他，就不走。"好，你不赶我赶。"他追着轰着，把羊撵下山。一说起这些他就来气，什么焚烧秸秆啦，乱砍滥伐啦，绝对不行。

他得罪了不少人，有人骂他。他笑，你尽管骂，但你要搞破坏，我还管。

四

有人说，命运待杨爱公并不公平。1992年，和杨爱公相濡以沫的老伴因积劳成疾去世了。那年，他63岁。

大儿子杨乃堂安慰他，爹，还有我，还有我弟弟呢，我们替娘给你做伴。

小孙女才3岁，看到他哭，攀上他膝头，用小手擦他脸上的泪，搂着他说，爷爷不哭，我也给你做伴。他的泪滴到孩子身上。

岁月流逝，在不知不觉中带走人的青春、健康和活力。杨爱公的背从哪天开始伛偻的？双脚从哪天开始像踩着棉花的？干活从哪天开始气喘的？他开始不时放下扫帚望天，望啊望，天上的云里仿佛藏着左权将军的脸。

杨乃堂理解爹的心思。他跟爹说："爹，让我替你干吧。"

杨爱公想说什么，到底什么也没说。

从那以后，杨乃堂和爹一样，每天踏着晨曦去打扫、守护左权将军墓。杨爱公不用劳动了，但他还是每天都要去那里走一走。儿子扫累时，父子俩就坐在树下说说话。

2014年，杨乃堂不幸因车祸去世。杨爱公的心被撕裂了，孱弱的年老之躯躺在床上一动不动，不吃不喝。他想，让自己也走了吧。

可是几天后，他又挣扎着爬起来。他骤然惊觉：左权将军墓有几天没有去打扫了？

儿媳妇李秀英比他的悲痛更甚。失去丈夫，她一夜白头。

李秀英把饭碗端到公爹床前："爹，您吃点吧，您都好几天没吃没喝了。"

他躺着不动。

"爹，我知道您在想啥。乃堂的扫帚，我接。"

李秀英把饭放到床头，也不等杨爱公回话，擦一把眼泪，背上扫帚出了门。

从此，每天在墓园里都能看到她的身影。扫帚扫过岩石的"哗哗"声，和着鸟儿的轻唱和风的低吟，再次在幽静的墓园响起。

五

有人来参观时，李秀英就做讲解。她只上过小学，识字不多，但她脑子好使，什么事听一遍就能记住。左权将军的故事，她会讲很多书本上没有的。连那些党校来的教授，都爱听她讲。

一些中小学校，也邀请她去给学生们讲。她的讲述使孩子们听得全神贯注，现场还有孩子哭起来。

李秀英也在一次次打扫、讲述中，用烈士的精神鼓舞着自己。笑容又回到了她脸上。她对所有人都真诚热忱，让人感到阳光般的温暖。

杨爱公也逐渐从悲痛中走出来。很多时候，他都坐在墓碑前回忆过去，看看现在，把村里的事情都跟左权将军说说。

"左权将军，咱村从20世纪80年代就成立了红白理事会，大家推举我当会长。年轻人结婚、小孩过满月、村里人去世，都是我来主持。有了章法,就没人攀比了,十里八乡都羡慕咱们村呢。这叫什么?对,叫文明乡风。"

"左权将军,咱村后的山背渠改造完成了,过去浇不上水,良田变成了荒地,现在都能浇上水了,庄稼长势好着呢。"

"左权将军,咱村里修了路,'晴天一身土、雨天一身泥'都成老皇历喽。村里还给装上了路灯,灯光把村里照得那个亮堂啊。村里还建了高标准的学校,娃娃们都开心得不得了。"

"左权将军,党和政府搞脱贫攻坚,咱们村家家户户都脱贫啦。现在日子过得红红火火的,大家脸上都乐开了花。"

…………

在杨爱公动情的讲述中,时代的列车正轰隆隆飞速奔跑,跑向富裕,跑向美好,跑向幸福光明的未来。

杨爱公相信,泉下的将军一定会听到,也一定很高兴。

为了布力开村的乡亲们

熊红久

一条条柏油马路纵横交错，路边是潺潺的流水和绽放的鲜花，一幢幢红色屋顶的新房被绿树环绕，一排排崭新的太阳能路灯矗立路边。随便走进一户人家，房新瓦亮、果园飘香，村民的眼睛里蕴含着甜蜜和光亮。这里是新疆维吾尔自治区伊宁县温亚尔镇布力开村。

这一切，离不开一位年近七旬的老支书。1981年3月，29岁的买买提江·吾买尔被温亚尔乡党委任命为布力开村党支部书记。这个维吾尔族年轻人坚定地表示，一定不辜负组织和乡亲们的期望。买买提江·吾买尔实现了自己的诺言。在担任村党支部书记的32年里，布力开村由一个人均年收入不足3000元的落后村子，变成了人均年收入超过19500元，家家有产业、人人有事干的富裕村、文明村。全村1442户6225人，村民们和睦相处、团结友爱。

一

能够吃上干净的水，是布力开村几代人的梦想。1995年秋天，村里召开了一次支部大会，议题就是全村人的吃水问题。最终，全票通过了买买提江·吾买尔的提议——打井！

报告递到温亚尔乡党委的会议桌上，乡党委形成决议：同意布力开村打井。

在村民大会上，有村民不同意打井这件事，认为这是白费钱。但更多的村民积极支持，他们相信买买提江·吾买尔。一位老人走上前，握着他的手说，我吃了一辈子黄泥水，多想喝一口咱村子甘甜的井水啊，我支持你！

然而，当买买提江·吾买尔找到伊宁县水利局，请来技术员，经过勘测后却得出结论：村子没有地下水。不气馁的他，又找到伊犁哈萨克自治州水利局，再请来专家，可勘探的结果还是一样。有的村干部因此泄气了。一周后，倔强的买买提江·吾买尔一个人坐车来到乌鲁木齐，找到自治区水利厅，软磨硬泡了两天，硬是把专家请到了村里。经过反复勘查，最后确定，沿村子南边300米东西方向、深度110米左右，有一条水带，可以打井。

1996年4月的这一天，打井队正式进驻村里。全村老幼上千人围在了机器旁，眼里满是期待的目光。

一天、两天、三天……那天，买买提江·吾买尔正在地里干活，村党支部副书记艾尔肯大汗淋漓地跑来。他心里一紧，以为打井出什么事儿了，结果艾尔肯上气不接下气地说："水，水，井里，出水了！"

买买提江·吾买尔一听，立即跳上自行车，朝打井方向骑去。远远地就看见很多村民围在那里。他飞奔到奔涌的水流前，一头扎进去，痛快地猛喝了几口。方圆十几里的乡亲们知道布力开村打出了一口水井，都纷纷赶了过来。买买提江·吾买尔安排专人管理，免费向大家供应水。取水的队伍一圈圈环绕，像一个"9"字，再结合打井的年份，于是大家将这口井命名为"96井"。

二

2001年9月，买买提江·吾买尔因身体原因不再担任村党支部书记。

此后，布力开村各项工作连年倒退，不到5年时间成了县里集中整治的重点村。2006年6月，组织上找到买买提江·吾买尔，希望他能重挑重担。亲友们都为他的身体担心，可他却态度坚定："我是共产党员，要对得起组织和乡亲们的信任，不能当逃兵。"

上班的第一天，买买提江·吾买尔就召开党员大会，然而全村49名党员只来了18人，人数未过半，会议取消。第二天，他带着村主任来到每户党员家中了解情况。几天下来，掌握了群众反映强烈的几个问题：一是一些村干部不能以身作则，群众不信任；二是村委会班子不团结，村干部思想涣散；三是村里账目混乱，村干部有腐败行为。买买提江·吾买尔向大家保证，一定会直面矛盾，解决问题，绝不徇私情。他要求全体党员必须团结起来，应对这个困难的局面。

第二次召开全体党员会议时，除了两人生病，实到47人。会上，成立了两个调查小组，一个组查地，一个组查账。

一个月时间，清理出4名村干部占用集体耕地719亩。原本每亩每年两三百元的地，被以低价承包，合同一签就是30年。接着又查出980亩果园大都被村干部的亲戚以低价承包。还查出400多亩土地被十几户村民不合理占用。此次土地清理，废除不合理合同61份，涉及53人，共2166亩地，收回5户违规的宅基地。

买买提江·吾买尔的堂妹找到他，说自己才拿到手的宅基地要被收回去，只要他签个字，就能留下。望着堂妹恳求的眼神，想到亲人们对自己成长的关爱，买买提江·吾买尔双眼含泪，但他还是牙关紧咬，坚定地摇了摇头。堂妹生气地摔门而出。买买提江·吾买尔坐在椅子上，失声痛哭。

村委会发出公告：所有合同重新签订，按照土地和果园的品质，承包费实行梯次价格，公开竞标，每3年调整一次。不到一周，村集体土地就全部承包完毕，当年收入55万元。

在清理土地的同时，清理多年混乱的账目也有了眉目。有人敲开了买买提江·吾买尔的家门，悄悄拿出一沓钱，希望能网开一面，被他严厉斥责，并要求对方立即向纪检部门自首。有人把金银首饰塞到买买提江·吾买尔的妻子那里，他不仅和妻子一道送还回去，还苦口婆心劝说违纪干部，勇敢面对、接受组织调查才是正道。最后，这几名干部都得到了相应的处理。

重挑重担不到3个月，买买提江·吾买尔就以两套漂亮的组合拳重振了村党支部的威信，赢得了群众的信任。2007年，村集体收入达到85万元。当年5月，摘掉了"重点整治村"的帽子。2009年，村集体收入突破100万元。村党支部真正成为全村村民的主心骨。

三

当年，在买买提江·吾买尔的帮助下，村民马玉林从信用社贷款300元，办起了养鸡场。经过20多年的发展，养鸡规模扩大到了7万多只。2008年5月，买买提江·吾买尔找到马玉林，说村里土地有限，全村要想脱贫致富，只有从养殖业寻求突破口。他想在村里成立养殖合作社，由马玉林来带头。马玉林告诉他，用传统办法养鸡，规模上不去。200多公里外的博乐市小营盘镇有一个现代化养鸡场，规模很大，咱们可以去观摩学习一下。

小营盘之行给两人带来了极大的震撼。那里的养鸡场各个环节都实现了自动化，产值是普通养殖的3倍。马玉林当场就预订了两个车间的自动化设备。

之前的院子显然已不能满足扩大生产的需要。村两委决定，把旧砖厂的60多亩荒地承包给马玉林，让他与村里其他几位养殖户联合，成立布力开村养鸡合作社。刚开始时，由于旧砖厂离村子较远，水、电、路都不通，买买提江·吾买尔就骑着自行车，整天在县里有关部门之间穿梭，请求帮助解决困难。不到3个月，旧砖厂的水、电、路都通了。设备进场的那天，马玉林紧紧握着买买提江·吾买尔的手，眼眶都湿润了。

两个现代化车间，一年就给马玉林带来50万元的收入，不但安置了村里9人就业，还带动了16户村民加入了合作社。买买提江·吾买尔十分高兴，鼓励马玉林再建几个现代化车间，带动更多的人创业和就业。马玉林也有这个想法，但就是缺少资金。买买提江·吾买尔对他说："你管好生产，钱的事，我去想办法。"

先跑发改委，再跑财政局，最后干脆揣着馕蹲在县领导办公室的门口。就这样，买买提江·吾买尔硬是为养鸡合作社争取到了400万元的贴息贷款。养鸡的规模，一下扩大到20万只。

致富不忘帮扶村民。马玉林的养鸡合作社不但安排了28名村民就业，他还拿出10万元资助村里3户贫困户盖了新房，拿出8万元资助了村里20多名困难学生。

目前，全村蛋鸡养殖超过了50万只，合作社养殖户达到了32户，用工量超过80人。

马福山是布力开村最早的养牛专业户，20世纪90年代中期他就盖了一套150平方米的砖混住房，成为村里人人羡慕的富裕户。2012年，买买提江·吾买尔找到马福山，让他扩大养殖规模，成立牛羊养殖合作社。他还答应将村里一块35亩的荒地，建成存栏1万头的牛羊饲养基地。望着已经60岁的老书记诚恳的目光，马福山心里一热，答应了。

让马福山没有想到的是，当他和其他养殖户准备出发到外地选看牲畜时，买买提江·吾买尔也赶来了，说要亲自看看才放心。有时候，遇上一些牧场不通车，十几公里山路，他们就走着去。

牛羊买回来了，买买提江·吾买尔又买来关于牛羊养殖的书籍，不但自己看书，还让马福山也学习，说不能只凭经验，一定要科学养殖。半年后，那块荒地上建起了19个大棚。为了解决养殖贫困户的资金问题，买买提江·吾买尔跟村干部商议后，在村里成立了小额贷款担保中心。没有了后顾之忧，当年要求加入合作社的村民就多达120户。经过这些年的发展，布力开村现在牛羊存栏数2.6万头，每年可出栏5万头以上。全村817户干起了庭院养殖，人均年收入超过2万元。

在布力开村的西面，有5200多亩低产田。买买提江·吾买尔多次召集种地的村民，研究土地流转事宜。他说，保证农户每亩有不少于600元的收入，腾出的劳动力可以到村子附近的工业园区打工，每月还能有3000元工资。算一算账，大家都说这样好。

2007年，买买提江·吾买尔组织村里30多名年轻人来到工业园区，到一家瓷砖生产企业打工。买买提江·吾买尔一直关注着这群在工厂上班的年轻人。他把思想进步、善于学习的艾热提·吾买尔江作为入党积极分子来培养。2009年7月，艾热提·吾买尔江光荣入党，成为全村打工青年的优秀代表。喜欢钻研的艾热提·吾买尔江还成功研制出多种新产品。现在担任公司党支部委员、包装车间工段长的艾热提·吾买尔江，荣获"全国劳动模范"称号。表现同样优秀的力维尔·合拉木也被评为伊犁州劳动模范。

这让买买提江·吾买尔深感欣慰。如今，在工业园区稳定就业的村民已经超过350人。买买提江·吾买尔自豪地说，现在村里已有近400辆小汽车了。外村的姑娘都抢着嫁到布力开村呢。

四

布力开村现任党支部书记赛依班姆·木扎合买提一直忘不了老支书

买买提江·吾买尔对她的关心和帮助。

2012年，大学毕业的赛依班姆·木扎合买提回到了家乡伊宁县，来到布力开村工作。买买提江·吾买尔带着赛依班姆·木扎合买提下田间。走到地边，买买提江·吾买尔拿出一双布鞋递给她，说："孩子，你这样穿着短裙，拖着皮凉鞋，一看就不像做农村工作的，村民的心里不会接受你。你只有和他们一样，才能走进他们的心。"这番话对赛依班姆·木扎合买提的触动很大。她常常看到老支书和村民肩并肩坐在田埂上，就像是自家兄弟。第二天，赛依班姆·木扎合买提就剪掉留了20多年的长发，换上了一身朴素的衣服。

赛依班姆·木扎合买提曾因为做不好群众工作，在买买提江·吾买尔面前哭过好多次。买买提江·吾买尔安慰她："孩子，没关系。我刚开始干的时候，还不如你呢。再复杂的工作，都是在不断总结中干好的。孩子，你一定行！"正是在买买提江·吾买尔的鼓励下，赛依班姆·木扎合买提坚持了下来，这一干，就是3年。2015年，赛依班姆·木扎合买提考上了公务员，被调到了其他乡镇。2021年，组织上任命她为温亚尔镇党委委员兼布力开村党支部书记。离开6年后，赛依班姆·木扎合买提又回到了布力开村。上任第一天，买买提江·吾买尔带着她来到村里的广场，对着全村人说："这年轻人有能力，心地善良，我放心。我带着她在咱们村子干过3年，把她当女儿一样看待。现在组织上又让她回来了。我把这个年轻人交给你们了，你们要像支持我一样支持我的女儿。"说完，又紧紧握着赛依班姆·木扎合买提的手说："好孩子，我也把这几千人交给你了。你放心，我不会离开村子，以前的村委班子也不会离开村子，我们都是你的后盾。"

眼前这栋漂亮的3层楼，是布力开村村委会办公楼。五星红旗在楼前高高飘扬。办公楼的右侧是今年新建的"初心向党教育馆"。赛依班姆·木扎合买提告诉我们，2018年老书记买买提江·吾买尔退休后，全村的干部群众一致要求村里修一处场馆，完整展示村子翻天覆地的变化，让孩子们记住村史，感恩共产党。馆内的荣誉墙上，悬挂着村委会很多奖牌。荣誉柜里，陈列着买买提江·吾买尔"全国优秀共产党员""全国劳动模范"等荣誉证书，以及党的十八大代表证。一幅幅图片、一段段文字讲述着村子的变化，而每一个细节，都离不开老书记的身影。赛依班姆·木扎合买提给我们做着介绍，讲到动情处，她眼含热泪说，老书记是值得村民们信赖的人。只要我们发挥好党组织的作用，好好带着村民们干，布力开村就没有克服不了的困难，一定会越来越兴旺。

岁月里奔腾的浪花

温 宪

1995年底,在中国驻津巴布韦大使馆后院内,我作为人民日报社常驻南部非洲记者,第一次见到刚刚就任大使的刘贵今。黑黑瘦瘦的他戴着一副厚厚的眼镜,左眼近视1500度,右眼近视2000度。他下身穿一条褪了色的牛仔裤,笑的时候习惯歪着头,甚至有些腼腆,给我留下了朴实、低调、谦逊、友善的印象。

再次见到刘贵今已是10多年后的2008年3月,他的身份已是中国政府达尔富尔问题特别代表。头发已经花白的他仍是那样低调、谦逊、友善,只是更加清瘦,但在论及苏丹达尔富尔问题时,他又是那般雄辩。

2021年6月29日,因"为促进中非关系发展作出突出贡献",刘贵今获"七一勋章"殊荣。对此,刘贵今谦逊地说:"这是集体的荣誉。"

2021年7月中旬,我来到刘贵今的家中,再次坐到了他的身边。他的头发已经全白。他向我展示了20世纪70年代初他第一次到非洲时与几个非洲孩子的合影。深度眼疾使得刘贵今在展示老照片时需将照片举得极近。年过七旬的他愈发清癯,但头脑依旧敏捷,声音很是洪亮。走过千山万水,留得坦荡平和,岁月在他的讲述中恰如涌起无数浪花的奔流,雄浑而悠然。

一

位于山东省西南部的郓城县历史悠久,有千年古县的美名。1945年8月1日,距郓城县城32里的一个村庄,农民老刘家添一贵字辈长子,取名为贵金。

刘贵金有三弟一妹,家乡所在的地方又多贫瘠的盐碱地,为了一家的生计,父亲走上闯关东的道路。那段日子里,读书成为照亮刘贵金心灵的明灯。刘贵金人生中最早阅读的是5分钱一本的《农家历》和《孙悟空大闹天宫》,这两本小书几乎被他翻烂。村中唯一的小学在村东头,家住村西的他从不旷课,暴雨天也坚持打着一把破伞前往上学。在中学图书馆内,他被高尔基等苏联作家的作品深深吸引。

1965年,刘贵金考取了上海外国语学院(现为上海外国语大学)。第一次来到上海,刘贵金曾坐反了公共汽车,也曾为能看到电视感到新奇。中学便学习俄语的刘贵金改学英语,浓重的乡音是他初学英语的障碍。每天晚上,他拿着手电筒把老师白天教的几句英语像过电影一样一遍遍背下来。"我的天资并不好,主要是笨鸟先飞,比较努力,下苦功夫。"后来刘贵金从上海来到唐山军垦农场,严格的军训、艰苦的农活,让刘贵金悟出了要"自觉、虚心、刻苦"的道理。"苦难或者吃苦是一笔终生受用的宝贵财富。"他说。

经过这番历练,他于1971年8月加入中国共产党。随后,他进入北京外国语学院(现为北京外国语大学)进修一年。这时的刘贵金已改名为刘贵今。

虽然读了两个外语学院,但刘贵今清楚地知道自己还有很大的差距。于是,刘贵今在学业上开始了新一轮的奋力拼搏。

二

1972年，刘贵今进入外交部，他的第一份工作是在信使队担任信使，这一干就是9年。

中国外交部的信使连接着北京与世界各地的使领馆。在通信条件不发达的年代，穿梭世界各地的信使不仅携带着外交文件，还有中国驻外人员的往来家书。长期因公驻外人员像盼亲人一样盼望着每班信使的到来。

刘贵今作为信使飞往非洲国家时，不管飞机到得多晚，使馆内从大使到工勤人员、各地中国专家组的人员，包括修建坦赞铁路的中国工程技术人员，都在迎候着他。分发信件时，常是在大厅里摆开乒乓球台，大家在一旁急切地捧读家书。

"每当看到这种景象，我就感到自己这份工作很有意义。"刘贵今说。

信使工作的经历使刘贵今有了不一样的国际视野。非洲大陆的国家他几乎跑了个遍。他还是一位爱读书的信使，一有空闲，就找书来看，一趟差出完一本书看完。日积月累之下，刘贵今逐渐成为外交部信使队的一位"笔杆子"，后来到非洲司工作。

以勤补拙是刘贵今一生的成功密码。1981年，刘贵今的夫人袁小英被派驻中国驻肯尼亚使馆工作，刘贵今偕同前往使馆从事调研工作，从此开始了40余年涉非外交生涯。36岁才开始研究非洲，刘贵今的起步显然不算早，但他足够努力。在肯尼亚工作时，刘贵今自我加码，每周完成一篇调研报告。迫切要熟悉业务的刘贵今像海绵一样汲取养分，中国社会科学院西亚非洲研究所主办的《西亚非洲》杂志成了他的最爱。1986年，刘贵今结束在肯尼亚的5年任期回到北京，就职于非洲司综合处。他当时的家在美术馆后街，与中国社会科学院西亚非洲研究所只隔一条马路。《西亚非洲》杂志每一期出版后,他都在第一时间骑自行车去取,并带往非洲司。四年时间,刘贵今在西亚非洲所和外交部之间当杂志"搬运工",风雨无阻,乐此不疲。当时他的住房很紧张,一家三口挤在一间13平方米的平房内,为了保存《西亚非洲》杂志,他将床腿垫高,把读过的杂志收拢后存放在床底下,搬家时都没舍得扔掉。

三

"实事求是地讲,并不是我选择了非洲,而是非洲的工作岗位选择了我。我离开肯尼亚时,应该说对非洲已经有所了解。我爱上了肯尼亚,爱上了非洲。"刘贵今说。

1991年初,刘贵今作为参赞赴中国驻埃塞俄比亚大使馆工作。他刚刚到任,便遭逢战乱。当年6月,中国使馆附近一个弹药库发生大爆炸,中国使馆内也落下飞弹。第二天早上,刘贵今才发现距自己枕头约一尺远的地方有一枚流弹弹壳。在这场战乱中,刘贵今作为留守外交官担任了一年零一个月的中国使馆"临时代办"。这是一场烽火中的锤炼,他不仅处理日常外交事务,还将思索的目光投向世界格局中的非洲大陆。

1995年底,刘贵今首次作为大使出使津巴布韦。在这个自从独立后便与中国保持着友好关系的南部非洲国家,刘贵今的目光集中在如何深化两国各领域合作上,并为此全力以赴。

2001年,刘贵今再次出使非洲,这一次来到了非洲大陆最南端的南非。在6年多的任期内,刘贵今曾有过一次去发达国家出任大使的机会,但他放弃了,最终选择留在非洲。他说:"我在非洲工作这么多年,一辈子就研究非洲了。在非洲,我交了那么多朋友,有这么多的积累,情况更加熟悉,心中有数,也会更得心应手。"

曾在南非与刘贵今为同事的舒展大使回忆说,刘贵今在工作中特别讲究务实,强调一件事发生后,不能光看外国媒体怎么报道,还要走出去广泛听取各方真实的看法,进而得出自己的结论,这样的调研才能有深度,有新意,有决策参考价值。

刘贵今的工作得到了南非方面的高度认可,他也成为南非领导人的好朋友。南非前总统曼德拉多次向刘贵今表达对中国革命历史的敬意。

四

中非交流的点点滴滴可以追溯到汉唐年间。明代郑和七下西洋,更是中非交往史中灿烂一章。成图于公元1389年的《大明混一图》上清晰地标注着南非的好望角,海陆线条优美,形制一目了然。

2002年11月12日,"南非国民议会千年项目地图展"在开普敦隆重开幕。在这个持续数月的展览中,最为引起轰动的是首次与世人见面的《大明混一图》。这幅珍贵的古地图得以在南非展出,是刘贵今大使多次向国内建议和争取的结果。

新千年将至之时,中国在变,非洲在变,整个世界在变。如何在新的历史形势下为中非关系建立一个集体对话和合作机制?这成为自1998年开始担任外交部非洲司司长的刘贵今脑海中萦绕的重大课题。

非洲朋友首先破题。1999年5月,马达加斯加女外长利娜·拉齐凡德里亚马纳纳访华时,向时任中国外长唐家璇提出,当前国际形势发生很大变化,非洲国家迫切希望同中国建立伙伴关系,就共同关心的和平与发展问题进行磋商。她建议成立一个"中国—非洲论坛"。唐外长随后请刘贵今立即就此组织调研。

办不办?怎样办?面对几十个非洲国家,任何决策的协调、组织、实施,都意味着巨大的工作量,刘贵今对这份担子的重量心中了然。但他也知道,这关乎21世纪中非关系长远大计,这将是一个新的历史丰碑。他与同事们充分讨论,最终选择积极进取,开拓创新,办!

在繁杂事务中,刘贵今思虑的是如何办出特色,能够拿出什么样的务实举措,如何能够可持续发展。经过反复商议、权衡,刘贵今和同事们提出一系列具体办法,实质性地突破了难点。

2000年10月10日至12日,中非合作论坛——北京2000年部长级会议在人民大会堂举行,44个同中国有外交关系的非洲国家派代表与会。会议通过了《中非合作论坛北京宣言》和《中非经济和社会发展合作纲领》两个文件,为21世纪中非在各个领域的合作勾画出一幅新的蓝图。

这是历史性的三天。刘贵今为此三天三夜没有合眼,最终累得因胃出血住院。

刘贵今与同事们积极推动和参与建立中非合作论坛,也见证了它的茁壮成长。2006年11月4日至5日,中非合作论坛北京峰会隆重举行。时任中国驻南非大使的刘贵今陪同南非总统姆贝基来到北京。峰会期间,姆贝基总统提出要到北京的书店看一看。刘贵今陪同他来到王府井新华书店。姆贝基购买了一系列有关中国经济和社会建设经验的图书。在随后举行的南中企业家午餐会上,姆贝基说,我们都在讲要学习中国,学习中国首先要了解中国。

在台下聆听此言的刘贵今由衷一笑。

五

2007年初,刘贵今刚刚从南非卸任。此时,苏丹达尔富尔问题急剧升温,急需一位中国外交人员出面调解、平息苏丹的战乱,让外界了解真相和中国的立场。历史再一次选择了刘贵今。

2007年5月10日,年近62岁的刘贵今受命担任首位中国政府非洲事务特别代表、中国政府达尔富尔问题特别代表。

此后5年间,刘贵今风尘仆仆,多次赴苏丹访问,频繁飞赴非洲有关国家的首都,多次出席达尔富尔问题国际会议,应邀发表演讲,只要有可能,尽量多地接受包括西方媒体在内的各类媒体采访。

面对各种偏见,刘贵今从不回避,以不卑不亢的态度来阐述观点。刘贵今的工作得到了国际社会的关注与肯定。一位欧洲青年学者在一篇文章中说,中国在达尔富尔问题上取得了外交胜利,其重要原因在于中国从刚开始的观察者转变为发言者,进而又成为调解者。而刘贵今认为,中国的外交政策之所以获得非洲各国广泛认可,与"中国不干涉内政"密切相关,中国不像别的国家一样寻求地缘政治利益,也没有历史包袱。

曾于2010年1月率队赴达尔富尔进行调研的中国非洲研究院执行院长、中国社会科学院西亚非洲研究所所长李新烽回忆说:"当时在和当地酋长们交谈时,一名年轻的酋长特意问我是否认识刘贵今大使。他说刘贵今大使曾到访达尔富尔,风尘仆仆为和平奔忙,他平易近人的态度、和蔼可亲的形象、替他们着想的真诚,给他们留下了美好印象,使他们深受感动。"

六

如同无数为使命默默奉献的中国外交人员一样,刘贵今也经历了与家人聚少离多的漫长岁月。刘贵今的夫人袁小英也是一位资深外交人员。她深情地说,中国外交人员承载着的是使命,他们人生的关键词是"忠诚"。

刘贵今说,荣获"七一勋章"是一项巨大的、沉甸甸的荣誉,但同时又感到不安和忐忑。他多次强调说,这是一份属于所有中国外交人员的集体荣誉。

在非洲，刘贵今遭遇过战乱和各种险情。他说，一代又一代中国外交人员矢志奉献，"我经历的困难不算什么。"

无论曾经有着怎样的艰辛，凡是在非洲工作过的中国人，内心深处都有一份刻骨铭心的"非洲情结"。刘贵今也不例外。

"非洲情结首先是一种牵挂和惦念。"刘贵今说："还有就是一种包容和理解，对非洲发生的事情我知道它的前因后果。我总是希望非洲好，对于非洲的任何进步和成就，我感到由衷的高兴；对非洲国家的任何困难挫折，我感到发自内心的担忧。"

刘贵今至今仍在为促进中非关系的发展奔波，仍在关注着风华正茂的中非合作论坛。他说："国之交在于民相亲。我已七十有六，视力越来越差，但总觉得身上还有一份责任。我愿用我一生的积累向年轻一代讲讲非洲故事，力所能及地增进中非相互了解和理解，让中非友好薪火相传。"

透过刘贵今厚厚的眼镜，我看到了他真诚的目光。

群山不会忘记

李春雷

2018年3月26日上午,广西壮族自治区百色市乐业县新化镇百坭村党支部书记周昌战接到镇政府的电话:上级给村里派来驻村第一书记,让他过来先见上一面。

周昌战匆匆赶到镇党委办公室。

镇党委书记指着从座椅上站起来的一位年轻姑娘说:"这是黄文秀同志,你们的驻村第一书记。"

这位面带微笑的年轻姑娘,个头儿不高,圆圆脸庞,戴着一副宽边眼镜,扎着高高的马尾辫,白白净净、文文弱弱。

"这姑娘在我们这儿,能干得下去吗?"第一次见黄文秀,周昌战在心底悄悄打了一个大问号。

百坭村,下辖11个自然屯,散居在起起伏伏的大山深处。全村472户2067人,人均年收入不足3000元,村集体收入为零,属于深度贫困村。工作之复杂,条件之困难,自不待言。

驻村第一步,必须摸清贫困户情况。

第一站,黄文秀走进百爱屯。

"大婶,我是新来的驻村干部。请问,韦胜双家在哪里?"

大婶"叽里咕噜"说出一串方言。黄文秀一脸茫然。

这里的村民通常讲桂柳方言,虽能听懂普通话,但都不会说。幸而一位热心女孩路过，在她指引下，黄文秀总算找到了韦胜双的家。

"咚咚咚！"黄文秀敲了敲门。一位中年男子探出头。正是韦胜双。

走进院子，黄文秀找了个石凳坐下，从双肩包里掏出几张表格，开始询问情况。

但韦胜双只顾着低头抽烟，任凭怎么问，什么也不说。

随后，黄文秀来到了贫困户黄世亮家。黄世亮也是吞吞吐吐，不说话。那意思很明显：你一个小女娃娃，能帮我们解决问题吗？

又是一个"软钉子"。

转了大半天，什么信息也没有收集到。晚上回到宿舍，她越想越难过，禁不住趴在床上，"呜呜"痛哭起来……

第二天，周昌战开导她："农村认人情，村民跟你熟了，自然会接纳你。"

黄文秀心头一亮。是啊，自己初来乍到，就拿着本子问这问那，对方肯定有顾虑。

此后，黄文秀再去走访，先脱下外套，帮他们干家务，然后才话家常、摸情况。贫困户不在家，她就找到农田，一边干活一边聊。

为了消除语言障碍，黄文秀下功夫学习桂柳方言。

"嫩子"（怎么样）、"更子"（这样子）、"过笼"（太过火）、"发气"（生气）。

"你想嫩子？我就更子……"

她一句一句反复练习。

"一过奶老坐在马卵古高头打唧衣（一位老奶奶坐在鹅卵石上面织毛衣）。"几天后，桂柳话的这个"绕口令"，黄文秀也能流利地说出来了。

有一天，一位村民想逗逗黄文秀，递给她几个枇杷："很甜，你尝尝。"

黄文秀接过来，咬一口。哎哟，酸得龇牙咧嘴。

另一位村民笑道："你惹得太过笼，黄书记发气了。"

黄文秀说："哎哟，你更子。枇杷真的好甜哟，甜得我牙都快掉了！"

看着她张嘴挤眼的样子，村民们都笑了。

笑声里，双方的心，渐渐靠近了……

1989年4月18日，黄文秀出生于百色市田阳县德爱村。

这里位于三县交界的犄角，离县城和乡政府都较远。此地还是典型的石漠化地区，土地贫瘠，干旱缺水。

由于自然条件恶劣，政府号召易地搬迁。1992年，黄文秀一家迁至距县城较近的一个林场附近，租种了10亩土地。住处呢，先是租借，后来才盖起简易平房。

由于家庭贫困，黄文秀从中学开始，年年享受国家助学金。高中毕业后，黄文秀考入长治学院；本科毕业后，又考入北京师范大学读硕士研究生。

彼时的黄文秀，课余时间在外打工，暑假也很少回家。朴实又勤奋，善良又可爱，同学们都亲切地称呼她"秀儿"。

者乐屯贫困户黄邦旋，是有名的倔脾气。

那天，村干部上门填写扶贫登记表，不料他把大门"咣当"一关，吼道："不给我办低保，那我要'贫困户'干什么？"

进不了门，填不了表，后续工作就无法进行。

黄文秀说："我来试试。"

她一边敲门，一边打起亲情牌："你姓黄，我也姓黄，我叫你哥吧。哥，你这么勤快，如果再加上政府帮助，一定能脱贫。你不开门，填不上表，不是要受损失吗？哥，有事慢慢说，好吗？"

门开了,黄邦旋还是黑着脸:"我为什么不能享受低保?你们不给办,我就不签字。"

黄文秀笑着说:"哥,你放心,只要符合上级政策,一定给你办。还有,你要是把果园管好,我还能帮你申请产业补助款呢。"

"说话当真?"

黄邦旋态度和缓了,黄文秀赶紧趁机做工作:"哥,我们认真研究过你家的情况,按政策规定真的不符合低保条件。但国家扶贫政策多得很,何必只想着低保呢?低保只能解决基本生活。脱贫致富,好日子才长久。"

黄邦旋若有所思。

黄文秀接着说:"你可以申请产业补贴资金,用这笔钱种果树。种得好,脱贫致富不成问题,不比吃低保靠谱?"

黄邦旋脸上终于有了笑容:"小妹妹,说的有道理。就冲你,我签字!"

经过一个多月走访,黄文秀基本掌握了全村情况:建档立卡贫困户195户883人,目前还有154户691人未脱贫……

"要想富,先修路!"

全村11个自然屯,不是在山顶上,就是蜷曲在山沟里。现有的几条砂石路路况不佳,难以满足村子发展需求。果园在山上,山路不通,农副产品出不去,外来物资也进不来。

黄文秀带着村干部天天踏勘,终于画出了详细的地形图,精确到每块农田、每个果园。

她和村干部努力向上级争取修路资金。但果子不等人,一天天地成熟。如果今年再运不出去,果农又要受损失。

他们决定:组织村民,自己动手,对破损路面先行抢修,作为应急之用。

山上的几个屯子极缺水,村民生活用水全靠蓄水池。可4个屯的蓄水池老化、渗漏,经常干涸。

黄文秀带着修建蓄水池的方案,一趟趟往县水利局跑,终于建好4座大型蓄水池。

山上屯子缺水,山下屯子却又常遭水灾。比如那用屯,村民的房屋都建在小河对面的堤坝上。河上无桥,村民们用绳子吊起几根木杆凑合。遇上洪水,木杆被冲走、淹没,村民们就只能"望河兴叹"。

黄文秀下定决心:"无论如何也要修一座桥。"

她向镇里和县里打报告,申请一部分资金,又发动群众出工出力,终于修起了一座真正的桥。

硕士研究生毕业时,黄文秀可以留京工作,可她执意回到家乡。

2016年7月,她作为选调生,被分配到广西壮族自治区百色市委宣传部工作。

一年后,黄文秀主动申请到基层工作。组织经过考虑,安排她到故乡田阳县,挂职那满镇党委副书记。这样离她老家比较近,又靠近城市。

2018年,市委号召机关干部到农村扶贫,担任驻村第一书记。黄文秀再次申请,希望去更艰苦、更偏远的基层农村。

200公里外的乐业县百坭村,从此与她结缘。

乐业县,位于云贵高原东南麓、十万大山深处,地处黔桂两省区三市(州)7县接合部,是国家扶贫开发工作重点县。

村部里,抽烟的人多。桌子上、地面上到处是烟头烟灰,开会时更是烟雾缭绕,咳嗽声一片。

一天,黄文秀说:"抽烟有害健康,大家都知道,但多年习惯一时也不容易戒掉。不过,我想给大家提一个要求,今后不乱扔烟头、不乱弹烟灰,好吗?"

几位村干部一愣。

黄文秀就笑着讲解抽烟的害处,还找出相关视频,给大家播放。

村支书周昌战多年烟不离手。黄文秀说:"周大哥,你要是能戒烟,我就奖励你500元。"

周昌战嘿嘿一笑:"一下子戒掉有点儿难。要不这样吧,先从乱扔烟头罚款做起,谁要是乱扔一个烟头,罚款5元!"

黄文秀一拍手:"好,一言为定!"

几天后的一次干部会,黄文秀又把一台电脑放在桌上。

周昌战疑惑:"这是干什么?"

"现在是信息时代,网络都普及到村里了,电子政务、电子商务是大方向。我发现,咱们村干部只有两个人会用电脑,这可不行。"

黄文秀把电脑向周昌战近前一推:"村干部带头学电脑,从支书做起。"

"秀儿,我这么大年纪了,还能学会吗?"周昌战有些犹豫。

此时的周昌战,已和村民们一样,从最初叫她"黄书记",到如今亲切地喊她"秀儿"。

"没问题,我来教你。"黄文秀笑着说:"学电脑可没有戒烟那么难。"

"好好,我学。"周昌战连连答应。

不久,几个村干部不仅学会了打字、绘制表格、打印图片,还能在电脑上看文件、查资料了。

黄文秀还是一个孝顺的女儿。

上大学后,她就不再向父母要钱,而是自己打工。2016年她从北京毕业后被招录为选调生,国家补贴了一笔安家费。她拿出一部分钱,帮助爸妈把那栋居住20多年的老旧小平房,改建成一栋两层砖混小楼。

工作转正后，月收入稳定。为了回家和工作方便，她又交上首付，贷款买了一部白色越野车。

她想，这几年，要好好孝敬一下父母。

不想，2019年2月，父亲被诊断为肝癌，先后做了两次大手术。黄文秀十分揪心，常常痛哭。

前些天，她得知有一种特效药，便马上委托在北京的同学帮忙购买。

百坭村冬暖夏凉、降水丰富，特别适合种植砂糖橘。

前几年，政府曾经号召种植砂糖橘，村民们也种了500多亩。但由于缺乏技术，很多橘树遭受病虫害。果农失望之余也没了信心。黄文秀明白，要脱贫，必须发展特色产业。得有个成功样板，把大家的心气再提起来。

必须选一个"示范户"。

选谁呢？班统茂！他身体壮实，种有30亩砂糖橘。更可贵的是，他爱动脑筋，摸索了一些种植经验。

可班统茂坚决不答应：当"示范户"，既没有经济补助，还要浪费自己时间。

黄文秀三番五次做工作："班大哥，你扛起一面旗就行，其他问题我们来解决！如果你赔钱，我用工资补你，我写保证书！"

黄文秀的真诚，终于打动了班统茂。

恢复种植，扩大规模，都需要启动资金。黄文秀想方设法，帮贫困户申请无息贷款。

看到秀儿这么尽心尽力，果农们都重振精神，行动起来。

黄文秀还想方设法联系到一家经验丰富的农林公司，与百坭村共建"标准化果园"。公司派出4名技术员，手把手地教果农们剪枝、疏果、保果、施肥、喷药……

经过科学管理，原本无精打采的橘树重新生机勃勃，枝干茁壮、果实累累。

11月，砂糖橘陆陆续续成熟了。

看着挂满枝头的果子，村民们喜忧参半：喜的是从来没见过砂糖橘长得这么好，忧的是果子能不能及时卖出去？

黄文秀笑而不语。

原来，她早已与云南、贵州、四川、海南等地的果商签订了销售协议。

2018年秋天，百坭村砂糖橘产量高达180万斤，全部销售一空。

2019年春天，全村扩种砂糖橘1000亩、八角1200亩、油茶1000亩、优质枇杷500亩……

6月13日，黄文秀终于收到了北京同学寄来的特效药。

这天是周四，3天后的周日恰好是父亲节。她决定周末回家送药，好好陪陪父亲。

入夏以来，雨水格外多，村里的水利设施多有毁坏。14日全天，黄文秀和村干部们查看全村受灾情况，商量申请项目资金、制定维修方案。

在笔记本上，黄文秀认认真真地列下几项清单：百果屯和百爱屯，600米，预计9万元；百布屯水利维修（建渡槽），20米，预计1万元；百果屯、百坭屯水利维修（建渡槽），30米，预计1.14万元……

傍晚收工时，她对周昌战说："我回家一趟。等我周一回来后，咱们就抓紧落实。"

回到宿舍，匆匆吃了一包方便面，黄文秀驾驶那辆白色越野车，披着五彩晚霞，离开了百坭村。

驾车穿越200公里山路,黄文秀回到家时,夜已深深。十几天前,父亲刚做过第二次手术,在家卧床静养。这两天,她每顿饭都要亲手喂父亲,吃些绵软食物。

16日中午,黄文秀对父亲说:"我下午要到市委宣传部商量工作,然后赶回百坭村。"

父亲吃力地坐起来,担忧地说:"秀儿,天气预报说今晚有暴雨。那么长的山路,你一个女孩子开车,太不安全,明天再回村吧!"

黄文秀看着父亲:"阿爸,下暴雨,几个屯子很可能有山洪,我更应该回去。"

16日下午,黄文秀在市委宣传部谈完工作时,天空中已是黑云滚滚。同事劝她明天回去。

她说:"不行呢,我今晚必须赶回去!"说着,匆匆下楼。

驾车出发不久,淅淅沥沥的小雨渐渐浓密。一道闪电划破天空,几声响雷滚过,大雨倾盆而降。黄文秀给周昌战打电话,提醒做好防洪准备。

驶进凌云县境内,暴雨更猛。夹在两山之间的公路,已经变成汹涌的河面。

23时43分,黄文秀用手机拍了一条洪水视频发到网上,并配发声音:"好危险,有一辆车已经被水冲走了,我现在过不去了。"

市委宣传部工作群里,同事们纷纷留言:"注意安全!""太危险,快掉头!"

视频里,不时有兽爪状的闪电撕裂夜幕。

2019年6月17日凌晨,不幸降临!黄文秀遭遇山洪因公殉职,年仅30岁……

2019年底,百坭村整体脱贫。

2020年11月20日,经广西壮族自治区人民政府批准,乐业县正式退出贫困县序列。

如今的百坭村,山上山下水泥路成网,处处是精致的小楼、鲜花盛开的庭院。一条条小河,绕村而流。一架架石桥,横跨两岸。

溪水潺潺,翠竹环绕,菜花粉蝶,白墙黛瓦。欢乐的广场上飘荡着美妙的音乐,幽静的小路上摇曳着浪漫的街灯……

一切,都那么祥和安宁。只是,少了秀儿年轻的身影。

秀儿,秀儿哟!乡亲们不会忘记,群山不会忘记……

执着的坚守

杨明方　李亚楠

如果让你到荒凉的无人区守边防，从零开始开拓新生活，你愿意吗？

如果和你一起生活的人都离开了，家园重新变成无人区，除了羊群就是与孤独为伴，你还愿意继续坚守吗？

不知你的答案是什么，但是魏德友老人用半个多世纪执着的坚守告诉我们他的答案：我愿意！

为了这个承诺，他走过的巡边路相当于绕地球赤道5圈。

一

早晨6点，新疆塔城，位于边境的萨尔布拉克草原上，晨光还没有唤醒沉睡的土地，魏德友在黑暗中睁开双眼，摁亮电灯。岁数大了怕冷，虽然初秋的天气依然暖和，魏德友还是穿上了两条裤子。简单洗漱了一下，早饭更是简单：前两天买的馕已经有点干硬，颤颤巍巍的牙齿降服不了，掰成块扔进碗里，倒了一碗老伴儿刚烧的开水，干硬的馕块迅速变得绵软，正适合这位80岁的老人。

门口的桌子上，是陪伴了他许久的收音机、水壶、望远镜，魏德友把它们依次挂到脖子上，戴上一顶褪色的帽子。清晨的阳光已经洒在草原上，羊群也醒来了。

谁能想到，80岁的老人，腿脚相当灵便！三两步走到羊圈前，打开圈门，羊群一涌而出，顺着围栏吃草。

其实，自从二女儿魏萍回到老人身边接过了羊鞭，魏德友已经很少出去放羊了。今天魏萍有事要出门，魏德友便像此前五十几年的每一天一样，一边放羊，一边巡边。

二

时光是如何把一个风华正茂的小伙子变成如今的耄耋老人呢？

羊儿悠闲地吃草，魏德友脑海中回响起自己复员时向组织保证的声音：到新疆去，听党指挥，守卫边疆，建设边疆，再苦我也不离开！

那是1964年，部队动员复员军人到无人区放牧守边，屯垦戍边。来不及回家和父母告别，更来不及见一见从未谋面的未婚妻，魏德友和117名来自不同部队的战友就踏上西行的火车，再转汽车来到了边境，成为兵团工2师12团2连一名职工。兵团9师成立后，隶属于9师161团。

真是荒凉啊，除了一腔热血和遍地荒草，可真是什么都没有！先住进牧民闲置的空房子，门框真矮，进出门都要碰头，还快要倒塌了。好在，一群小伙子有的是力气，挖出了属于自己的地窝子——地上挖个大坑，上面搭上木头，再盖上苇席，压上一层土，两片破麻袋挂在门口——这就是住人的地方。

向远处望去，魏德友似乎在寻找战友陈秀仓的墓——刚来了半年，陈秀仓在放牧时遭到狼群袭击，被咬伤后患了狂犬病，大家照顾了他70天后，还是没能救下他的生命。陈秀仓不但是战友，还是老乡。守灵时，魏德友向战友保证：你安心走吧，我替你守着！

魏德友没有失信。

至今，他还记得钢枪贴着脸颊时刺骨的冰冷。1969年，魏德友加入"铁牛队（武装民兵队）"。那时候，放牧是边防斗争最激烈、最危险的工作，魏德友主动要求担任牛群组组长，从2连连部搬到了更靠近边境线的萨尔布拉克。

慢慢地，这片荒凉的无人区热闹起来了，种下的树长高了，葡萄架下有了阴凉，瓜果蔬菜飘香。

三

1981年，2连被撤并，职工们都被分流到了其他连队，萨尔布拉克又变成了无人区。

走，还是留？魏德友认真考虑过。

走了，生活会舒适一些，但是边境线怎么办？这么长的边境线没有边境设施，6公里以外的边防连人手少，萨尔布拉克地势低，有个啥事情，边防连也看不到。虽说有牧民，但他们逐水草而居，一年只有4个多月在这里放牧，其他时间这里就真的成了无人区。

可是留下，生活的艰辛可想而知。但自己曾经的保证在耳畔响起："再苦我也不离开！"

最终，有十来户人家选择了留下来，其他人家在连部附近，萨尔布拉克只剩下魏德友一家。再后来，其他人家也因为退休陆续搬走进了城。

时任辖区边防连连长白松交给魏德友一架望远镜："你有成边经验，请你给我们当护边员，行不？"原本留下就是为了守边，哪有不行的？可魏德友没想到，留下来的日子是这样艰难。

一开始，连队牛群还在，魏德友依然负责放牛。1984年春节前，连续下大雪，牛群没草吃，魏德友大年初一赶着牛群往山上转移，走了4天才走到，一路上又冷又饿，牛群损失了近半数。那年秋天，连队把牛都卖了，只剩下魏德友的3头牛、20只羊。到1988年，在魏德友的悉心照料下，羊群发展到100多只，魏德友还义务帮边防连放着近200只羊。

有一次，大雪下得天昏地暗，魏德友看不清眼前的路，天色越来越暗，却仍找不到回家的方向。汗湿的衣服上落满了雪，又被冻了起来，身上像裹了一层硬壳，一动就窸窣作响。脚步越来越沉，他已是筋疲力尽。"如果今天回不去，我还有什么遗憾吗？这辈子都在放牧守边防，我算是守住了自己立下的誓言。可是妻子怎么办……"魏德友在与风雪的较量中开始不自觉回望自己的一生。就在这时，他看到了微弱的光线，赶紧拿出应急手电筒向亮光方向闪，正在巡逻的边防官兵发现了他，待他回到家，已是半夜。

妻子刘景好在家担惊受怕地等了半宿，有心出去找，又不知往哪个方向去，在院子里徘徊了许久，听到魏德友回来的声响，迎了出来，埋怨的话都到了嘴边，但看着他冻得浑身哆嗦，什么也没说出口。妻子转身默默烧了一锅热水，自己偷偷哭了一场。

春秋季，牧民们回到萨尔布拉克放牧，为了丰美的水草，羊群总是喜欢往边界去，每次看到，魏德友都要上前劝说："边境无小事，万一不小心越界被发现，后果可能很严重。"

1992年的一天早上，魏德友像往常一样早早起来准备赶着羊群去巡边。却只见羊圈门大敞着，听不到一声羊叫。

魏德友慌了，喊起妻子，俩人脑子里都是"轰"的一声：这羊要是出事儿了，一家人的生计就完了不说，还有边防连的羊呢！俩人沿着痕迹一路追到了山里，一路上都是惨不忍睹的死羊——被狼咬死的。俩人一边擦着眼泪一边找，一直找到山坳里，才找到剩下的羊群，一数，死了一半多。

"老魏,我陪你守了快30年了,除了一开始,再没有抱怨过吧?可是现在这个光景,还怎么过啊!听我一句劝,咱搬家吧?"刘景好哭着央求。

可魏德友红着眼睛,犟脾气上来了:"越是这样越能说明咱们守边的重要性,我要一直守在这里!"

这么多年,刘景好知道老魏的脾气,听了这话,知道没法再劝,只能住了嘴,开始一边流泪一边默默收拾。魏德友赶着剩下的羊群又出了门,他要去边防连汇报情况,慢慢偿还这些损失——用了整整10年才还清。

收音机里开始播放午间新闻,魏德友从回忆中回过神来,抚摸着老朋友——跟着羊群早出晚归,收音机曾是夫妻俩了解外面世界的唯一途径。有时收音机被雨雪淋湿,"话匣子"变成了哑巴;有时遇到紧急情况,口袋里的收音机是什么时候被甩出去的也不知道。魏德友就一次性买好几台存着,50多年来用坏了50多台收音机。

四

"刘景好来电!"老人机传出响亮的声音,接起电话,是妻子叫他回家吃饭。

回家的路上,脑海中又出现了那个梳着两条长辫子的姑娘,魏德友不由得嘴角上扬:这是第一次见面时老伴儿的样子。

1967年,魏德友第一次从新疆回老家山东探亲,准备结婚。回到家,第一次见到定亲好几年的未婚妻。长辫子、大眼睛,人机灵,嘴又会说,还当着生产队队长,是个能干的姑娘,魏德友欢喜得不得了。

"跟我结婚后就得去新疆,你愿意吗?"魏德友生怕姑娘不答应。

"那新疆好不?"刘景好也没扭捏。

"俺觉得好！月月发工资，生活比家里强！"显然，魏德友只挑好的说。

简单办完婚礼，刘景好跟魏德友扛着一口装着行李的红色木头箱子，坐上火车一路西行，越走越荒凉。到了乌鲁木齐，又换汽车，到了塔城，干脆没有车了——7月，一路走一路下雨，从塔城到2连的40多公里路，都是翻浆路，车根本走不了。住了一宿，把箱子寄存在塔城的战友家，俩人披上雨布开始步行，泥泞道上深一脚浅一脚，刘景好拽着魏德友的衣角，天擦黑了才走到。

远远一眼望过去，除了一些小土包啥也看不见。听到声音，大家都跑出来看魏德友带回来的媳妇儿。"也没房子啊，大家是从哪里来的？"刘景好看着一群像是从地里钻出来的人，一脸问号，魏德友才笑着给她讲啥叫地窝子。

刘景好猫着腰踏进低矮漏雨的地窝子，一下子惊呆了：一张床、一盏马灯、一个土块垒的灶台，能转身的地方不足两平方米。累了一天的刘景好这一晚上竟然失眠了，嗡嗡叫的蚊子，还有牛虻，咬得她全身都是包，喝了水还闹起了肚子。

第二天一早，魏德友出去干活，刘景好思来想去心一横准备回老家，"回去继续当生产队长干我的工作去！"收拾了几件随身的衣服，打成包袱往肩膀上一挂就出了门。

魏德友回到家一看没人，一问邻居，知道刘景好背着包袱走了，拔腿就追，追出1公里多，到红桥桥头才追上，刘景好一屁股坐在桥头就开始哭。"你这方向都跑反了，去塔城得往巴什拜大桥那边跑啊！"魏德友被妻子逗笑了，笑完又接着劝："这样，你先跟我回去，我答应了部队的事情，就要做好。咱好好干两三年，等到这儿不需要我了，咱就一起回老家！"

没想到，这个承诺，整整50年之后才兑现。魏德友和妻子一直过着"家住路尽头，放牧为巡边"的生活，"我们两个不能同时离开，总得留一个人守着边境线。"他家从此成了"不换防的夫妻哨所"。直到2017年，女儿魏萍回到草原接过父亲手中的羊鞭，老两口才第一次一起回了一趟老家。

五

还没进门，就听见院子里传来说话声，长辫子姑娘早成了白发老妪，没变的是干起活儿来的利索劲儿。刘景好正里里外外忙着，切西瓜、煮饺子，几位身穿迷彩服的战士跟进跟出要帮忙，可刘景好哪里给他们机会！原来是边防连即将退伍的战士前来跟老两口告别。

是啊，边防连从1964年7月驻守这里到现在，先后换了23任教导员、24任连长，只有老魏叔一直在这里，大家都说是"铁打的魏叔流水的兵"。

因为常年帮边防连义务守边、放牧，边防连的战士们巡逻时也把魏德友家当作一个歇脚的地方。魏德友从来不要护边补助。后来国家有了政策，给他发护边员工资，他也坚决不要，"我有一份退休工资，干啥要两份？"

平时没啥能帮得上魏德友的，1992年，一批战士退伍前看魏德友家的半地窝子实在破旧得不成样子，便帮他盖了几间土房子，直到现在，老两口还住在这里。

50多年，魏德友劝返和制止临界人员千余次，堵截临界牲畜万余只。他巡护的区域内，没有发生过一起涉外事件。直到今天，边防连的战士们都说，有老魏叔守着，他们放心。

可这种放心背后，是魏德友对家人的愧疚。

老两口离不开萨尔布拉克，孩子们要去团场上学，只能住校，或者租个房子，大的带小的。魏萍7岁就带着妹妹跟着哥哥姐姐租房住了，只有寒暑假才能回家一趟。魏德友记得有一年寒假，雪下了好大，通信不便，也不知道孩子们啥时候回来，又不能丢下羊群去接孩子。有一天魏德友巡边回到家，看到几个孩子在屋里冻得发抖。见到父母，魏萍忍不住大哭："路上雪太深了，我们走不动……"魏德友心疼地抱起女儿，让老伴儿把火炉子烧得旺一些，他的心里在流泪。

为了守边，50多年间魏德友只见过母亲一面，而父亲1979年被接到萨尔布拉克帮忙照看孩子，孩子长大后才回了老家。后来父母先后去世，等收到消息都已经过去了几个月。大雪封山，魏德友只能寄回"尽孝钱"。不善言谈的他啥也没说，但刘景好知道，他有多伤心——"接到消息后，好几个晚上他都翻来覆去睡不着觉。"

2003年，边境界碑、围栏正式开始使用，他抚摸着中国界碑潸然泪下，"守了那么多年边，能够见证这一庄严时刻，心里很激动。"

有了边境设施，老爹老娘总该放心了吧？魏萍在团场买了一套房子给父母养老，结果老两口一天也没去住过。魏德友说，放牧守边是自己的工作和职责，守着守着就习惯了，就一直干下去了。

六

2021年6月29日，在人民大会堂金色大厅，魏德友获授"七一勋章"殊荣。回到酒店，他紧握老伴儿的手说："这是多大的荣誉和福分啊！咱这辈子活得太值了！"

但魏德友内心是忐忑的：这辈子所做的事情到底配不配这枚闪耀的勋章？相比那些抛头颅、洒热血的革命先辈，那些科学家、军人，以及各行各业的功臣和模范，自己做的事情太平凡了。

有人问，魏德友为什么能够坚持守边50余年？

为了名？从1982年往后的几十年里，魏德友几乎过着与世隔绝的生活，除了原来几个老邻居，几乎没人记得他。团里的通讯员管述军听说魏德友的事迹，前去采访，被魏德友拒绝了两次，直到第三次，才抹不开情面简单讲了讲自己的故事。

为了利？他一直拒绝领取护边员工资不说，直到现在还住在破旧的土房子里，直到2016年才用上了自来水，2018年才用上了电，两位满头银发的耄耋老人还在操劳着生计。

那到底是为了什么？魏德友说："我只是在做一名共产党员该做的事。"魏德友坚守的是一种精神、一种信仰！

夕阳西下，我们准备离开萨尔布拉克，回头望去，那间土房子里亮起了灯，魏德友正给老伴打来洗脚水——这是多年来他唯一能弥补老伴儿的一种方式。

借着灯光，我们看到门口的旗杆上，五星红旗在迎风飘扬。

一心为了祖国和人民的事业

唐明华

一

听说郭永怀要回国,同事大惑不解。"搞研究,美国有全世界最好的条件,你为什么非要回去呢?"郭永怀目光澄澈,朗声答道:"我来留学,就是为了将来报效祖国呀!"

1956年9月,一艘驶往遥远东方的邮轮起航了。郭永怀凭栏远眺,心潮澎湃。忽然,身边响起女儿郭芹稚嫩的童音:"爸爸,咱们的新家到底是什么样子?"

噢,那是一幢样式古朴的住宅楼。灰砖、黑瓦、朱红色的木窗,那是国家专门建造的条件最好的专家公寓。可年幼的女儿觉得,还是从前的房子漂亮。三层楼带地下室,外加一个独立车库。二楼有个宽敞的露天阳台。可不知为什么,迁入简朴的新居后,父亲却天天眉开眼笑。

从那时起,每天一大早,郭永怀总是提前走进中科院力学所的办公楼,风雨无阻。同事们发现,新来的副所长走路总是低着头,似乎总在思考着问题。而且,步幅很大,节奏平稳,像是对预定的目标进行丈量。工作时,他喜欢把窗帘拉得严严实实,在沉潜中寻觅灵感。有时候,夜已经深了,窗帘后面依旧灯火明亮。是啊,新中国的科研事业刚刚起步,有多少事情需要努力呀!

宿舍楼的东侧有个大花坛，下班路过，郭永怀会偶尔驻足观赏。葳蕤的草木中，他最喜欢迎春花，那一串串明黄的花朵热情地摇曳着，宛若思维燃起的火苗。如果有人凑过来，他会指着花花草草逐一报出学名，并说明分属哪一纲，哪一科。实际上，他的爱好很广泛，摄影，集邮……最痴迷的是音乐。然而，自打搬进新居，那些从国外带回来的黑胶唱片也被他冷落了。

二

1960年初春，郭永怀按部就班的工作状态忽然发生了变化。

一天早上，一辆绿色小轿车驶到楼下。妻子李佩莫名其妙：丈夫平时都是步行上下班，平白无故地，为啥改成车接车送呢？蒙在鼓里的李佩万万没有想到，丈夫已经同一个天大的秘密有了关联。

原来，根据上级指令，核物理学家王淦昌、理论物理学家彭桓武、空气动力学家郭永怀等科学家参与到原子弹研发工作中来。与此同时，从各地选调的科技人员迅速汇拢。攻关战斗悄然打响。

没过多久，李佩发现，丈夫下班的时间越来越晚，有时甚至彻夜不归。她觉得十分蹊跷，心想：搞理论研究，至于这样吗？

不仅回得晚，突然有一天，丈夫还要离家。

李佩随口问道："去哪儿？多长时间？"

郭永怀咧咧嘴，喉咙里仿佛挽了一个结。闷了一会儿，憋出一句："别问了。"

正是从那天起，李佩心里出现了一处空缺。她有时会呆呆地愣神儿，心底的疑问又清晰浮现：丈夫究竟去了什么地方？到底在忙些什么？

此刻，郭永怀正伫立在沙漠中一片空旷的靶场上。

朔风凛冽，气温低至零下20多摄氏度。出发前，同志们都穿上了配发的空军地勤服——皮上衣、皮裤子。郭永怀个头偏高,没有合适的尺寸。大家劝他留在家里,等候答复,可他无论如何不答应。人们拗不过他,只好找来一件皮大衣和一双毛皮靴凑合穿。实验场区没有帐篷,也没有座椅。站乏了,冻透了,只能咬牙坚持。终于挨到开饭时间,郭永怀和大伙一样,用开水把冻得硬邦邦的馒头泡软,就着咸菜,凑合一顿。

在研发过程中,对于引爆方式的选择,科研人员一度在较易实施的"枪式法"和起点较高的"内爆法"之间难以取舍。郭永怀采用"特征线法"进行理论计算,提出以先进的"内爆法"作为主攻方向,同时,为了稳妥起见,应当"争取高的,准备低的"。随后进行的爆轰物理实验无疑是掌握关键技术的重要一环,为了取得满意的爆炸模型,郭永怀带领科研人员反复试验,有时,甚至跑到帐篷里亲自搅拌炸药……

这些事,李佩都不知道。她只知道,在一个平平常常的日子,她失联的丈夫又突然出现在自己面前。

李佩心疼地瞅着丈夫。看上去,丈夫更瘦了,脸颊凹陷,双眼里透着疲惫。让她感到奇怪的是,带去的茶叶居然原封不动带了回来。怎么回事?难道连喝口水的工夫都没有?

丈夫没有说话,别看琢磨了一路,可直到现在,依然没有找到合适的解释。是啊,他不能告诉她,青海金银滩基地海拔3000多米,水烧开了只有80多摄氏度;他更不能告诉她,因为粮食短缺,许多人得了浮肿病……有关工作和生活的任何细节都必须守口如瓶,因为,它们涉及国家的最高机密。

那几年,女儿问得最多的一句话就是:"爸爸去哪儿了?"有一次,郭永怀出差归来,第二天,恰巧是女儿的生日。女儿等啊等,直到夜色沉沉,父亲才回到家里。女儿撒娇地搂住爸爸的脖子问:"你不是答应送我生日礼物吗?"父亲一愣,如梦方醒:糟糕,看这记性!他讪讪地拍下脑门,突然急中生智,指着窗外的夜空半是认真半是开玩笑地说:"我送一颗星星给你做礼物好吗?""好,好。"女儿咯咯地笑了。

三

噢,迎春花开得好漂亮!郭永怀摇下车窗,尽情欣赏着宿舍楼前这片熟悉的迎春花。轿车驶过花坛,他扭转脸,依然恋恋不舍。

打开门锁,迎接他的是莫名的寂静。他放下提包,拎起暖壶,水竟是凉的。他疑惑地咕哝了一句,转身走向厨房,忽然看见旁边的橱柜上,一张好端端的全家福被剪成两半,他的心一沉,仿佛一脚踩空了。定睛再看,剪开的照片上,妻子冷冷地望着他,好似隔了几千里地。唉,她肯定是赌气回娘家了。怔了半晌,郭永怀默默地踱到窗前。夕照下,迎春花开得那么美,美得令人伤感。顿时,一种无法言说的滋味涌上心头,是隐隐的愧疚吗?

1964年10月16日清晨,新疆,罗布泊腹地。

新中国第一颗原子弹已经被吊装到一个高达102米的铁塔顶部,郭永怀和同事们静静地伫立在荒漠上,翘首以待。下午3点,倒计时开始了——10、9、8、7……

郭永怀感到浑身发紧,后背的肌肉俨若绷直的钢丝。

"轰隆隆——"一声巨响,石破天惊,伴着熊熊火焰,巨大的蘑菇云缓缓升腾。刹那间,郭永怀如释重负,他开心地笑了,孩子似的,笑得那么灿烂,那么忘情,那么美满。

喜讯传开,举国欢腾。

女儿郭芹捧着喜报兴奋地对妈妈说:"这些科学家真了不起,我好想给他们献一束花呀!"说着,困惑地眨眨眼:"可是……鲜花到底该献给谁呢？"妈妈摇摇头，少顷，又轻轻颔首，或许，她已经意识到了什么。

几天后，王淦昌备好家宴，特邀郭永怀夫妇、彭桓武夫妇小聚。这是三人一起工作四年来的第一次家庭聚会。三个科研战线上的亲密战友把酒言欢，憔悴的脸庞都显得神采奕奕。李佩惊讶地发现，平时极少沾酒的丈夫居然一反常态，主动举杯：

"来，为了祖国的事业干杯！"

李佩浑身一震，一直堵在胸口的东西顿时烟消云散，通透的瞬间，她什么都明白了。

四

1968年初冬的一天傍晚，邮递员送来一封从呼伦贝尔寄来的家书。郭永怀心尖一颤，这是女儿第一次给他写信啊！

展开信笺，他的神情有些恍惚，他仿佛看见不满两岁的女儿跌跌撞撞地跑过来，稚嫩的笑声像啁啾的小鸟。时间过得真快呀！仿佛就在昨天，他笨手笨脚地从护士手中接过刚出生的女儿，一眨眼的工夫，她就会坐了，会走了。"来，亲亲爸爸。"小家伙摇摇摆摆跑过来，一头扎进他的怀里。接着，热乎乎的小脸蛋使劲拱上来，那种痒痒的、带着奶味的甜蜜把他的整个身心都融化了。想到这里，他粲然一笑，谁知，笑容刚刚漾开又陡然消失。原来，他看到女儿用一枚小小的邮票寄来一个小小的央求。她说，呼伦贝尔天寒地冻，希望父亲给她买双过冬的棉鞋，因为，她的脚已经冻伤了。他吸了口气，丢下信纸，怔怔地立在那儿。

此刻，女儿正在内蒙古自治区插队。他想起女儿临走时，自己到车站送行。列车启动的那一刻，他冲着车窗挥了挥手，不知怎的，视线变得模糊，眼泪就流了下来。现如今，女儿遇到了难处，只好向父亲求助。

郭永怀心神不定地踱了几步，目光又牢牢地盯在信纸的字迹上。看得出，他心中最柔软的地方被触动了。

为此，一向不喜欢逛商店的郭永怀走进了科研基地的小卖部。售货员递过厚实的狗皮棉鞋问道："多大尺码？"郭永怀一头雾水，他还真不知道女儿的脚有多大。售货员啼笑皆非：连尺码都没搞清楚，咋就跑来买鞋呢？在随后的回信中，他对女儿说："棉鞋暂没有，你是否画个脚样来，待有了货，一定买……初劳动时要注意，过猛和粗心是一样的，都是不对的。"瞧，在温情脉脉的时候，大名鼎鼎的科学家和普通的父亲并无二致。

五

1968年12月4日，为了不耽误研发进度，郭永怀决定当晚乘飞机赶回北京，参加次日一早的会议。出于安全的考虑，同事们劝他改乘火车，郭永怀淡然一笑："我搞了一辈子航空，不怕坐飞机。"说着，把桌上的资料小心翼翼地放进公文包。

夜幕降临时，郭永怀和警卫员牟方东赶到兰州机场。没想到，数小时后，意外发生了。

凌晨时分，飞机抵达北京的机场时发生了事故，郭永怀不幸以身殉职。

清理现场的时候，人们惊讶地发现，两具烧焦了的遗体紧紧搂抱在一起。通过那只残破的手表，同事们辨认出遇难者就是郭永怀和警卫员牟方东。当两具尸骨终于分开时，人们的脑袋"嗡"地炸开了——那只熟悉的公文包就紧紧贴在郭永怀的胸口！——生死关头，科学家的第一反应就是保护科研资料。一位同事小心翼翼地拿起公文包，打开一看，里面的资料竟然完好无损。旁边的同事扑通跪倒，痛哭失声……

英雄牺牲22天后，中国第一枚热核导弹发射成功，呼啸的火龙划出一道亮丽的弧线，如长剑出鞘。

....

在山东荣成郭永怀事迹陈列馆里，一队戴着红领巾的小学生静静地走进被复原的郭永怀的卧室。床头的白墙上，挂着一个紫檀色的相框，戴着金丝眼镜的郭永怀双目含笑，若有所思。寂静中，讲解员的声音饱含深情："郭永怀牺牲后，力学所的同事经常去看望他的妻子。后来，人们惊讶地发现，那只孤零零的枕头不知什么缘故从床头挪到了床尾。随后，探望者恍然大悟。原来，这样调整后，只要躺到床上，李佩就会在第一时间看见丈夫的照片。就这样，李佩整整守望了48年，直到因病去世……"

"1999年，在庆祝新中国成立50周年之际，中央隆重颁授'两弹一星功勋奖章'，以表彰23位为研制两弹一星作出突出贡献的科技专家。郭永怀是其中一位，他一生横跨核弹、导弹和人造卫星三个领域，是唯一以烈士身份被追授'两弹一星功勋奖章'的科学家……"

霞云岭上,歌声响起来……

程雪莉

2021年春天,我们驱车从西柏坡南行,不久即见到曹火星纪念馆静静伫立。这座肃静朴素的建筑,坐落于岗南水库大坝半坡,身后是千顷碧波。纪念馆东望着流淌不息的滹沱河,静静地注视着孕育了曹火星这位优秀音乐家的小村庄——河北省平山县西岗南村。

此刻,《没有共产党就没有新中国》铿锵的旋律,一遍遍地在纪念馆小广场上响起。我的思绪跟随着馆内展出的文物和图片,穿越近百年的时光,走进了那片战火烽烟之中。

从纪念馆出来后,我们走进小村寻觅:曹火星童年的足迹,藏在怎样的一方水土里?理想的萌芽,是何时根植于他的心底?那首永恒的旋律,又是如何在他滚烫的笔尖喷涌而出……

一

走过街巷,古朴的门楼还在,沧桑的泥墙还在。村支书辗转找来钥匙,我们因此得以踏进曹火星故居的小小庭院。木房梁,花格窗,叠映出百年前的情景。

1924年10月18日,一个瘦弱的男孩出生在河北省平山县西岗南村。父亲曹清廉简朴和善,经营着一个较为富裕的大家庭。曹清廉给这个孩子取名曹峙,字文山。

小曹峙聪明好学，在音乐课上他还学会了识简谱，对老师使用的一架风琴产生了浓厚的兴趣。然而，1937年，他继续求学的梦被炮火击碎。小曹峙和家人目睹了日军铁蹄过处的家园一片狼藉。但同时他也看到，逆流勇进的八路军"战地救亡团"在一个月里组建起"平山团"，1700多名农家子弟参军入伍，慷慨奔赴抗日战场。

一个声音在小曹峙的心底呐喊着——"要抗日！要救国！坚决不做亡国奴！"13岁的他通过同学介绍，当上了村里青年救国会主任。这个小小少年带领几位青年，为八路军捐款捐物，在村里做参军动员。

1938年大年初二，小曹峙离开家中，后加入平山县"铁血剧社"。在平山团的组建过程中，人们认识到文艺宣传的巨大作用。在平山县委书记王昭倡议下，县里以"铁血抗战"精神为宗旨成立了剧社。一些青年知识分子自编自演节目，展开宣传。剧社社员纷纷改名，以示坚强的意志和不怕牺牲的决心。小曹峙改名"火星"，暗合"星星之火，可以燎原"之意。

初夏的一天，冀西重镇洪子店恰逢大集，乡亲们云集戏楼下，来看铁血剧社的演出。只听一个脆生生的女声从幕后唱出："自从去年七月间啊，鬼子就把沙岭占，临近的百姓遭了殃啊，家家户户那个泪涟涟，侵略者好凶残！反对封建家庭的束缚，一心抗战我把军参。"等那位"女子"走到台前，老乡们一看顿时不解："没听说剧社里有坤角儿，哪里来的女演员啊？"

可演员的长头发确实是真的。原来，曹火星为了演出，特地留起了长发。一时间，老百姓被这出新编戏和"女主演"深深吸引，宣传效果出乎意料。曹火星也一唱成名。

二

铁血剧社成立之初，曹火星充分发挥自己的特长，教大家识谱，演唱抗日歌曲。后来，他将旧曲填新词，把民歌小调改为抗日歌曲。随着演出的增多，这种方法显然已不够用，曹火星非常希望自己能创作歌曲。

1939年，曹火星偶然在旧书摊买到一本《和声学》，他如获至宝，开始自学，由此简单掌握了一些乐理知识。正在他苦于无处求学时，一支来自延安的文化部队——"华北联合大学"，跋山涉水来到了平山县。

1940年初，平山县派铁血剧社全体成员到华北联合大学学习。曹火星选择了作曲专业。他利用一切时间，抄教材，抄音乐杂志；学理论，特别是毛泽东同志的文章。终于要作曲了，他脑中浮现出平山团上战场的情景……好，就写平山团！《上战场》几乎是一挥而就，曲调昂扬、奋进。

曹火星拿着稿子，忐忑不安地去找老师卢肃。卢肃看了，只改了一个音符。曹火星再次唱时，发现大不一样！从那以后，他更加慎重地对待每一个音符。

8个月后，曹火星从华北联合大学结业，继续投入抗战宣传。没有舞台，他们创作出"活报剧"，天做幕布，地为舞台，赶集的老乡就是群众演员。

在晋察冀边区艺术节上，当看到华北联大文工团、西北战地服务团用小提琴演奏时，曹火星羡慕极了。全凭记忆和想象，经过反复打磨，他竟然也制造出了一把"真正的小提琴"。我们的文艺战士，不等不靠不要，没有条件，就创造条件，愣是制造出抗日宣传的"洋乐器"。

那时候，曹火星背上两颗手榴弹，报名到敌占区去做宣传。他在敌占区发传单，还曾被困山中，差点牺牲。但他一点儿都不畏惧，不断积累着斗争的经验。

艰险压不倒曹火星他们，但思想的困惑有时却束缚着他们。当时，边区一台台"洋大戏"上演。曹火星他们没见过沙发,没用过电灯,更演不了外国戏,因此产生了悲观情绪,有的人甚至想退出剧社。

1942年5月,毛泽东同志在延安文艺座谈会上的讲话中指出:"我们的文学艺术都是为人民大众的,首先是为工农兵的"。在讲话精神的鼓舞下,曹火星他们思想上的疙瘩终于解开了,为人民创作的信心更加坚定了。

曹火星在回忆录里写道:"……儿童团、青救会、民兵连、妇救会,处处是歌的海洋。开大会、搞生产,都互相拉歌,进行比赛,用抗战歌曲开路。这激动人心的场面,促进了我写歌的愿望,创作出《向敌人进攻》《春天里暖洋洋》等歌曲,鼓舞了我的劲头。"

著名作家周而复的《晋察冀行》中有这样一段描述:铁血剧社和周巍峙领导的西北战地服务团,在短短的两年间,为边区训练了四千五百二十四名学员……仅仅在平山县,五百多个村庄里有剧团、秧歌队、霸王鞭队,真正让文艺成为"战胜敌人必不可少的一支军队"。

三

1943年春天,面对鲜红的党旗,曹火星激情澎湃宣誓入党。那时他还不知道,父亲已在"岗南惨案"中遇难。

秋天,曹火星被派到房山县堂上村参加村里的减租减息运动。他和两名同志翻山越岭,终于到达美丽的霞云岭上。曹火星他们和村干部接头之后,迅速投入工作,教当地群众唱歌、打霸王鞭,积极发动群众。

当时,曹火星他们用民间小调填词作曲,为适合打霸王鞭创作了一组歌曲,宣传党的抗日和减租减息政策。但是总觉得歌的力度不够。曹火星决定再写一首能高度凸显主题的歌。

那一年8月,《解放日报》发表了《没有共产党,就没有中国》的社论,与国民党反动派针锋相对进行斗争。

沉沉群山,寂寂深夜。曹火星端坐在小木桌前凝想。灵感突至,他拿起了笔,文字如滚落的珠玑一般落到纸上……

歌词写完,曹火星长长呼了一口气,拨亮灯花,接着反复默读。创作的激情,鼓舞着他马上谱曲。民间小调、戏曲曲调接续涌来,眼前浮现出孩子们打起霸王鞭行进演唱的情景。对,要明快、流畅,节奏要整齐。根据感情的需要,他把前面的旋律进行了重新安排。最后,是几个连续的、慷慨上扬的高音音符……那一刻,他终于谱出了蓄积于心的声音。

接着,村里儿童团团员学唱了这首歌,之后逐渐在各个剧团传唱。两年后,《晋察冀日报》发表了这首歌,从此,它在各个边区广泛传唱开来。

曹火星曾这样写道:"抗日根据地的广大人民群众在共产党的领导下,克服种种困难坚持抗战,搞民主建设,使人民当家做主,搞土改发展生产,给人民改善生活……这些活生生的事实是我亲眼所见……党和人民同生死、共患难,人民群众为抗战送儿、送夫参军,支援前线流血牺牲……没有共产党就不会有坚持抗战的局面;没有共产党的领导,广大的人民群众就不可能翻身解放做主人;没有共产党的领导,就不会创建一个崭新的中国,这个道理要让广大群众明白……我讲了真理,说了实话,写了实情,反映了人民的心声。"

这首歌创作之初,曲谱是适合边唱边跳的形式,后来因主要是演唱,于是进行了修改,以更加适合广大群众的演唱习惯。

这首歌最初的版本和后来广为传唱的版本差一个"新"字。根据党史专家记述,一天毛主席听见女儿李讷在唱"没有共产党就没有中国",

立即纠正说:没有共产党的时候,中国早就有了,应当改为"没有共产党就没有新中国"。后来,这首歌便改了过来,并传唱至今。

四

新中国成立后,曹火星曾任天津音乐团副团长、天津市文化局局长、天津市文联副主席、天津市音乐家协会主席等职务,为天津文艺事业的发展做出了卓越的贡献。他也因此变得格外繁忙起来,自己的专业创作不得不利用业余时间来进行。

冬天,大雪纷飞的路上,自行车的链子掉了,曹火星推着车奔跑,他怕耽误了去中央音乐学院旁听课程。他太需要系统学习音乐知识,要利用一切机会去进修。夏天,大女儿曹红雯半夜醒来时,常常看见父亲在遮盖的灯光下奋笔疾书;天气太热,父亲就把脚泡在凉水盆里。办公室里,同事们看见他在工作之余,悄悄拉开办公桌的抽屉,在纸上写着、改着一个个音符……

晚年,双眼几乎失明、躺在病床上的他,依然坚持创作。他的老战友们都说:"曹火星是一个端着冲锋枪的战士,又是一个身负重荷、精疲力竭却非要走向目标的跋涉者。"

1999年,生命垂危之际的曹火星,还在为澳门回归祖国谱写歌曲。他说:"假如我的作品能为祖国的建设起到一滴水的作用,这将是我的最大的幸福和愉快。"

这位战士,这位跋涉者,一生都默默地过着清贫的生活。

曹红雯记忆最深刻的,是父亲的能凑合和"抠门"。曹火星没有任何嗜好,身上的衣服补丁摞补丁。三年困难时期,有人拿粮票换鸡蛋补身体,他却不那样做。孩子们饿得哭,晚上睡不着,他就讲战争年代吃野菜、刮树皮的故事,却把省下的粮票接济他人。他任天津音乐团副团长时，主动提出不参加分房，一家六口住30平方米的房子，没有暖气，一住就是十几年。别人不理解，他却说，这比战争年代强多了，只要有能创作的地方就行。

后来，按照政策，组织上发给曹火星6000元的生活补助费，这在当时是一笔巨款。和他患难与共的妻子齐玉珍身体不好，多么需要这笔钱补养一下身体呀。他的三弟身体有病，从平山老家赶来，也希望用这笔钱治病。但是，曹火星和妻子最终商量，国家百废待兴，更需要钱，组织上给的这个钱不能要，于是全部交了党费。他从工资中挤出钱，给三弟看了病。

他是真正淡泊名利的音乐家。曹火星的二女儿曹红怡曾这样记述："小时候，我不知道这首歌是父亲写的，直到上学看到音乐课本时才知道。"

著名演员田华在晋察冀边区工作多年，和曹火星一起合作演出过，无数次演唱过《没有共产党就没有新中国》，但田华却不知这首歌是曹火星创作的。很多年之后，田华问曹火星为什么不早告诉她。曹火星回答："我们是党的文艺战士，写歌、作曲、搞创作都是我们的职业，至于那支歌，重要的是演唱，并不是为了知道是谁创作的。"

曹火星将自己的生命凝结成1600多首歌曲和多部歌舞剧，默默地把这笔财富放进中国音乐宝库中，然后悄然离开。曲由心生，心声化曲，就已经足够。

五

斯人远去，音韵长存。《没有共产党就没有新中国》的旋律一直飘荡在亿万人民的心中。2011年，中央电视台播出10集电视文艺专题片《放歌九十年》，这首歌名列第一集第一首；2015年，数十万网民评选的"我最喜爱的十大抗战歌曲",这首歌得票数位列第二,仅次于国歌;2019年,这首歌入选中宣部"庆祝中华人民共和国成立70周年优秀歌曲100首";2021年,中国共产党百年华诞之际,祖国大江南北处处传来这首歌的旋律,人民群众洪亮地唱响心中的声音。

如今,在这首歌的诞生地,北京市房山区霞云岭乡堂上村,还修建起了"没有共产党就没有新中国"纪念馆,以图文展示、多媒体呈现、歌曲链接等多种方式,向人们介绍着这首经典歌曲。

著名音乐家周巍峙说:"他(曹火星)用音乐鼓舞人民前进,人民喜爱他的歌曲。"在著名诗人贺敬之看来:"曹火星同志是闪耀在中华音乐史上的人民之星。"

歌声为证,歌声致敬。人民的艺术家将被人民永远铭记。

梦想与奋斗

山坡上的那片庄稼地

无悔的事业　坚守的力量

为了那一碧万顷

向宇宙深处进发

小巷里，温暖的厨房

花山岭上起新屋

谭 谈

我们老家湘中一带,把建新房叫作起新屋。前不久,妹妹传来信息,她起了新屋,邀我回家看看,为她的新屋起个名字。趁着新春假期的好天气,我便驱车上路了。

妹妹住在山上。山叫花山岭。

山名很美丽。美丽的山名出自何人之手,又流传了多久,不得而知。这里的人只知道,山上全是石灰石岩。覆盖在石岩上的,是薄薄的一层土。长不出大树,从薄土里长出的,全是茅草。山上没有树木,山下自然就没有河。一条小溪,只是下大雨时,用来排泄一时猛涨的山洪水。一旦雨停,溪就干了,成了摆设。花山岭这个美丽的名字,只是深含着这里的先辈们对美好生活的一种向往。

1968年,我从部队复员。那时刚刚20岁的妹妹正准备出嫁。婆家就在这山上。妹夫高中毕业后,在一所乡村中学当民办教师。我父亲相中了他,定下这门亲事。母亲听说要把妹妹嫁到花山岭,死活都不愿意。她知道,这山上的人家,几丘山坳间的薄田,全是望天收。哪年雨水好,就能收几粒谷。如果碰上哪年天旱,就颗粒无收。只能靠种在土里的红薯充饥。一年到头,大半年吃的都是红薯,没有几碗好饭吃。哪个母亲忍心把自己的女儿嫁到这山上去?但母亲性格温和,如何拗得过父亲?妹妹最后还是嫁上山去了。当时,家里极穷,拿不出钱来为妹妹置办嫁妆。部队发给我的308元复员费，我悉数拿了出来给妹妹购置嫁妆。妹妹的嫁妆里最引人注目的，是一台蝴蝶牌缝纫机。这台缝纫机，一直陪伴妹妹生活了50年。好多年，妹妹靠这台缝纫机为别人缝制短衫长裤，挣点小钱补贴家用。岁月更迭，时光流逝，妹妹结婚几年后，生下三个儿女。本来，他们的住房就很挤。她公公五兄弟，全住在他们祖父建起的一栋房子里。妹妹家只有两间房，要装下他们夫妇、儿女和公公。实在挤得不行了，妹妹就想在这老屋旁边搭盖两间新房，可是手里没有钱。当他们省吃俭用，勒紧裤腰带，积攒了百十来块钱后，才敢动手建房。当时，我每月也只有40多元钱工资，咬牙挤出一点钱，支援妹妹搭建了两间新房……

又是多年过去，妹妹老屋里的叔伯们，也家家人口增多，老屋实在是住不下了，于是纷纷搬了出去，另择新地建房。妹妹也在山顶上选中一块地，打算起一栋新屋。这时候，妹妹手头的积蓄比当年在老屋旁边搭盖新房时是多了些，但也不过两三千元。这点钱，要盖一栋四间一厅屋的新房，自然差一大截。只好向亲朋好友筹措。我那时的工资涨了点，挤出970元钱，再次支援妹妹建新房。记得妹妹克服了很多困难，总算把房子的主体给立起来了。后来又用了三年时间，几间房子才终于完工。从中可以想见，那时候一个农民要起一栋房屋，是何等艰难！

如今，猛地听说妹妹又要起新屋了，从前她建房的种种辛酸往事，就直往我的心头涌。可是这一次，却没有听她开口说建房要钱的事。妹妹只是要我给她的新屋起一个好名字。妹妹不仅不再为建房的资金发愁，反倒有了文化上的追求，我心中难免有些好奇。

确实，这些年，贫困山区脱贫致富了，广大农村的面貌有了巨大变化。不通路的偏僻村寨，通上了水泥路；不通电的边远村寨，不仅通了电，而且连了互联网，电价也和城市一样了；缺少水的高山村落用上了干净清洁的自来水……更亮眼的，是农村住房的变化。一栋栋漂亮的小楼，耸立在山山岭岭、村村寨寨里，哪一栋都不比城里的别墅差。这些年，我常在乡间跑，农村的新面貌，真让人陶醉！但我也发现，这些亮丽的乡间新屋，虽然装修得很漂亮、很新颖、很气派，似乎还少了点什么。想一想，那些有点历史的古村古寨，气派一点的建筑房屋，往往都有一个文化内涵颇深的屋名、庄名、院名。写在那些古建筑上的对联，被人们广为传诵，影响了一代一代的人……这就是建筑里的文化韵味。所以，当听到妹妹的这个要求，我似乎看到了今日农民的一种新向往、新追求！

前几年，在党和政府的大力支持和帮扶下，一个光伏发电厂落户花山岭。一块块光伏发电板，覆盖了偌大一个山头，延绵十数里长，成了这片山地上一处亮丽的风景。当年农民发愁石头山长不出好庄稼，如今安上光伏发电板，直接接收太阳送来的财富，山岭上的人们，当然也就与贫穷告别了。

路修好了，家变近了。早先从省城回家，要一整天。如今，高速公路通到家门口。驱车回家，只要两个来小时了。妹妹住的山上，也是水泥路直通山顶。我们的车子上山时，弟弟驾车，我坐副驾驶座。山间的景致，使我的眼睛一次一次睁大。那不是别的，是一栋栋立在山坡间别致亮丽的新屋。一进山口，就看到一栋气魄十足的大屋。由于是建在坡地上，主人便从坡下用石块垒出坚实的高墈，平出一片地来，开出建房的地基。楼房有三层，设计新颖，装修华丽。屋前还拓出一块百余平方米的停车坪。铁制院门，自动开关，门前还闪动着电子屏幕……你想想，这跟大都市里的小区住房，又有多少区别？

这座山岭，是我回家的必经之地。以前每次从外地回家，从山那边的公路旁下了班车，沿着上山的羊肠小道翻山过来。那时候山岭上的农家屋子，多是茅草盖顶的。就是有些土砖青瓦屋，也早已破烂不堪了。如今，小车在盘山公路上奔跑，坡岭间耸立着的，是一栋栋各种式样的农家新屋，让人目不暇接。

妹妹的新屋起在山顶。水泥路一直通到家门口。很快，我们的车子就稳稳当当停到她新屋前的水泥坪上了。

新屋，就起在她那前后用了三年多时间才落成的矮小老屋旁边。地基全是从石岩间开凿出来的。新屋是一栋三层楼房，外墙全是瓷砖贴面，色彩不落俗套，颇为庄重。在乡村中学执教数十年的妹夫，已经退了下来，近些年身体不太好，很少出门。这一回，看到新屋落成，他也来精神了，整个人气色好了很多。今天，他竟然爬到三楼，一层一层陪我们看新屋，一间一间房子给我们做介绍。三层楼房，共有7间卧室，每间卧室都配有独立的卫生间。客厅、书房、棋牌室，一应俱全。妹夫一边领我看新屋，一边对我说，客厅宽阔的墙面应该挂一幅画或者一幅字，一层、二层的廊柱上最好能挂上一副对联……听他这颇为自豪的语气，我也由衷地感到高兴。

在路上，我就一直在思索，给妹妹的新屋取个什么名字呢？房屋是文化的载体，而文化是房屋的灵魂，有了文化，才能致远。许多古建筑上悬挂的对联、名号，一直在民间流传，就是明证。

"前两次建房，我都支援了一点钱。这次可没听你们说。"

"如今政策好，儿女都搞得不错，不差钱啰。这栋房花了100多万呢！"妹夫说着，开心地笑了。

"那你是让我从文化方面帮忙啰？"

"就是啰，就是啰！特意要你帮我们为新屋取个名、写个字。再找找你的朋友们，为新屋写几副好对联。"妹妹回答道。

我们边说边往楼上走。很快，便上到了楼顶，站到了楼顶的露台上。

放眼望去，只见山坡下，依次耸立的一栋栋农家新屋，在明丽的春阳下分外亮眼。一缕阳光，迎面洒下。这时，我的心猛地一动，可谓灵感涌动。屋在山顶，朝向东方，每天最早迎接太阳！心想：这不就是迎日的居所吗？这么好的时代，这么好的前程，真如迎着太阳走。于是，我对妹夫说：屋名，就叫接日居如何？这位教了数十年书的老教师，立即表示赞赏。

"那客厅大墙上，我回去用宣纸给你们写这样几个大字：花山岭上人，山高尔为峰。表达一下如今你们胸中的豪气！如何？"

"好呀！好呀！"

妹妹笑了，妹夫也笑了，笑容是那样灿烂。

我站在露台上，看着岭上一栋栋新房，胸间感慨万千！山坡间这一栋栋农家人的新屋，正是乡村振兴战略描绘出的一幅壮美的图画！

下庄村的幸福路

吴 奎

一

3月的下庄，春暖花开，游人渐多。正午时分，毛相林带着游客体验下庄路。汽车在盘山公路上蜿蜒前行，行至路旁一处刀削斧劈般的绝壁时，毛相林示意司机停车。

毛相林抬头仰望明晃晃的绝壁，指着远处丛林中若隐若现的一个洞穴，对游客说："那是我们修路睡过的岩洞。"然后走向公路外沿，俯瞰深不见底的山谷，只见树木茂密，云雾升腾。毛相林伫立在原地，泪水在眼眶里打转，半晌才说出一句话："这里长眠着为修路而献身的六位兄弟。"

回到车上，毛相林缓缓神，一字一顿地说："每次经过这里，我都要下车和他们说说话！"

毛相林要说的太多太多：路修通了，村里脱贫了，乡村旅游做起来了……

二

下庄村位于重庆市巫山县小三峡深处，整个村子被"锁"在由喀斯特地貌形成的巨大"天坑"之中。从"井口"到"井底"，垂直高度1100多米,被外界称为"天坑村"。村民们去巫山县城,须经逼仄的古道翻越悬崖,一来一回至少4天。在这条险象环生的山路上,行路难,也充满危险。以前,许多村民一辈子没有离开过大山,没见过公路……

闭塞的交通一直是下庄村发展的"痛点"。水果、药材无法运出去销售,猪羊赶不出山没法变现,重病村民出村就医困难重重,山外的姑娘说啥也不往下庄嫁……

"毛支书,能不能想法修通出山路啊?"1996年,时任村支书的毛相林经常听到村民们这样提议。毛相林深知村民的心愿,他自己也做梦都想修路。可修路并非易事:财力、物力、人力、技术都须具备。下庄除了少许劳动力外,其他要素都奇缺。

1997年,毛相林在县里参加干部培训,看到外面的村庄都是大路通汽车、村村有产业的景象,既羡慕又忧虑:下庄什么时候能过上这样的日子?培训结束回家那天,毛相林坐在下庄村"井口"上,望着四周的群山,俯瞰"井底"零星分布的房舍,想到没有女孩愿意嫁到下庄村来,猛然意识到:再这样下去,我们或许就是最后的下庄村人!

"修路!"在随后召开的群众会上,毛相林大胆说出自己的想法。

"能行吗?""修得通吗?"虽然是村民们盼了好久的事,但真提起修路,大家的第一反应还是忧心忡忡、难以相信。

"山凿一尺宽一尺,路修一丈长一丈,就算我们这代人穷十年苦十年,也一定要让下辈人过上好日子。"毛相林激昂的话语激起了村民的斗志,乡亲们纷纷高举手臂回应:"同意修路!哪怕脱层皮也要修!"

修路需要大量资金。当时,下庄村公路还没有列入全县规划,资金需要自筹。然而乡亲们本就贫困,想要筹齐修路款谈何容易?毛相林豁出去了,他做通母亲的工作,拿出为母亲攒下的700元养老钱,作为启动资金。在毛相林动员下,村民们纷纷主动捐款。1元、2元、5元、10元不等的零钱,累积成1400多元的修路款。

1997年冬天,毛相林和村民带着钢钎、铁锤、锄头、撮箕进山,开始向悬崖绝壁挑战。

无路难,开路更难。没有大型机械设备,毛相林带着青壮年在悬崖上腰系绳索,像荡秋千一样打炮眼;高山绝壁没有人家,毛相林和村民们一起在半山腰打地铺、睡岩洞。为早日修通绝壁路,毛相林最长一次在工地3个月没回家。

然而,先前筹备的修路物资很快便所剩无几。怎么办?情急中,毛相林想到了贷款。他赶往信用社,用自家养的猪作抵押,以个人名义贷出第二笔修路经费。全村老少齐上阵,钢钎大锤震天响,在悬崖上艰难地一寸一寸向前推进。

尽管采取了很多安全措施,但毛相林担心的事还是发生了:钻炮眼的黄会元被山上的滚石砸下悬崖,撬石头的沈庆富被松动的岩石砸下山谷……先后有6位村民为修路献出了宝贵生命。

从不轻易掉眼泪的下庄人哭成一片。这是修路以来遇到的最大挫折。到底是继续修还是中途放弃?在毛相林犹豫不决的时候,黄会元的老父亲拄着拐棍说:"儿子出事后,我哭干了眼泪。但光伤心有什么用,路还得继续修啊!"见毛相林面露难色,老人把拐棍杵得"砰砰"响:"儿子走了,我这把老骨头来顶替儿子!我们下庄人不是贪生怕死的人。"

老人的举动让毛相林和村民们重拾信心和勇气,继续吊起箩筐打炮眼,手脚并用爬悬崖,钻山爬坡背物料。县里获知情况后,也调集资金和技术力量支持下庄村修路。2004年4月,历时7年,毛相林以"愚公移山"般的决心和毅力,带领村民终于在几乎垂直的绝壁上凿出了一条8公里的"天路"。

路通的那天,毛相林找来一辆车,把这条路从头走到尾。走到终点时,毛相林大声对着乡亲们、对着群山说:"今天我们终于把这条路修通了,我们没有辜负逝去的兄弟们。"

三

路修好了,更要养护。每年春冬两季,毛相林都带着村民们在公路上重新集结,义务养护公路。

2016年,在政府部门的支持下,硬化路延伸到每家每户。路通了,村民出行方便了,但发展中的无形之山如何开凿,再次压在了毛相林的心上。

"居住偏远、产业空虚、群众困难"是下庄村脱贫之难的真实写照。毛相林明白,要脱贫致富,除了修路还得发展产业。为了摆脱贫困,他又一次带领全村群众"开山凿壁",要开出一条"致富路"!

村民多年来一直种植玉米、红苕、洋芋,这些作物只能填饱肚子,很难发家致富。毛相林开始不断尝试新的产业。听说外村种漆树有赚头,他风风火火从外面运来两万株漆树苗栽种,没想到漆树在下庄"水土不服",当年夏天全干死了;眼见其他村养蚕赚了钱,他又动员村民栽桑树,产出的桑叶却不合蚕宝宝的胃口,蚕全部夭折。后来又依葫芦画瓢养殖山羊,还是没成功。

一次次失败,让群众意见很大。毛相林没辩解,把委屈和苦楚往肚子里咽。那些天,毛相林整天窝在家里。见丈夫情绪低落,妻子"激将"他说:"这点打击就受不了?修路的劲头哪去了?搞产业就像买鞋子,合脚的才是最好的……"妻子的话让毛相林陷入深思。是啊,产业要找对路子,不能"病急乱投医"。想到这些,毛相林释然了。

有了前车之鉴,毛相林没有再急于引进产业,但满脑子都在想点子、找出路。他先是发现大宁河岸边农户种植的西瓜味道不错,联想到下庄海拔低,山脚下便是河谷,种西瓜没准能行。他自家试种了两分地,收成不错,一批村民"试吃"之后觉得这条路可行,便跟着毛相林一起种。西瓜销路不错,但村里耕地有限,没法大面积种植西瓜。2014年,毛相林又请来市县农业专家对下庄村的土壤、环境等进行全面"体检",确认本村最适合发展柑橘种植产业。但村民却下不了决心,一方面担心种植技术不过关,另一方面担心销售,怕丰产不丰收。为打消村民的顾虑,毛相林叫回在外打工的儿子,学习种植技术后在村里义务担任技术员,同时自家带头种植8亩柑橘。

在毛相林的带动下,2015年,全村栽种柑橘500亩。四社贫困户陶朝桂当年就种植7亩柑橘,第三年柑橘挂果后,又种植了10亩。毛相林劝她少种点,怕她忙不过来,她却说:"政府这么支持帮助我们,我们自己也要攒劲使力呀,我可不愿一直当贫困户!"看到村里柑橘畅销,已搬迁到外地的村民黄光清、杨亨满又回到村里,将荒了多年的农田种上柑橘。几年下来,全村种植柑橘达600多亩,每年增加收入200万元左右。

2015年,下庄村实现整村脱贫。2020年,下庄村人均可支配收入超过1.3万元,是修路前的40多倍。

四

下庄村脱贫了,但是毛相林仍未满足。他想,能不能将下庄"远处有山,山下有水"的地势变为可持续发展的优势,发展乡村旅游?毛相林的想法得到县、乡两级支持。2018年,县里将下庄列入乡村旅游示范村,启动建设具有三峡山村特色的休闲度假胜地。

乡村旅游需要人才,特别是需要有知识、有见地、有干劲的年轻人。每年过年，外出务工的村民回家，毛相林都挨家挨户上门，向他们讲述这些年来下庄村的变化，描绘下庄村美好的未来，请他们回来为家乡的振兴出力。没回来的，他就一个一个地打电话争取。在他的努力下，29岁的毛连长回到村里做电商，销售柑橘、西瓜等土特产；27岁的彭淦是村里走出去的第一批大学生，回到家乡成为一名教师……

为激励年轻一代继续奋斗在巩固脱贫攻坚成果、接续乡村振兴的道路上，让下庄村老一辈不甘落后、不等不靠、不畏艰险、不怕牺牲的精神一代一代传承下去，下庄人事迹陈列室在村文化广场边建成，广场上立起"下庄筑路英雄谱"。每次经过这里，毛相林都要驻足许久，在脑海里一遍遍回放修路的情景，在心里一遍遍缅怀逝去的兄弟。

2021年2月25日，北京人民大会堂，全国脱贫攻坚总结表彰大会隆重举行。毛相林获得了全国脱贫攻坚楷模荣誉称号。那一刻，北京会场的掌声和下庄村民的掌声同步响起！

山坡上的那片庄稼地

曹卫华

天刚亮,张顺东和李国秀就起床了。

开春以后,下过几场雨,庄稼地里的草长起来了,夫妻俩商量好了,今天要去地里除草。

张顺东收拾好农具,放在电动三轮车上。这辆电动三轮车,既是他俩的交通工具,又是他俩的生产工具。

李国秀穿了个坎肩,从堂屋里出来,张顺东把她扶上车,就发动起车子,朝村外山坡上的庄稼地开去。

张顺东与李国秀是云南省昆明市东川区乌龙镇坪子村芭蕉箐小组的一对身残志坚的夫妻。夫妻俩只有一只手、两只脚,却顽强地走出了一条脱贫致富路。

一

张顺东1974年出生,6岁那年,放羊时不小心被高压电击伤,因为家境贫寒,没有得到及时治疗,他的右手和双脚先后截肢。

虽然残疾了,可张顺东还是想靠自己的劳动养活自己,什么活儿都抢着干。

19岁那年,张顺东与李国秀相识。李国秀也是残疾人,生下来就没有双手。但她不认命,用脚夹着笔写字,用大脚指头翻书,就这样读完了初中。她还用一双脚练习做家务事，用嘴叼东西，用下巴和脖子夹杯子、瓶子。李国秀不但能生活自理，家务活农活样样能做，还能用脚穿针引线、缝衣裳绣花朵。

两人一见钟情，可李国秀的哥哥怕他们在一起吃苦受累，过不好日子，坚决不同意这门亲事。

张顺东不气馁，他用自己的勤劳打动了李国秀，两人终于走到了一起。

那个年代的山区农村，普通人的日子都过得紧巴巴，何况两个残疾人。但张顺东和李国秀却十分乐观。一间土屋，两亩薄田，他们开启了婚后的新生活。

女儿出生了，又煮饭又住人的屋子烟熏火燎，怕影响女儿的健康，张顺东筹划再盖一间小屋。

天刚放亮，张顺东就起来，到村外挖泥，一点一点挑回来，打成土基。

今天干一点，明天干一点，一间小厨房就盖起来了。里面再打个矮灶，李国秀就可以坐在板凳上，用脚做饭炒菜。

"要是能有个地方，养点鸡和猪，就更好了！"

李国秀一说，张顺东就动了起来。

东川气候炎热，白天不好干活，张顺东就早起晚歇。个把月，他又把鸡圈猪圈砌起来了。

李国秀高高兴兴地买了几只小鸡一头小猪养起来。

李国秀脸上的笑容，就是对张顺东极大的鼓舞。他跟李国秀商量，又在家门口砌了一间土屋，开了一个小卖铺。

二

栽秧的日子到了，张顺东要到村里去请人犁田。田犁好了，自己插秧。好在张顺东人缘好，虽然村民们家家都忙，但只要他开了口，再忙大家都会挤出时间帮他。

张顺东栽秧比别人难，两条假肢深陷在泥里，迈一步都非常吃力。一只手栽秧，也比正常人难出好几倍。

李国秀则坐在田埂上，用双脚把秧苗捆成把，一只脚勾起秧把，送到张顺东身边。

早上10点多钟，太阳太辣，人们都撤了，太阳落山后才回来再干一会儿。

张顺东不撤，他慢，怕误了时节，必须顶着热辣辣的太阳继续栽。

田里只剩下他们夫妻俩。

中午饭是带来的，找个阴凉处，用沟里的水洗把脸，坐在地上大口大口地吃。

下午的气温高，张顺东光着膀子继续栽秧，背上的皮晒脱一层又一层。

太阳落山后，有丝丝凉风吹来。

李国秀心疼张顺东，朝他喊："顺东！算了，累一天了，明天再栽！"

张顺东应道："趁着凉快，再栽一阵！"虽然已又累又饿，腰都直不起来，张顺东还是舍不得走。

月亮出来，又隐没在云层里。夫妻俩才拖着疲惫的身子回到家。

时间过得真快。薅秧、除草、施肥、放水，感觉还没缓过气来，稻谷就熟了。

张顺东把稻谷割倒，送到田埂上，李国秀坐在板凳上，用脚把稻谷一捆捆扎起来⋯⋯

三

还有点旱地在村外山坡上。种庄稼不赚钱，有的人家的地都撂荒了。张顺东舍不得，每年都要种点苞谷、洋芋。

点苞谷的季节，李国秀前一天晚上就把准备工作做好了。天一亮，两人起来，随便吃几口冷饭，就背着背篓下地。

地已经请人犁过。张顺东一只左手把小锄头高高举起，使劲挖下去，两下三下刨出一个塘。

李国秀脖子上吊着两个筐，跟在张顺东后面。一个筐装种子，一个筐装肥料。张顺东打一个塘，李国秀用脚夹起几颗种子和化肥撒进塘。

张顺东再用小锄头扒点土，把种子盖上。

干着干着，刮风下雨了。路远，夫妻俩商量，干脆就不回去了，顶着风雨把活先干完。

洋芋从地里挖出来，堆在地里，一趟趟往回运。

苞谷从秆秆上扳下来，堆在地里，一趟趟往回运。

李国秀背个大背篓，一篓要背五六十公斤。张顺东心疼妻子，要多背点，一次要背七八十公斤。

"顺东！悠着点，多背几趟就行了。"村口有个老人劝张顺东。

"没得事，大爹！"手脚不方便，中途不能歇，张顺东脸涨得通红。

每年这段时间，张顺东的双脚与假肢接触处都会发炎溃烂。晚上回去，李国秀烧一盆水，用脚趾夹着毛巾，慢慢帮他洗伤口，擦药。

第二天起来，他照样下地干活。

伤口又被撕裂，他忍着。

李国秀心疼得眼泪像滚豆。

在山坡上的那片庄稼地里，夫妻俩辛勤耕耘着。

生活如此艰难，却也简单又快乐。

四

女儿放学回到家，乖乖地自己看书、做作业。

张顺东看着女儿趴在桌子上写作业的认真样儿，心里喜滋滋的。

女儿读书争气，张顺东心里高兴，对李国秀说："不管咋辛苦，一定要供女儿读大学。"

儿子也在上学，但不像姐姐爱读书。张顺东想，没关系，等孩子懂事了，他自己就知道要争气。

供两个娃娃读书，开销大。张顺东今天弄一点，明天弄一点，把鸡圈猪圈扩大了。李国秀买了几十只鸡、四头小猪来养着。自己攒点，外面借点，又养了几十只羊、几头牛。

年龄渐大，张顺东身体一天不如一天，血压也高，干活不像以前得劲了。

夫妻俩商量了几天，买了一辆农用三轮车。农用三轮车的油门在右把手上，张顺东请人改到左边，他就能用左手操作了。

出门赶街，下地干活，张顺东开车，李国秀坐在车头上……突突突突，三轮车跑得欢，两口子心里也乐滋滋的。

五

张顺东开车来到沙场，装了一车沙。他刚准备发动车子，沙场的几个工人一齐朝他走过来。

都是早不见晚见的熟人，一个工人对他说："顺东，包给别人干算了，你看你搞得那么辛苦。"

张顺东家被评为特困户，农村危房改造，他家的老房子被评为C级危房，要推倒重建，政府补助了一笔钱。这是张顺东过去想都不敢想的事情。钱拨下来了，张顺东舍不得花钱请人。

他开着三轮车，拉水泥、沙子、石头、钢筋……啥活都自己干，全是他用那只左手，自己上车下车。

备好材料，休息了两天，他就开始挖地基，自己动手盖房子。

张顺东人聪明，肯动脑筋。村里人家盖房，他去帮过工，什么活儿都是一学就会。

搬石头、拌砂浆、浇柱子都是苦活累活，还要爬上爬下，张顺东都自己动手。

半年后，一栋两层小楼出现在村口。

六

屋檐下，李国秀种了几盆花，其中一盆兰花，开得红艳艳的。

张顺东坐在一把椅子上，正低头摆弄一台电脑。女儿大学毕业后，当了教师。儿子经过政府培训，被推荐到昆明务工。家里生活改善了，张顺东李国秀马上到镇扶贫办，主动申请把贫困户帽子给摘了。

张顺东的想法很多，他买了台二手电脑，想搞网络销售，卖山区土特产。

伤残的右脚缝合处又一次撕裂、溃烂，不得不住院。好在张顺东李国秀都参加了新农合，报销后，政府又给了补助，自己基本上没出什么钱。

李国秀倒了杯水，用下颌夹着给张顺东送来，督促他吃药。

张顺东与李国秀，就这样互相帮扶，自立自强，硬是在不可能中创造了可能，日子越过越红火。张顺东说："我们虽然残疾了，但我们精神上不残，我们还有脑还有手，去想去做。"

政府部门在城区办了一个脱贫攻坚展览，里面还展出了李国秀绣的四幅十字绣，内容是张顺东想出来的："爱党信党跟党走""感党恩　听党话""不忘初心　砥砺前行""永远跟党走"。

派出所里的年轻人

朱千金

指导员刘阳算了算,所里这个月已经是第9次接待走失的老人了。这些老人有的是热心群众搀扶来的,有的是好心的出租车司机开车送来的,筷子巷派出所门口是开阔的象山南路,辨识度高,也方便停车。

更主要的原因是,江西省南昌市民都知道筷子巷派出所。它曾被国务院授予"人民满意派出所"荣誉称号,这里还走出了改革先锋、全国公安系统一级英模邱娥国。

虽然退休十几年了,但只要天气好,邱娥国几乎每天都会到派出所来转一转,所里的年轻人就趁机向他学几招。邱娥国服务群众的工作方法就这样一任一任传下来,成为筷子巷派出所的传家宝。

一

1996年出生的王俊毕业于江西警察学院,知道自己被分配到南昌市筷子巷派出所,他第一时间给父母打电话报喜。正式报到那一天,邱娥国来给新警察授课。以前,王俊都是在媒体上学习邱娥国的事迹,这一次可是当面看到了邱娥国和蔼的面庞,王俊内心激动不已。这堂课上的内容被他牢牢记在心里:进百家门、办百家事、温暖百家心;遇事不躲,遇困难不推;扎扎实实做事,老老实实做人。

所里给新分来的民警都安排了一位师傅,以老带新是所里的传统。

师傅王屹年长王俊9岁,其实也是个年轻人。他反复叮嘱徒弟:从接警到出警,在执法过程中,执法记录仪随时要开启,这既是规范执法,也是对自己的保护;对情绪激动的当事人要注意安抚,稳控好情绪;作为基层派出所的治安民警,要学习迅速侦破小案,及时为受害人止损……

师傅手把手地教,王俊成长很快。2月底的一天,有居民一大早就跑来报案,说自己刚买1个月的电动车被偷了,价值4000多元。王俊立即调取监控,发现是深夜两点钟被盗,距离案发时间已经过去了7个小时。师傅一再交代过,处理电动车被盗案最重要的是"快",这样电动车最值钱的电瓶就不容易被卖掉。王俊通过人脸比对技术,迅速找到犯罪嫌疑人的活动区域,蹲守3个小时后,将犯罪嫌疑人一举抓获,电动车完好无损地找了回来。丢车的居民很高兴,没过几天就把一面鲜红的锦旗送进了派出所。

二

谢桂军是赣州人,刚来筷子巷派出所做社区民警时,他最头疼的是听不懂南昌话,特别是在调解民事纠纷的时候,当事人往往情绪激动,说话噼里啪啦,把他弄得晕头转向,这令他很有挫败感。

他一边和同事、辖区居民学说南昌话,早也练晚也练,一边紧紧跟着师傅,学习怎么服务群众,怎么调解纠纷,还有邱娥国的秘诀:"下去一把抓,回来再分家""见人多询问,见事多观察,热心办民事,温暖送到家",一有空,他就琢磨这些话。

管理象山社区后,谢桂军很快成长起来。哪家有困难,哪家有重点服务人员,哪里有消防隐患,他心里一清二楚。现在,谢桂军也能说一口南昌话了。他像带他的师傅一样,沉浸在做社区警务工作的乐趣中,听着家家的锅碗瓢盆交响曲,感觉很美妙。

孤寡老人陈奶奶就住在派出所附近。老伴过世后，陈奶奶总是郁郁寡欢，谢桂军时常上门去看望，和老人聊家常，化解老人的心结。去的次数多了，谢桂军渐渐地把陈奶奶当成了自己的奶奶，逢年过节想家人了，他就拐到陈奶奶家去看一看。

2021年初，首个中国人民警察节时，陈奶奶用豆腐、腐竹、酱干、肉末、香葱做了一大锅地道的南昌福羹，托谢桂军带到派出所。福羹的热气和香味弥漫在派出所小厨房里，温暖了民警们的心。

谢桂军的管片里有一所中学一所小学。防疫知识普及、交通安全宣传、防溺水知识宣传、防止校园欺凌……谢桂军常常往学校里跑，给孩子们讲各种知识，教育孩子们牢固树立"安全第一"的意识。孩子们很喜欢面前的民警叔叔，他们有的认真听讲，有的调皮地直往他怀里扑。老师们说，一些孩子在谈到自己的梦想时，就说长大了要当一名人民警察。

三

陈蓓长着一张娃娃脸，笑起来很甜。陈蓓刚到筷子巷派出所的时候，正好碰上全面换发二代居民身份证。那段日子，陈蓓每天都要办180—200个身份证，经常忙得头都抬不起来，有时手忙脚乱，还忘了收办证的钱，结果只能自己垫付。办证时，少数群众排队时间长了会发脾气。辛辛苦苦上班，还要贴钱、受气，陈蓓觉得很委屈，有一次忍不住跟办证的群众吵了几句。这一幕正好被邱娥国看见了，邱娥国先帮陈蓓接待好群众，然后再把陈蓓拉到一边开导："一个人一辈子到派出所可能也就一两次，但可能就是这一两次，决定了他对公安机关的看法和态度。"

陈蓓慢慢沉下心来。一位老大爷来到办证窗口，他要注销户口和身份证，但是又迟迟不肯交出户口本和身份证，一说话就哽咽。陈蓓从办证窗口走出来，给老人递了一杯水和一包纸巾，引导老人说出原委。原来，老人的老伴过世一年了，按规定必须注销户口本和身份证，由派出所重新打印新的户口本。但这陈旧的户口本和身份证是老人的一份念想，它们在就好像老伴在，所以老人舍不得交出去。陈蓓请示所领导后，把身份证和户口本都剪角并加盖了注销章后还给了老人，老人颤抖地拿着剪了角的身份证和户口本，一边抹眼泪，一边跟陈蓓道谢。

四

筷子巷派出所还像当年那么小，小得群众在门前说句话，全所人都听得见。不过与邱娥国当年工作时相比，服务手段先进了不少。派出所门旁新增了一个24小时融警务服务区，里面摆放身份证自助办证领证机。派出所前台增设高频交管业务办理窗口，警务公开栏里，警务网格化管理示意图和民警网格责任区域一览表清清楚楚。

便民台旁边，是筷子巷派出所微警务工作台，上面有每位民警的微信二维码，二维码上方是一行小字：扫一扫您的社区民警，方便沟通联系。

二郎庙社区的老宋就是通过扫描二维码和社区民警邱攀科建立联系的。

老宋为自己不争气的儿子操碎了心。儿子从小不好好读书，高中没毕业就去混社会，染上了毒瘾，正在社区戒毒。他把小煤气罐藏在卧室，时不时就闹着要父母给钱去买毒品。老宋没有办法，只好求助社区民警邱攀科。

小邱第一次进老宋家的时候，老宋的儿子正躺在床上，人已瘦成了皮包骨。20岁出头的小伙子，长发披肩，眼窝深陷，脸如刀削，肤色蜡黄，任凭小邱说什么，他都用被子蒙着头不听。他不听，小邱也要讲，今天不听,就明天再来。老宋夫妇也没有放弃儿子,小邱不在的时候,就用微信发送儿子的状态,和小邱一起商量对策。坚持了一段时间,老宋的儿子终于被感动了,对小邱说:"你也就比我大几岁,对我这么有耐心,和你相比,我真是太惭愧了!"

他把藏在卧室里的煤气罐交了出来,开始一日三餐按时吃饭,游戏也不玩了,每天在手机上查找招聘信息。小邱也通过自己的渠道帮他一起找工作。现在,他已彻底戒了毒,人也胖了,身体也好了,在一家房产中介上班,还找到了心仪的女朋友。

从这以后,老宋把小邱拉进了自己的家庭微信群,把小邱当成了家里人一样看待。

二郎庙社区是老居民楼,房子很陈旧,墙外挂着各式栅栏、电线。80多岁的江婆婆在这巷子里住了77年,三个儿子分散在南昌其他城区,她舍不得搬走,有个头疼脑热、修电修水的事儿,就找社区民警小邱。

我跟随小邱在社区走访,见到江婆婆的时候,她穿着红布鞋,系着土黄色的围裙,正在门口晒被子。江婆婆很开朗,一头白发,微胖而红润的脸,说起话来中气很足。她一见到小邱就热情地打招呼:"邱警官,到家里坐坐吧。"我问江婆婆知不知道邱警官叫什么名字,她用南昌话爽朗地说:"叫什么名字我不知道,我就叫邱警官,以前邱娥国老邱在这里,我们就好熟,现在又来了个小邱,不管是老邱还是小邱,都是第一好的人,帮了我们这些老百姓好多忙。"她一边说,一边竖起了大拇指。

五

80后陈欣,2021年1月作为分局情报大队负责人到筷子巷派出所就"警务大数据的应用"进行授课。没想到3月就调到筷子巷派出所任所长。

陈欣说,这次的工作变动,是一种荣耀,更是一种挑战。就像每一位新到筷子巷派出所的年轻人一样，他不仅要把邱娥国为民服务的情怀传承下去，还要不断运用新科技、新机制、新手段，持续提升筷子巷派出所为群众办实事的能力和水平。

陈欣对筷子巷派出所充满了信心。因为他知道，所里的年轻民警们，就是在为老百姓服务的工作中，一茬一茬成长起来的。

此刻，筷子巷旁边的象山广场正迎来一天中最惬意的时光：几位老人推着婴儿车在散步，小朋友有的在骑车、有的在拍皮球，大爷大妈们坐在石凳上悠闲地聊天……广场四周，一棵棵羽毛槭紫红色的新枝在夕阳里反射着暖暖的春光。

一叠珍贵的收据

兰 欣

当一叠厚厚的党费收据出现在我的眼前时,我惊诧了。革命老区贵州遵义的一名普通党员,怎么会有这么多来自首都北京的收据?

我猛然想起,他就是张绍权。10年前,我见过他。

一

2011年7月1日,我还是一名年轻的组工干部。一位花甲老人走进办公室,人很斯文,戴一副圆镜片的老式眼镜,颇有几分乡贤的味道。额头、鼻尖、鬓角都渗着汗珠,布鞋上沾满灰尘。

这是我第一次见到张绍权,他是来交党费的,而且是一份很特殊的党费。

张绍权眼角的皱纹很深,眼神却如一个天真的孩子。他从上衣荷包里掏出一个裹得严严实实的红布袋,布袋上金黄的党徽将红布衬得十分鲜亮。他从布袋里取出一叠折得整整齐齐的百元钞票,郑重地捧在手心。

我内心一震,看着面前这位平凡的老农民,看着他俭朴得洗到发白的上衣,我感动了。

二

时隔10年,我决定去一趟遵义市桐梓县新站镇,再去看一看张绍权。

桐梓，正是红军长征打下第一个大胜仗——娄山关大捷的地方，也是毛泽东同志写下"雄关漫道真如铁，而今迈步从头越"的地方。

汽车沿着大娄山脉一路逶迤，进入蒙渡河谷后，继续向北而行。冬季的河水很浅，岸边是绵延的柑橘田，黄灿灿的果子让这里的冬季写满丰裕的暖意。

经过蒙渡大桥，汽车拐了个弯，远远地看到了张绍权的家。那是一栋白墙黑瓦红窗的普通黔北民居，房前屋后收拾得井然有序、干干净净。墙上贴着一幅幅字：团结、感谢、送客、迎宾、谢恩……一幅一个词语，像是家训。堂屋大门两侧的对联非常醒目："新年喜庆农家乐，人间美好不忘本；思情念祖怀先烈，年岁席上想救星。"横批是"共产党万岁"。

这是一栋古朴的黔北民居，一张长桌、三条长凳、一个火炉。尽管每月社保金等收入近3000元，可张绍权生活得很节俭，屋子里没有任何装饰，唯独正墙被一张张证书填得满满当当。其中，四张中共中央组织部落款的收据尤为醒目，三张1000元、一张1200元，时间依次是2011年、2012年、2017年和2020年。

张绍权从墙上取下收据平放在桌上，掏出纸巾，弓着背，仔细擦拭面上的灰尘。"这是2011年，那年党90岁。"他一边轻轻地抚摸，一边回忆道："这张是党的十八大、这张是党的十九大、这张是抗击新冠肺炎疫情。"

原来，这10年间，除按月缴纳党费外，在很多个重要日子里，张绍权都会主动献上一份特殊党费，并由县里将他的心意汇到中央组织部党费账户，中组部也会为他寄来一份极具纪念意义的收据。

第一次收到北京寄来的党费收据，张绍权晚上激动得难以入睡。第二天,他起了个大早,翻越几公里山路到镇里装裱店,花60块钱请师傅依尺寸制作了一个精致的实木框,再把收据裱好装进框子里。后来,每一张党费收据,他都会裱好装进相框,挂到客厅墙上。每天,他晨起第一件事,就是清扫这一面"心意墙"。

阳光爬过院墙,攀过窗棂,聚光灯似的投射在满墙的党费收据上。

只是一名普通党员,为什么要交那么多特殊党费?

张绍权抬起头,眼神停留在一幅党徽图片上,动情地说:"因为感谢共产党!交点特殊党费,我心里感到更快乐。没有党就没有我们今天的好日子。我们认定了共产党好。"

三

张绍权这位与中华人民共和国几乎同龄的老党员,在小山村里生活了74年,见证了蒙渡村翻天覆地的变化。幼年时,村民们日子苦,吃不饱,穿不暖,一日两餐不是洋芋就是苞谷、红苕。生了病,全靠土方子吃草药。

几十年的光阴过去,日子越过越敞亮。现如今,小乡村连通了大世界,白花花的水泥路修到了家门口,山对面刚听到车喇叭响,转眼车就到了院门口。住在山顶的农户也有了哗啦啦的自来水,生病有医保,年老有社保。2017年,昔日"西风烈"的娄山关下通了高铁,边远的蒙渡村一下子成了热闹的旅游景点,蒙渡河成了漂流的好地方,岸边开起了几十家乡村旅馆,老百姓从村民摇身一变成了旅馆经营者。每到夏天,北京、上海、四川、重庆的游客络绎不绝。游客们一来,还买走了地里的蔬菜水果,村民们都尝到了经济发展的甜头。

张绍权没有开乡村旅馆,而是把目光盯在了这片土地上。蒙渡河谷光照充足、土壤疏松,早在20年前,时任村支书的张绍权就开始带着村民们搞椪柑品种改良。从选苗、培育到田间管理，从种植、施肥、剪枝、嫁接到防虫，凭借着得天独厚的种植条件和在种植技术上的勤劳钻研，椪柑的滋味越来越甜，村民们的口袋也越来越鼓。

如今，小椪柑做成了大产业，村村都结出了"金娃娃"。"新站椪柑"这个响亮的品牌，成了远近闻名的抢手货，也成了网购的"新宠"。一箱箱椪柑乘着高铁跑进各地的水果市场，蒙渡村300多亩椪柑基地每年可销售椪柑30多万斤。现在，村里已经建起了椪柑育苗基地，小树苗带着村民们的致富希望播撒到了更广阔的天地中。

捧着金灿灿的椪柑，张绍权的脸上笑得像朵花。

从院坝往山下看，白墙黛瓦、绿树繁花、静谧宜居的乡村美景尽现眼底。安静的蒙渡河像一条银带穿过村庄，一幢幢错落有致的小楼房依河而建，阳光下的蒙渡村，美丽得像从画中走出来一样。

"共产党把老百姓当成自己的亲人，穿衣吃饭、水电路讯，什么都为我们考虑得这么周全！"说到动情处，张绍权唱起了黔北民歌《十谢共产党》，歌声高亢嘹亮，在山谷间回荡。

四

返程路上，冬日的阳光照在蒙渡河上，波光粼粼，就像张绍权的眼神一样清澈与明亮。

张绍权的心愿就是在"心意墙"上再加一张收据，为党的百岁生日再交一次特殊党费。

张绍权一直在践行着一名共产党员的忠诚，并把这份忠诚书写在自己的一生当中——当汽车兵和民兵时，戍边卫国和湘黔铁路战线上都有他奋斗的影子；回到家乡后，他是村里人最信任的会计和支书，爬坡上坎、走家串户的工作中有他辛勤的汗水；年老后，村小学的校园里，经常会看到他给孩子们上党课……

　　现在的他虽已年逾七旬,却一直是村里人最尊重的老支书。修路、架桥、改造水电,难免需要用到村民的土地。土地,是村民们最关心的"命根子"。遇到想不通的村民,村里总是请他出面做思想工作。每次只要他出马,再执拗的人也会转过弯来。年轻的村干部向他讨诀窍,他笑笑,只说了一句话:你一直做的是好事、实事,老百姓就会相信你。

坡坡岭岭一片情

纪红建

"我也是学农出身"

和煦的春风拂过罗霄山脉,轻吻着湖南省炎陵县大地上的万物。坡坡岭岭上开满桃花,如铺开了一层粉红色云霞。

中村瑶族乡鑫山村的一个黄桃园里,走进一个熟悉的身影。他用微笑与桃花打着招呼,用粗糙的双手轻抚生机勃勃的桃枝。

来人叫谭忠诚,自从参加工作起,就双脚扎进泥土,从未离开炎陵。眼下,年过花甲的他,还兼任县黄桃产业办副主任,并在鑫山村经营着一个黄桃园。

此刻,他又想起了老书记。

老书记是株洲市政协原副主席、炎陵县委原书记黄诗燕。

黄诗燕,一个富有诗意的名字,可他的生命却永远定格在了56岁。2019年11月29日,在炎陵脱贫攻坚一线奋战9年之久的黄诗燕,倒在了罗霄山脱贫攻坚的第一线……

"您就是老谭!"黄诗燕紧紧握着谭忠诚的手说:"我也是学农出身。"谭忠诚常会想起与黄书记第一次见面时的情景,就像见到一位久违的老友。

中等身材,谦和敦厚。谭忠诚在心里打量着这位新上任的书记。那是2011年7月29日,正是黄桃丰收的季节,也是黄诗燕到炎陵担任县委书记的第34天。

彼时的谭忠诚刚卸任县科技局长,任株洲市科技特派员。那天他正在霞阳镇山垅村的黄桃种植基地做技术推广。

他们一边漫步在果园,一边聊着炎陵黄桃的过去与未来。

"炎陵何时开始种黄桃?"

"准确说应该是1987年。1986年上海的锦绣黄桃获了上海市科技进步一等奖,第二年我们就慕名去买了100棵树苗回来种植。"

"怎么想到种植黄桃呢?"

"说好听点,是探索。说得不好听,就是被生活所逼。"

"此话怎讲?"黄诗燕用惊诧的眼光看着谭忠诚。

"炎陵山连着山、坡连着坡,再加上是稻瘟病高发区,靠种植水稻根本吃不上饱饭,所以我们就种植果树。黄桃虽然本是北方品种,但炎陵比较适合种植。"

"为什么?"

"其一,炎陵海拔高,温度较低;其二,炎陵沙性土壤多,透气性好。炎陵的黄桃,又香又脆又甜,非常受欢迎。"

"全县种植了多少亩?"

"只有5000多亩,而且超过50亩的种植大户还没有。"

"既然黄桃品种和效益都好,为什么不扩大种植规模,将其发展成炎陵的特色产业?"

"想过,但反对声不少。以前种植柰李和新世纪梨面积过大,后来市场不好,不少老百姓只有把树砍了。他们也怕黄桃种植面积过大,没人要。而且黄桃对技术的要求很高。"

"看准了就得大胆干,技术不是问题,农业部门全面提供技术保障。"

随后，他们来到村支书陈远高家的黄桃园。陈远高兴奋地介绍着黄桃。

"包装盒不行，不能与炎陵黄桃的品质相匹配，必须打造和宣传好这个品牌。"黄诗燕严肃地说道："必须改，现在就改。"

黄诗燕确实是有些急。地处湘东南井冈山西麓的炎陵，是井冈山革命根据地主要县之一。在长期艰苦的革命斗争中，这片土地上曾有3.8万名儿女献出了生命。但是如今，全县贫困发生率达19.5%，农民人均年收入仅2970元。

2011年底，炎陵县委、县政府将黄桃产业列入"一带八基地"特色产业发展规划，作为"重中之重"来发展。全县培育5个优质高效示范点，扶持171个科技示范户，建立"合作社+基地+农户+电商"模式。

从那时起，谭忠诚成了黄书记办公室的常客，谈话的内容却一直没变：如何发展县里的黄桃产业。

"老谭，这次由你来当县黄桃产业办副主任，虽是编外岗位，但责任重大呀。"

"老谭，今天黄桃销得如何？""老谭……"

听说长沙来了一批大学生到炎陵进行社会实践，调研黄桃产业发展情况，黄诗燕主动找到他们，诚恳地说："同学们，你们一定要好好宣传炎陵黄桃。我们的黄桃不是简单的产业，它维系了老区百姓的生计，是民生大计问题。"

…………

炎陵黄桃种植面积越来越大，影响越来越大，脱贫致富的脚步也越来越快。

2018年8月，炎陵脱贫摘帽。2020年，全县黄桃种植面积超过8万亩，近6万人进入黄桃产业链，近60%贫困人口通过种植黄桃实现稳定脱贫。

而现在,黄桃不仅改变了炎陵的贫困面貌,让炎陵走上乡村振兴的道路,更改变了乡亲们的生活方式和思想观念。全县有微商6000多家,在网上注册的农产品网店300多家。不光卖黄桃,还卖竹笋、蜂蜜、食用菌、腊肉等。农产品变成了商品,农民变成了农商,从封闭走向开放,由单一发展变成了多元发展。过去满足于过小日子的山民,现在学会了如何避开产业同质化发展、怎样让产业转型升级……

"大姐,我来锄两把"

"大姐,我来锄两把。"黄诗燕走进菜园,对正锄地的妇女说道。

对方叫黄福香,是霞阳镇大源村村民。60来岁的她,锄起地来异常吃力。

她听不太懂黄诗燕说的普通话,依然自顾自锄地。

村干部用当地方言告诉她,这是县委书记,来村里走访调研。

黄福香一惊。

这时候,黄诗燕从她手中夺过锄头,娴熟地锄起地来。

这是2015年10月9日。

看到吃力锄地的黄福香,黄诗燕的第一反应是:她是不是身体不好,家里情况如何……脑子里蹦出一连串问号。

黄诗燕觉得,作为干部,要善于从细节入手,向实处着力。

黄诗燕一边锄地,一边和黄福香聊了起来。

"我看您锄地时很吃力,是不是身体有状况?"

"我有高血压和心脏病,不敢用劲。"

"哦!去医院看过病没有?"

"看过,属于慢性病,要长期吃药才行。"

"家里呢?"

黄福香指了指不远处的山坡，两间土坯房立在那里。

"到家里看看。"黄诗燕把锄头放下，说道。

这时，黄福香沉默了。

黄诗燕知道她的心思，便说："没关系，有什么困难，可以跟大家说，大家一起想办法。"

房子的大门两侧靠砖头塞着，四面透风。可以想象，下雨天一定会漏雨进水。屋内，除了两张简陋的木板床，几乎没有家具。

不是还有老伴吗？可是老伴身体残疾，干不了重活。

大源村是出了名的山高、路远，交通不便，十分贫困，而黄福香家是大源村最为偏远的一家。

黄诗燕明白了，为何黄福香家会成为建档立卡贫困户，三十好几的小儿子为何还没能成家。

黄诗燕深知，要让这个家庭真正走出贫困，首先要让他们树立信心。这不是一朝一夕的事情，需要耐心细致地做工作，需要坚持不懈地鼓劲加油，更需要真正走入他们的内心。

说起家里这本经，黄福香的眼眶湿润了："大儿子已经成家单独过，在县工业园区上班，但也只能勉强糊口。虽然村上照顾，让小儿子在村里当护林员，但这点工资还不够糊口。"

"大姐，您放心，一定能渡过难关的。"黄诗燕对黄福香说："我也是从大山里走出来的，知道贫穷的滋味。"

后来，黄诗燕每月都会准时到黄福香家来看看、坐坐，拉拉家常，干点农活。

渐渐地，黄福香一家对黄诗燕也不再生疏和拘谨，掏心窝子的话都跟黄书记说。

再后来，黄福香的小儿子到县工业园区上班了，他们一家住进了炎西村安置点。100平方米的新房里,不仅有新家具、新家电,还接入了网线。媒人开始上门说亲了。

黄福香知道黄书记很忙,所以从不给他提要求。

但有个事破了例。

"到了安置点,能不能分几块菜地?"搬到安置点前,黄福香怯怯地跟黄书记说。

黄诗燕笑了。

黄福香分到了6块菜地。

没承想,后来,这6块菜地成了黄福香对黄书记最好的思念。现在,只要走进菜园,挥起锄头,她就感觉总有股力量在帮着她。

这,只是黄诗燕日常工作中的一个缩影。在炎陵的9年里,黄诗燕先后实地调研了11个乡镇(场)、54个村。

可是,他也是丈夫,也是父亲。他实在是太忙了,哪怕是与妻子和女儿视频聊聊天,都成了一件特别奢侈的事情……

坐落在炎陵的鄱峰是湖南本地的一座高峰。策源乡梨树洲村就在鄱峰脚下,拥有鄱峰、次生林、冰臼群和白水瀑等自然风光,旅游资源非常丰富。

2012年"五一"刚过,黄诗燕就来到了梨树洲村,这是他第一次到这个村子。

沿着蜿蜒的溪流往前走,黄诗燕被眼前的美景吸引住了。"这里发展旅游,具有天然优势。"他在心里喃喃自语道。

然而梨树洲村的现实情况,让他的心情沉重起来。

"我们村有两户人家开了农家乐。"村支书伍英华说。

"生意如何?"黄诗燕问。

伍英华低声说道:"别提了,没人愿意来。"

黄诗燕感到奇怪。

"电都没有，谁愿意来呀。"伍英华说："村民也装了微型冲水式发电机，但要看河的'脸色'，河里水量大电量就高，水量小电量就低，极不稳定。电灯泡都难以带动，更不用说其他电器了。不要说搞农家乐，就是生活都没了信心。"

黄诗燕有些震惊。

如何让村民振作起来？

"光精神上的鼓励不行，必须改变这里的面貌，让村民看到希望。"黄诗燕想。

如何改变？

先通电！

回到县里，黄诗燕立即与相关部门沟通，探讨梨树洲村通电的可行性。一番探讨后，得出的结论是：给梨树洲村通电可行，但需要花200多万元。

"为八十几号人，花这么多钱，不划算。"当即有反对声。

"改善百姓生活的民生工程，花再多的钱都值！"向来谦和儒雅的黄诗燕拍着桌子说。

"既是给村民通电，也是给他们输送信心，点燃发展旅游的希望。"黄诗燕继续说道。

黄诗燕的前瞻思维很快就得到了验证。

梨树洲村通电后，手机有了信号，电视有了节目，基础设施不断得到改善。

更重要的是，村民找回了信心。20来户人家开起了农家乐，有的还办起了竹笋加工厂。

现在，这里游客如织，村民们的日子，随着旅游的发展越过越好。

"有什么困难,有什么想说的,都可以跟我说"

"他是个聋哑人。"

听到这句话,黄诗燕迅速停下脚步,微笑着,面向他。

2013年1月21日,黄诗燕到霞阳镇坎坪村廉租房小区慰问困难群众。

聋哑人叫罗满庆,是特贫户。工作人员考虑到这一特殊情况,只安排黄书记跟他握个手,送去慰问金。

"我要跟他好好聊聊。"黄诗燕却说。

黄诗燕从包里掏出笔记本和笔来。只要有心,总会有交流的办法。

"你叫什么名字,今年多大了?"黄诗燕在笔记本上写道。

罗满庆非常惊喜,接过本子和笔写道:"我叫罗满庆,今年49岁。"

"家里有几口人?"

"四口人。"

"在哪里做事?"

"在镇上打扫卫生,负责6个村民小组的卫生。"

"美丽炎陵,清洁家园,有你一份功劳。"黄诗燕写下这句话,然后伸出大拇指,送给罗满庆一个大大的赞。

罗满庆报以微笑。

"一个月能挣多少钱?"黄诗燕又写道。

罗满庆回应道:"1800。"

"够花吗?"

"够了。"

"国家对残疾人有优惠政策和补贴,享受了没有?"

罗满庆微笑着使劲点头。

"希望你能克服困难,在党和政府的帮助下,用自己的双手去让生活变得越来越好。"

小区的人说，很少看到罗满庆这么高兴。

不是因为送来了慰问金，而是黄书记走进了他的心灵。

黄书记不光走进了聋哑人无声的世界，还走进了孤寡老人孤独的内心。

2017年4月9日，黄诗燕来到大源村谢长秀老人家。他一边紧紧地握着老人的手，一边拉着家常。

年过八旬的谢长秀，只有一个女儿，前些年女婿因病去世，女儿改嫁，留下一个外孙与她相依为命。

"您真是县上的书记吗？"老人认真地问道。

黄诗燕笑着，拍着老人的手，说："您看像不像？"

老人笑了。

"有什么困难，有什么想说的，都可以跟我说。"黄诗燕说。

老人从自己嫁到大源村开始说起，说到以前的苦日子，说到现在吃的穿的用的，说到党和政府的好政策，还说到山村的变迁……

老人说着说着，笑了；说着说着，又哭了。

黄诗燕拉着老人的手始终没松开，他耐心地倾听着。

听着听着，黄诗燕的眼眶湿润了，他感受到了一位炎陵老人的质朴与坚强。

就这样，黄诗燕与老人交流了近两个小时。

这是多么美妙的心灵之语……

2020年11月18日，黄诗燕被授予"时代楷模"称号；2021年2月25日，被授予"全国脱贫攻坚先进个人"称号。采访中，炎陵的朋友告诉我，黄书记在炎陵任职9年，在当地干部群众中广受赞誉，人们习惯称呼他为"好书记""好同事""好兄长""好老师"……

这一个个"好"字，难道不是对一名共产党员的最高奖赏吗？

热土上的奋斗

王巨才

离开南泥湾机场,一路眺望延河两岸整洁的村庄、簇新的楼群,还有桃李飞红、群山绽绿的撩人景色,我又重回延安,回到时时念兹在兹的精神家园。

2019年5月8日,周三,晴,农历己亥年四月初四。

这一天,延安市所有贫困县宣布"摘帽",200多万老区人民整体告别绝对贫困。当天,各大报纸都用大号标题刊登了这一喜讯,字里行间满溢着喜悦之情。

是啊,这是一个值得特别记载的日子。从改变贫困面貌、解决温饱问题到实现整体脱贫,数十年来,不只延安人民砥砺前行自强不息,它同时也牵动着许多人的心。

记忆的屏幕上,闪现出许多身影,特别是一些普通的共产党员,当中就包括文艺战士安全。

安全,1940年入党,1945年到鲁艺学习,先后在绥德分区文工团、西北文艺工作团、陕西省歌舞剧院、陕西京剧院工作,是在党一手培养下成长起来的文艺战士。1964年春,为汲取创作灵感和题材,他主动到延安县蟠龙公社纸房沟大队深入生活。没想到一进村,就被乡亲们生活的极度贫困所震撼,被他们改变现状的强烈愿望所感染,从此便与大家一起摸爬滚打,一干就是20多年,直至去世。

20世纪80年代我在延安工作,与安全有过几次不算深的接触。那时他50岁左右年纪,身体壮实,待人热情,为人爽直。考虑到他是省里下来的干部,有时进城办事没个落脚的地方,市里便在市委办公大院为他安排了一孔窑洞,但是很少见他住。有一次我下乡去蟠龙,想和他一起去队上看看,他坚持不坐我的小车,说否则老乡会把自己当外人看的,"再说,现在也没甚看头,等真搞出个样样了,会请你们来检查。"此后不久我便离开了延安。及至这次专门去纸房沟,听了原村党支部书记屈绳武等人的介绍,我才意识到过去我对安全的了解何其浮泛,并对没能给予他更多帮助而深感内疚。

我不知安全把生活基地选在蟠龙,是否与毛泽东同志辗转陕北时,指挥青化砭、羊马河、蟠龙三大战役取得重大胜利有关。而他去扎根的纸房沟,是一个离蟠龙镇尚有10多里路的拐沟旮旯。全村38户人家沿沟散居,每家3亩地,亩产不到百斤,粮食根本不够吃。把大伙儿心力凝聚起来激发出来的,是安全与大家一同吃糠咽菜的行动,以及"不改变面貌绝不回去,改变面貌更不会离开"的誓言。为了解决当时的困难,他一方面动员大家搓麻绳、砍锹把卖给供销社;另一方面到城里搞回豆渣等,使全村通过生产自救度过严重春荒。此后,他和村党支部一起,带领乡亲们植树造林、打坝造地、修道路、架电线、发展畜牧、兴办工厂……到1985年,全村实现了人均两亩基本农田,村里有了汽车、拖拉机、推土机等大型农机具,还利用集体积累,统一规划、施工,修建了学校、党员活动室和187孔崭新的砖窑,大伙儿全部搬进新居。一个昔日破败落后的"烂包村",变成了远近闻名的富裕村、省地县三级命名的文明村。

"为纸房沟,老安可是把罪受扎了。"老支书屈绳武说:"他完全把百姓的事当自家的事办,甚至顾不得身家性命。"1975年,安全把儿子安军也带到纸房沟插队劳动。这一年,村里决定创办机械加工厂,安全带着安军和另外6名年轻人去西安学习技术。半年多的时间里,这6名年轻人就一直和安全的家人吃住在一起。安全的妻子白秉权是西北文艺工作团走出来的著名歌唱家,对此她不仅毫无怨言,还把自己的工作室腾让出来。建厂过程中,遇到经费不足,夫妻俩又把女儿从部队复员时的安置费贴补了进去。纸房沟村现任党支部书记李庆东,就是那6名年轻人中的一位。提起白秉权老师,他满脸都是敬重。

1980年前后,安全拿出自己的工资和部分集资款买了4匹马,经几年繁殖,发展到20多匹,村里办起了饲养场。有一次饲养场的一头骡子不见了,安全急得团团转,几天睡不着觉,村里村外到处寻找。正在这时,他家中有事情需要他赶紧回家。"队上出这么大的事,咋能说走就走。"安全给家里打去电话,说等队上的事处理完,他马上回去。他向家人们道歉,并再三解释:这一头骡子可是队里的一份贵重家当啊……

长期的辛苦操劳换来了丰硕成果,也损伤了安全的健康。1993年7月,安全突发脑出血在延安病逝,终年68岁。延安各界举行了隆重的告别仪式。遵照他生前意愿和群众请求,他的部分骨灰安葬在纸房沟。

2020年10月,根据安全的事迹创作,由延安歌舞剧团、延安民众剧团联袂出演的陕北民歌剧《初心》首演成功,反响热烈。人们从这位可敬的文艺战士身上,看到了什么是中国共产党的宗旨,什么叫"全心全意"。

那天回到宾馆,朋友带来一本书,说是黄根品写的。黄根品我当然知道,做过延安市郊林场场长、延安地区林业局副局长,说来也算熟人。书名《树魂》,薄薄180多页,看上去并不起眼。然而出乎意料的是,当我打开这本很旧的书随意浏览时,那些娓娓道来的文字和充满激情的笔调立刻抓住了眼球。一个意气风发的建设年代、一种理想绽放的精彩人生展现在眼前，竟让我联翩怀想，彻夜难眠。

新中国成立之初，由于自然灾害和战争破坏，严重恶化的生态环境成为发展国家经济和社会事业的一大瓶颈。为响应毛泽东同志"绿化祖国"的号召，1956年3月1日至10日，共青团中央、国家林业部、黄河水利委员会在延安联合召开"西北五省（区）青年造林大会"，来自27个省（区）和部队、铁道、文教系统的1204名代表参加了会议。会议期间，来自浙江的代表、24岁的黄根品怀着无比激动的心情，递交了要求留在延安、为绿化革命圣地贡献力量的申请，获得了浙江省委的批准。黄根品说："从现在起，我就是一个延安人啦。我要为绿化延安奉献青春，决不辜负'青年'这个光辉的字眼。"

这次隆重热烈的大会引发了延安大规模的造林运动，也开启了黄根品扎根延安23年、从一名热血青年成长为共产党员和领导干部的人生之途。

黄根品原在杭州市园林管理处工作。从西子湖畔到黄土高原，生活环境和工作条件产生巨大落差。对于黄根品来说，气候、饮食、风俗习惯等一时都难以适应。但正如他在日记里写到的："最能激发人经久不息的热情的，不是别的——那就是事业。"

以往，延安山上的植被大多是灌木和荒草，每到冬季一片枯黄，见不到一点绿色。黄根品经过调研，提出从外地冻土移植松柏的建议。因为此前从未这么干过，一些人担心气候和土壤无法适应，于是提出了反对意见。为了用事实说服大家，黄根品顶风冒雪，来到200公里外的黄龙山，在工人师傅帮助下，钻进深山老林，挑选了33棵10年以上树龄的野生油松。经细心挖掘包扎，完好保留了油松根部冻土。然后将油松装上车，昼夜兼程运回延安，分别栽种在杨家岭和宝塔山用镐头开挖的

1米多深树坑里。经过一个严冬和春旱的考验,这33棵油松不仅在异地扎根下来,而且长势喜人。此后,他们又从富县购进人工培育的油松幼苗,就地繁育,获得成功。延安的松树栽植,从此年复一年数量不断增加,面积不断扩大。

冻土移植的成功,鼓舞了黄根品开拓进取的勇气,也让他赢得了同事们的信任。从1959年起,他又开始引种和培育名贵树木花卉的工作。延安市区南门外原有一块20亩的滩地,长期闲置,在地县领导支持下被辟为林业实验基地。黄根品和同事们通过多年的努力,先后从南方引进银杏、雪松、水杉、七叶树、合欢、皂角、红枫等品种。其间的酸甜苦辣自不待言。更值得一提的是,那块地后来经规划设计,平整了地面,修建了温室和亭台廊道,成了延安第一个城市花园;再后来,又添置了游艺娱乐设施,成了延安第一个儿童公园。只是,当人们(包括我自己)在园内消遣休憩或听到里面传来的欢声笑语时,往往想不到这一切,与一位从杭州来的身材瘦弱的技术干部有关。

1978年底,黄根品调任林业部"三北"防护林建设局副局长。离开延安前,他办得最感满意的一件公务,是促成了延安林校的创建。这件事在西北五省(区)青年造林大会期间就定下了,但一直未能落实。黄根品利用林业部领导来延安出差的机会再次提出,林校终于在林业部和省委重视下立项上马,于两年后建成开学,多年来为延安的林业建设事业培养了大批人才。

与这个故事相关联的是,那次西北五省(区)青年造林大会还有一个附带收获,即我国当代文学史上脍炙人口的诗歌经典《回延安》。作为延安走出来的诗人,贺敬之那次也去了延安,"白羊肚手巾红腰带,亲人们迎过延河来""十年来革命大发展,说不尽这三千六百天"都是他真实的见闻和感受。

斗转星移，山河日新。60多年前那次大会发出的"绿化黄土高原，控制水土流失""让祖国河山更加美丽"的倡议，在延安已变为现实。近20年来，在国家政策扶持下，延安大力实施退耕还林和治沟造地工程，取得了显著的生态效益、经济效益、社会效益。全市森林覆盖率达到53%，林草覆盖率达80%。昔日黄土裸露、尘土弥漫的贫瘠山区，已变作国家园林城市、国家卫生城市、全国文明城市。这次回去，走访了延安下辖的6个县（市），见到的朋友都以现在这片土地"天蓝地绿，山清水秀"而深感自豪，并真诚地动员我"回来养老"，让我既欣喜，又感动。

当过安塞县和宜川县副县长的延安市作协党组书记霍爱英，写过一篇《绿的礼赞》的文章，文中写道："这'延安绿'，是一镢一锹挖掘出来的绿，一点一滴汇集起来的绿，一沟一壑连成的绿，一年一年积攒的绿。"语中肯綮，我自有同感，而且更加深信：有了这种久久为功的毅力，在全面建设社会主义现代化国家新征程中，延安一定会以更大的作为、更出色的成就，为党争光，为时代添彩。

延安人民的生活，也一定会更幸福，更美好。

青春，献给那片蔚蓝

黄海涵

一

夜色如墨，惊涛骇浪。

迎着强劲的东南风，辽宁舰劈波斩浪，一路向南。

茫茫海面，辽阔无垠，只有不远处伴随左右的属舰露出点点灯光。

"3组注意，3组注意，准备位1号起降圈回收某某某号直升机。"指挥耳机中响起口令。

"3组明白。"身着黄色甲板识别服的直升机引导员回复，带领组员迅速就位。

引导员站在起降圈前，仰头在暗夜中寻找直升机的身影，手中紧握着引导灯棒。

远远地，一组熟悉的灯光出现在夜空中。引导员举起灯棒，标准地做出引导手势：

靠近——

下降——

保持——

直升机距离甲板越来越近，螺旋桨搅起一股强烈的海风，引导员纹丝不动，手中的灯棒仍在有规律地挥舞着。

直升机稳稳降落在起降圈内。引导员发出"关车"指令，飞行员关闭发动机，直升机回收任务安全顺利完成。

保障小组撤至舱内，大家摘掉头盔。引导员露出一头齐耳短发。她回过头来招呼组员："你的动作还可以再快一些。"

她叫张明珠，是辽宁舰上的一名舰载直升机引导员。

二

2021年是张明珠在辽宁舰服役的第11个年头。几天前，她刚到北京参加会议，回到舰上便立即随舰出海。

2011年，刚刚20岁、正读大三的张明珠参军入伍，被分配到辽宁舰。2015年7月31日，张明珠光荣地加入了中国共产党。张明珠曾担任过机电兵、安全监察员。2017年，因表现突出，她又被任命为辽宁舰女舰员士官长，负责全体女舰员的日常管理工作。

"我想当一名舰载机引导员！"两年前，经过深思熟虑后，张明珠向领导提出了申请。

舰上一片哗然：这项工作异常辛苦，这么多年，还没有女舰员被分配到这个岗位。

航空部门的领导打量着张明珠，问道："明珠，当引导员要负责指挥小组成员保障舰载机起降，要具备很强的协调能力，责任重，压力大，常年风吹日晒。你真的想好了？"

张明珠目光坚定地回答："我有信心！我要试试！"

此后，张明珠胸前的姓名牌变成浅蓝色，她成为航空部门的一员。

到航空部门报到那天，张明珠第一次见到部门给她指定的师傅。师傅负责教她舰载直升机引导作业，还要保护她在甲板面上的安全。

师傅从书架上取下几本教材和工作笔记递给张明珠，让她先把这几本材料看透。师傅本以为她至少要看上十天半个月,没想到,3天后,张明珠就捧着材料找到他:"师傅,看完了。你考考我,看我说得对不对?"

师傅考了她好几道题,张明珠答得分毫不差。师傅竖起大拇指:"明天飞行保障,你可以上甲板了。站在我身后,看我操作。"

次日清晨,张明珠早早醒来,摸黑将崭新的黄色甲板识别服、指挥头盔、对讲机等拿出住舱,对着军容镜,认认真真穿戴整齐。

走出舰岛,一眼望见满天朝霞。

根据塔台指令,张明珠跟着师傅和组员们,先在舰岛旁就位,为下一批接收直升机任务做准备工作。大家有条不紊地忙碌着。

"准备就位!"随着师傅一声令下,张明珠紧紧跟在师傅身后,第一次站在起降圈前,准备接收直升机。她压抑不住满心激动,心脏"怦怦怦"跳得很快。

一架直升机出现在视野中。师傅从容地挥动双臂,手势潇洒流畅。直升机停稳后,师傅又指挥组员上轮挡、挂系留,完成接收保障。张明珠看得眼花缭乱,书本上的流程明明背熟了,此时却完全想不起下一步该做什么。

师傅看到张明珠有些发蒙,不禁笑了:"第一次跟班,感觉怎样?"

"师傅,这么大一架直升机,能这样听你话,你和飞行员配合得太好了!"张明珠口中答道,目光还盯着直升机:"只是,教材上写的引导步骤,刚才我一条都没想起来。"

"这很正常。有句诗不是说嘛,纸上得来终觉浅,绝知此事要躬行。"师傅挥挥手,带领组员准备接收下一批直升机。

从那之后,只要有直升机飞行保障任务,张明珠就紧跟在师傅身后,学手势、练技术。飞行间隙,小组在餐厅待命,张明珠总是从口袋里掏出小本子，缠着战友问问题。休息时间她也闲不住，悄悄加练指挥引导流程，对着镜子纠正自己的手势动作。

功夫不负有心人。张明珠顺利通过了部门组织的理论和实作考核。师傅决定再推她一把："明珠，从明天开始，由你独立带领小组进行飞行保障。"

"什么？明天就开始？！"张明珠睁大双眼："能不能再让我练几天？"

师傅摇头："就这么定了。"

张明珠只好硬着头皮加紧准备，在宿舍将保障流程复习了好几遍。自己练还不托底，张明珠又守在餐厅对师傅实施"围追堵截"："走走，咱们去机库，我再演练一次，你看看我做得对不对！"师徒两人将各种规程逐一又演练了一番，张明珠这才觉得胸有成竹。

第二天，张明珠带领小组来到起降圈前。

头一回，她的身边没有了师傅，组员整齐地站在身后，眼前只剩蔚蓝的大海和万里无云的晴空。

她呼吸着海风，心中非常平静，流畅地做出一连串指挥动作，顺利完成了直升机起降保障任务。张明珠正式成为辽宁舰首位女舰载直升机引导员。

从那以后，每个飞行日，都能看到张明珠在甲板上紧张忙碌的身影……

三

张明珠不知道，塔台上，还有个小姑娘一直默默地看着她，向往着有一天自己也能像她那样，潇洒地引导直升机起飞、归巢。

这个女孩名叫范时钰，1996年出生，比张明珠小5岁。

2018年9月，范时钰大学毕业，一上舰就被分到航空部门。还在上大学时，范时钰就递交了入党申请书。刚加入这个光荣的集体一个多月，她又主动递交了入党申请书。

一年后，范时钰晋升上等兵。出海期间，范时钰的值班战位在飞行塔台，负责保障显控台和大屏幕的正常运行。每次在塔台值完班，她都舍不得走，在窗边望着甲板。此时，张明珠正在引导直升机着舰，她做着"保持"的手势，并择机指挥接机小组上前保障。

范时钰看得出神，完全没注意到部门领导已经站在她的身后。

"小范，引导员的姿势不错吧，想学吗？"部门领导问道。

"想！"范时钰忙点头答应。

很快，范时钰也有了自己的师傅。第一次见面，师傅打量着范时钰，不禁皱起眉头："这姑娘，也太瘦了！你有80斤吗？"

范时钰赶紧摇头："我不瘦，90多斤呢！"

师傅笑了："好好，不瘦。走，跟我上甲板，看会不会被风吹走。"

舰船正迎风航行，在甲板面上工作的舰员行走时，都要弓着身子以抵御风力。刚迈出舱门，范时钰便被吹得打了个趔趄。师傅一把拉住她的衣服："小心！站稳喽！"

范时钰侧过身，咬牙站稳脚跟，心里暗想：好不容易有机会学当引导员，咋能被风吹倒？

事情想着容易做起来难。跟班保障时，师傅在前她在后，师傅替她挡了大部分风力。可是一旦身前没人，她就会被吹得晃悠。师傅见状，始终不放心让她独自上甲板指挥引导。

范时钰感到很郁闷。保障间隙，她蹲在舰岛旁边望着大海发呆：自己的体形确实相对纤小，要想在飞行甲板上站得住、站得稳，必须赶快找到适合自己的方法！

"师傅，我能不能站在比你靠后一些的位置引导？"

"师傅,我想把身体往侧面转几度,这样更能用上力气。"

"师傅,教我几个增强腿部力量的方法吧!"

一番苦功之后,范时钰终于能稳稳地站在起降圈旁。

解决了"站得稳"的难题,范时钰开始强化指挥动作细节。

刚开始,她觉得整个人都是僵硬的,大脑全部用来回忆接下来该做什么,动作也显得很死板。师傅给她支着:"你可以和张明珠聊聊,她的指挥动作十分潇洒自然,你们女孩子之间多交流交流。"

范时钰回到女舰员生活区,敲响了张明珠的房门。她问张明珠:"士官长,你怎么能把动作做得那么自如?"

"作为舰载直升机引导员,想将动作做得从容、专业,就必须反复练习,形成肌肉记忆。"张明珠说:"来,我们一起练!"

张明珠拉着范时钰来到军容镜前,对着镜子,手把手地帮她纠正动作。

经过近百飞行架次的跟班训练,范时钰终于迎来第一次独立放飞舰载直升机的挑战。

飞行员举手示意准备完毕,范时钰指挥组员撤去轮挡和系留,确认安全后引导起飞,一连串动作准确干练。舰岛旁正在准备下一组任务的张明珠笑了。

初春,辽宁舰再赴远海,张明珠和范时钰均已能够独立完成昼夜直升机保障任务。首批两位女舰载直升机引导员巾帼不让须眉,承担了大量直升机起降保障任务。

四

又一个新航次,飞行甲板上多了两位更年轻的女舰员——刘咪咪和元梦,她俩和另外五位新舰员一起,担任直升机起降保障小组中的轮挡员和系留员。张明珠成了她们的"兼职师傅",在完成直升机引导保障的同时,指导新人参与引导小组工作,熟悉直升机保障流程。

从张明珠,到范时钰,再到刘咪咪和元梦……一批批年轻的姑娘,在最美好的年龄,选择把奋斗的青春献给大海,用无悔的忠诚书写芳华。她们将矫健的身影深深融入大国海军的深蓝航迹,将神圣的使命与海军大发展紧紧连在一起。

"准备位1号起降圈放飞直升机!准备位1号起降圈放飞直升机!"

放飞!放飞青春的梦想,放飞奋斗的激情!

深潜,万米海底

许　晨　臧思佳

一

江苏,无锡,2016年秋天的一个晚上。

中国船舶集团第702研究所依旧灯火通明,许多科研人员还在紧张忙碌着。

突然,水下工程研究室高级工程师、共产党员叶聪接到所长何春荣的电话:"小叶,来我办公室一趟,有事谈。"

"什么事?"

"好事,大事。来了就知道了!"

听得出来,何所长的声音里有一种按捺不住的欣喜,难道是那个重大项目有消息了?叶聪一边猜测着,一边快步赶了过去。

果然,在所长办公室,沉稳干练的何春荣转达了北京有关方面的正式立项通知:全海深万米载人潜水器由702所牵头研制,由叶聪担任总设计师。

这一年,叶聪才37岁。别看他这么年轻,实际上已屡经历练了。早在2001年,他从哈尔滨工程大学船舶工程学院毕业,入职702所水下工程研究室。不久,便跟随总设计师徐芑南,投入我国首台大深度载人潜水器"蛟龙"号的研制工作中。他担任"蛟龙"号的总布置主任设计师,还兼任试航员,代表徐芑南驾驶"蛟龙"号深潜到超越7000米的设计海深,创造了同类型潜水器深潜的世界纪录。当"蛟龙"号从太平洋深处凯旋时,盛大的欢迎庆典在青岛深海基地举行。叶聪与其他7人一起,被中共中央、国务院授予"载人深潜英雄"荣誉称号。

光荣属于昨天,奋斗还将继续。此后不久,"蛟龙"号研制团队又开始了潜深定为4500米的"深海勇士"号的设计制造工作,目的是在工艺、材料等方面实现全面国产化,为进一步研制全海深万米载人潜水器打下坚实基础。

2016年春,科技部启动了"全海深万米载人潜水器"总体设计、集成与海试项目。经过一番"过五关斩六将"的评审,中国船舶集团第702研究所最终成为研制牵头单位。同时,在科技部的组织协调下,曾经配合"蛟龙"号和"深海勇士"号研制的合作者:中国科学院声学、金属、理化、能源、自动化和深海科学与工程研究所、中船重工(现中船集团)第712研究所、国家深海基地管理中心等单位也吹响了集结号,准备同心协力,打一场轰轰烈烈的攻坚战。

二

那么,什么是全海深?为什么要研制全海深万米载人潜水器?

根据国际惯例,海洋1000米深度以下叫深海,6000米深度以下叫深渊。地球上约84%的海洋深度大于1000米,但深渊只有1.2%左右。目前,人类在海洋中的活动主要集中在沿海和浅海区域,能够到达深渊的人少之又少,对深海的研究和认知比对太空的认知要少很多。20世纪末,只有4个国家研制出了进入深海的载人潜水器,但一般下潜深度为6500米左右。21世纪初,我国的"蛟龙"号横空出世,创造了载3人下潜7062米的世界纪录，从而让我国具备了在98%以上海底进行科学考察的能力。

全海深，顾名思义，就是载人潜水器抵达海洋的最深极点——马里亚纳海沟沟底。深海中有大量的油气、矿产和生物资源，等待人们去探测、开发、利用。有关人类起源、生物进化、地质演变等研究，也有可能在这片土地上找到答案。全海深万米载人潜水器若能研制成功，就意味着全球海洋的任何地方，我们都有能力去科考；也意味着，我们将为人类认识深海、开发深海，贡献中国力量。

但是，全海深万米载人潜水器的研制工作难度极高，涉及设计技术、材料技术、密封技术、工艺技术、通信技术、安全技术、集成技术、试验技术等，每一项都是巨大挑战。其中，最关键的部件是载人舱。因为人类想要进入深海，水的压强是最大的敌人。科学家计算过：在海洋里每下潜10米，便增加1个大气压，照此类推，下潜1000米则为100个大气压，如果深入海底1万米，那就是1000个大气压，相当于在指甲盖大小的地方，压上几辆载重汽车。如果没有防护措施，人到了这样的地方，瞬间会被压成纸片。所以，载人潜水器首要考虑的，就是载人舱的安全性。

当初我国研制"蛟龙"号时，曾学习借鉴了国际上的成功经验：将载人舱设计成球形。这种形状受力均匀，再用抗压特别强的"钛64"合金做外壳。但因国内缺乏有关材料和工艺技术，只能委托国外机构生产制造，然后像缝制篮球似的，将钛合金冲压成一个一个"瓜瓣"，拼成一个半球，然后两个半球合成一个整球。后来，在"深海勇士"号国产化时，认识到这种工艺落后了，尤其是因为有多条焊缝，存在一定风险。于是，我们的研制团队在科技部统一协调下，联系中科院金属研究所和专业化科研生产稀有金属品的国内某集团，研发了将板材直接成型为两个半球，而后焊接为一体的工艺路线。

这项研发大大降低了载人舱的风险系数,然而,那只是适用于下潜4500米的深度。而今到了全海深,压强要高出整整一倍还多。一方面要承受万米海底的极端压力,另一方面要满足搭载3人的更大空间设计。这个载人舱无疑要求更高、制造更难,连钛64合金都无法满足要求了。

要想解决载人舱材料难题,就需要研制一种更高强度的新型钛合金。2014年,也就是全海深万米载人潜水器立项的两年前,中国科学院实施了战略先导科技专项,位于辽宁沈阳的金属研究所对深潜材料与制造工艺展开调研论证,研究员杨锐、马英杰、雷家峰等人承担了这项重任。那时候,有3只"拦路虎"横在他们面前:一是耐压材料,二是压制成型,三是无缝焊接。这就需要联合国内一家钛合金公司和焊接研究所,通力协作,共同推进。

不用说,潜水器载人舱的进展一直牵动着总设计师叶聪的心。他一趟一趟从无锡飞往北京、沈阳、宝鸡等地,与科技部、中科院有关专家一起,协调研究事项,把控工期进度。那是一段怎样的日子啊?没有节假日,也没有上下班的概念,甚至不知道季节的更替,只看到窗外的树叶绿了又黄了,黄了又绿了。

经过无数次试验,沈阳金属研究所终于找到了成功之路:将海绵钛和铝、钒等混合在一起,通过大功率压力装置,压制成钛合金电极,然后放在熔炼炉里面,再经多次真空熔炼,炼成符合条件的钛合金铸锭,命名为"Ti62A"。接着,他们用这种材料,在车间里做了几十万次冲压试验,最终形成比较先进的一套大厚度载人球舱制造检测方法。为了保证严丝合缝,他们又设计了两种不同的焊接方案,计划用两个球舱来试制。

百折不挠,勇攀高峰,正是深潜科研工作者们可贵精神的体现。经过近半年的不断试验,不断改进,2019年6月17日,精心优化的第二种焊接方案终于试验成功，随后开始在中国船舶集团第725研究所焊接。随着一阵阵"哧哧"电子束焊声，工程单位一次性完成载人舱赤道缝焊接工作，焊缝质量和强韧性全面达到设计要求。由此，通过采用自主创新的钛合金新材料和焊接工艺，我们建造了世界最大、潜海最深、搭载人数最多的潜水器载人舱。

三

科研路上犹如怒海行船，闯过一个惊涛，又会迎来另一个骇浪。

载人舱建成了，能不能经受万米海水的压力呢？要知道，全海深万米载人潜水器是要到世界第四极——马里亚纳海沟下潜。那里已知最深处为11034米，黑暗寒冷，水压达110兆帕，即人们常说的1100个大气压，被称为"黑暗禁区"。潜水器必须在陆地上经过完备的抗压检测，达标后才能真正投放到海底去，这就需要有一个"深海超高压模拟试验装置"。

这又是一个难关。由于载三人全海深万米潜水器本身就是全球唯一，那么这样的模拟试验装置也就无先例可循，完全需要自主研发设计建造。但这也没有难住我们的科研工作者，他们就是有迎难而上的气魄。就在全海深万米载人潜水器项目启动的同时，研制"深海大型超高压模拟试验装置"的重任也落在了四川航空工业川西机器有限责任公司和中国第二重型机械集团公司德阳基地肩上。为此，他们专门成立攻关组，拿出了自己的设计方案。

这是一个个头极大的模拟装置，三组操场形状的机架直立，中间包裹一个高4.8米、内径2.8米的大圆筒，里面可自动升降压，这就是压力舱，载人球壳就将放在其中试验。建成后，将可模拟最大作业深度1.1万米的深潜项目，承受最大180兆帕的工作压力，满足万米深度背景下大容积、超高压力的测试需求,为全海深载人和无人潜水器的压力试验提供技术支撑。位于海南三亚的中科院深海科学与工程研究所是这一试验装置的用户单位。

可是,从四川德阳到海南三亚,相隔"千山万水",这样一个大家伙运输起来十分不便。即使运来了,万一有个问题,需要返修加工,时间就全耽误在路上了。

当机立断,中科院深海科学与工程研究所做出了将工厂"搬"到三亚的决定:就地建一个临时车间,现场制造安装这套装置。

此外,深海下潜所需的固体浮力材料全部需要进口,而欧美国家在关键部位实行禁运。中科院理化研究所研究员、女科学家张敬杰勇挑重担,带领研究团队夜以继日、奋斗不休。团队一边科研,一边生产,工作量巨大,失败也接踵而至。在研究的前期,研究团队每天都是在打击中度过的。望着堆成小山似的废品,张敬杰不断地给伙伴们打气:"坚持住!胜利就在不远的前方!"

终于,在全所上下团结协作、奋力拼搏下,技术难关被攻克,最终实现了固体浮力材料深海化、国产化。

一晃4年过去了,闯过重重难关,全海深万米载人潜水器各项指标终于全部合格,并且在2020年春天经历了总装联调、水池试验,具备了海试条件。

四

2020年6月19日,中国的全海深万米载人潜水器正式被命名为"奋斗者"号。

紧接着,"奋斗者"号团队开始了海试征程。中国船舶集团第702研究所副所长、总设计师叶聪出任海试总指挥,第一批潜航员由张伟、叶延英、杨波、赵兵等人担任。经过第一阶段在南海下潜4500米检测成功之后,他们将挺进太平洋马里亚纳海沟。

若把南北极称为地球的第一、第二极地,珠穆朗玛峰为最高极——第三极地的话,那么马里亚纳海沟就是最深极地——第四极。它位于太平洋西部马里亚纳群岛以东,是一条洋底弧形洼地,长约2550公里、宽69公里,平均水深在8000米左右,极点为"挑战者深渊",深度为11034米。也就是说,把8848.86米高的珠穆朗玛峰放在里边都填不满。

这里黑暗、冰冷、压力巨大,环境条件极其恶劣。我们的"奋斗者"号并非仅仅作短暂停留的探险型潜水器,而是工作型的,需要搭载三人潜入万米海底,能够自主巡航与科学考察。空间大、时间长、乘员多,难度远远超过世界类似深潜器。此次前往"挑战者深渊"海试,就是对这台全海深万米载人潜水器性能的全面验证。

按照计划,海试关键词是"双船双潜"。"双船",是为"奋斗者"号深潜护航的双母船——"探索一号"和"探索二号";"双潜",是两台潜水器:一个是主角"奋斗者"号,另一个则是它的"御用摄影师"——深海视频着陆器"沧海"号。

2020年10月10日上午,三亚南山港码头鼓乐喧天,一个隆重而热烈的启航仪式在此举行。随着一声长长的汽笛鸣响,"探索一号"和"探索二号"满载着人们的祝福出征了。首先,"探索一号"搭载"奋斗者"号前往马里亚纳海沟海试;随后,"探索二号"搭载"沧海"号与它会合。

10月21日,海试团队到达预定海域,当天便进行了适应性下潜。此后5天,连续进行5次大深度下潜,从5454米一直到9163米,均获圆满成功。

激动人心的一天到来了,10月27日,"奋斗者"号将首次突破万米大关。由海试总指挥叶聪、主驾驶叶延英、声学设计师刘烨瑶执行这个光荣的任务。这不仅仅是一个深度从4位数到5位数的变化,而且是中国人要逼近地球最深海底,挑战极限。

"各就各位,准备下潜!"

"明白,下潜人员已就位!"

"报告一号,船舶准备完毕,距离布放点6米!"

"报告一号,水面支持系统准备完毕!"

随着一系列口令下达,载着"奋斗者"号的轨道车移动、保障人员拆除限位销、挂主缆、起吊、挂龙头缆、布放入水。预先等候在小艇上的试验员,适时冲上去解除主缆副缆。潜水器逐渐漂离母船尾部。潜航员在舱内进行水面检查,确认各项设备的状态。

"一号、一号!'奋斗者'号一切正常,水声通信已建立,请示下潜!"

"一号明白。下潜!"

现场指挥部一声令下,漂浮在海面的潜水器,瞬间便如游鱼一样潜入水下。主驾驶叶延英坐在中间,叶聪和刘烨瑶分坐两边注视着观察窗和各项设备。潜水器以每分钟60米的速度下潜,光线从蓝色慢慢变暗,在微光相机里能看到一些发光的浮游生物在游动。深度值在不断增加,3个小时之后,多普勒测速仪、避碰声呐先后显示距底高度为130米左右。叶延英开始抛载,叶聪眼睛一眨不眨盯着仪表盘,刘烨瑶通过水声通信语音向母船汇报:"'奋斗者'号已突破万米深度,目前已抛载,准备坐底。"

"太好了!祝贺你们,祝贺我们的深潜事业!请密切关注潜水器状态,保证各方面的安全!"

"坐底"是指潜水器安全、主动落至海床上。海底越来越近了,10

米、7米、5米……在照明灯光下,海底清晰地呈现在3位潜航员眼前。万米海底是如此深邃和静谧,随处可见透明的海参、海绵等,不由得让人感叹生命力的顽强。叶聪十分兴奋,但他没有表露出来,而是叮嘱同伴调节潜水器均衡、近底航行观察、做好相关的试验记录。

深度10058米!中国人首次到达万米海底了!

消息传到母船"探索一号"指挥部里,正在屏幕前观看的队员们鼓掌庆贺!

随后,在10月30日,11月2日至5日,"奋斗者"号又分别4次超过一万米下潜,进一步验证和巩固了深潜成果。11月10日,中央广播电视总台对"奋斗者"号深潜海底进行了现场直播。这一天,"奋斗者"号亦成功抵达海底,坐底深度10909米,刷新了中国载人深潜的新纪录。

五

2020年11月28日,"探索一号"搭载海试成功的"奋斗者"号返航,人们在海南三亚南山港码头举行了盛大的欢迎仪式。

至此,自"十三五"以来,科技部会同中国科学院、中国船舶集团,组织近百家科研院所、高校、企业的近千名科研人员,经过艰苦攻关,成功完成了"奋斗者"号的研制工作。在马里亚纳海沟海试中,13次下潜,其中8次突破万米,标志着我国在大深度载人深潜领域达到世界领先水平,标志着中国的深潜事业从跟跑到并跑、再到领跑的世纪性大跨越。

当记者请叶聪谈谈感受时,这位年轻老成的深潜科研工作者既豪迈又谦逊地说:"我觉得不能用这5年来讲深潜的故事,应该用20年甚至更长一些时间。我们从没有深海装备到有深海装备,从无人深潜到载人深潜,从简单作业到复杂作业,是老一辈科学家们用肩膀托起来的。我们既要牢记传统又要开拓创新,所以'奋斗者'号远远不是终点,应该说,我们刚刚打开了深海的一道门缝……"

是的,深海的门缝已经打开,更多的光荣与梦想正等待着人们去奋斗、去争取!

无悔的事业　坚守的力量

黄传会

2020年6月23日。

西昌卫星发射中心，云雾缭绕，细雨绵绵。

发射塔上，长征三号乙运载火箭再一次闪亮登场，整装待发，箭体上"中国航天"四个大字，格外耀眼夺目。

同在这个发射场，同是这个发射塔，2000年10月31日，北斗一号首颗卫星腾空而起，拉开了我国北斗卫星导航系统建设的精彩大幕。

北斗系统共有55颗导航卫星。这一天即将发射的是收官之星，这颗卫星发射成功后，北斗三号全球卫星导航系统星座部署将宣告全面完成。

这是一次具有关键性意义的发射；

这又是一次具有标志性意义的发射。

那天，远在海南文昌卫星发射中心，一位老师傅眺望西北方向，眼中充满着关注和期待。

他是中国空间技术研究院502所推进系统部燃料加注高级技师白崑顺。

1972年，17岁的北京小伙子白崑顺，从地坛中学毕业，正赶上总字875部队招工。他以为去部队就是当兵，立即报了名。没想到所谓的部队，原来是个研究室（502所），是研制卫星的。他成了一名加注工，负责给卫星加注燃料。

白昆顺的师傅叫吴文跃，话不多，整天只知道埋头干活。上班没几天，师傅忽然问他："干咱们这种活儿的，听说过人家背后是怎么叫咱们的？"

白昆顺不解地摇了摇头。

"与魔鬼打交道的人。"师傅闷声闷气地说。

师傅告诉他，如同要给行驶的汽车加油一样，卫星在发射升空前，必须加注氧化剂和燃烧剂。氧化剂四氧化二氮，分解为二氧化氮红棕色气体，有剧毒；燃烧剂甲基肼遇明火、高温极易爆炸。

见白昆顺吓得脸都黑了，师傅又改口说："害怕啦？没那么邪乎，我干了好几年了，不还是好好的。"

第一次给卫星加注，消防车、救护车鸣着笛，拉着消防队员、急救人员来到现场。一见那架势，白昆顺的心跳不由得加快了。

"燃料到位，仪器预热！"

"一切到位，准备加注！"

"一岗准备完毕！"

"二岗准备完毕！"

"加注！"

一次加注，要有8个人协调操作，100多条口令，300多个管路连接点，50多个阀门，阀门操作数百次……

从早晨7时一直加注到夜里11时，白昆顺跟着师傅，跑前跑后，内衣全都湿透了。

每次加注必须先去大山的库房里，将燃料卸到冷藏车上，再运到加注厂房。这时候，师傅会爬到两米高的大罐框架上，指挥徒弟各就各位，各司其职。白昆顺发现每到这个过程，师傅立马变得更加小心翼翼，两眼瞪得老大，注视着储罐的仪表。既要控制温度，还不允许丝毫泄漏。

"加注！"

"一号给储罐加压！"

"打开S1！"

"S1已打开！"

"JY1！"

"JY1已调好！"

加注完毕，白崑顺便和大伙一起等待那激动人心的时刻到来——卫星发射。由于隔着一座小山，其实每次发射，他看不见火箭升空的情景。白天发射只听得一声轰响，一阵山摇地动。夜晚发射可见一片火光，染红半个天空；几秒钟后，大地复归寂静，天上的月亮还是月亮，星星还是星星。

白崑顺能吃苦，又愿意动脑子，他把师傅教的都悄悄记在脑子里，把所有的流程都默默融化在心间。几年打磨下来，成了一名备受信任的加注技师。他也从"小白"变成"大白"，每次发射前，总师都会问："大白来了吗？"

说起"大白"这个称呼，还挺有趣。也是巧了，白崑顺他们科室有5位姓白的师傅，有时外面来电话，说"找白师傅"。接电话的问："您找哪位白师傅？我们这儿有5位姓白的师傅呢。"为了便于区别，加上白崑顺年龄最大、资历最深，于是被称为"大白"。更重要的是大家钦佩他的技术，"大白"成了一种敬称。

此后，每发射一颗卫星，白崑顺都要去西昌一次。有时待一两个月，有时待小半年，最长的10个月。西昌成了他的半个家乡。一出协作楼大门就是麻叶林村，待久了，白崑顺跟村民们成了朋友，村民们都知道这位给卫星加注燃料的"白师傅"。村里有所希望小学，晚上闲时，白崑顺喜欢去希望小学转转，与老师们聊天。老师们最喜欢听他聊火箭和卫星，火箭为什么有那么大的力量，卫星在天上怎么不会掉下来，北斗是干什么用的……有些白崑顺能回答，有些他也答不上来。他手勤，经常帮助学校干点修修补补的活儿。他热心肠，村里有老乡到北京办事，他忙前忙后全程陪同。二三十年下来，村民们与这位"白师傅"的感情愈加深厚。

不知从什么时候开始，白崑顺有了写日记的习惯，每发射一颗卫星，他都要写一篇日记：当天的气候，什么星，何日进厂，何时开始加注，加注了多长时间，加注什么燃料，出现什么情况，等等。

每写完一篇日记，白崑顺心里便有一种满足感。他会把几位徒弟聚拢在身旁，说道说道，说说这位的优点，道道那位的不足，徒弟都服他。不知不觉间，他已经积累了20多本《工作日记》。徒弟说："师傅啊，等您退休的时候，把这些日记本放到中国航天博物馆里展览，让全国人民都知道咱们加注工的伟大。"白崑顺瞪了他们一眼："哪有那么多伟大？咱们就是普普通通的加注工。"

那天傍晚，在协作楼外，北斗二号工程副总师李祖洪双眉紧拧，不知道在想什么事，一抬头，看见白崑顺。

"哟，大白师傅来了，您是什么时候到的？"

"李总，我不是跟您一起来的吗？"

"哎呀，你看我这脑子，一忙，忘了。大白啊，您一出马，大家就放心了。"

北斗卫星发射至今，白崑顺已经一颗不落地跟了下来。

李祖洪这么看重他，白崑顺心头一热，马上说："李总，您放心，加注队会努力的，决不会拖试验队的后腿。"

白崑顺经常对徒弟们说："干咱们这种活儿的，一是不怕吃苦，二是要心细。一颗卫星几亿、十几亿元，那都是老百姓的血汗钱。更要紧的是，每颗卫星都特别重要。所以，说千道万，活儿得干好，绝不能在咱们这里出问题。"

李祖洪问："大白，你来西昌有多少回了？"

白崑顺想了想："应该有几十次了，记不清了。"

李祖洪又问："一共打了多少颗星？"

"那天算了算，差不多五十几颗吧。"

"五十几颗，哦，不少啊。"

李祖洪望着站在眼前老实厚道的白崑顺，不由得有些感慨。发射一颗卫星，卫星系统、发射系统、测控系统……牵连着多少科技人员啊。同时，还有许多技术工人参与其中。他们像白崑顺一样，坚韧、勤劳、刻苦，默默无闻地坚守在自己平凡的岗位上。庆功会上，很少出现他们的身影；功劳簿上，常常忘了给他们写上一笔。什么名啊利啊，似乎从来与他们无缘。

白崑顺欲言又止，最后，还是说了："李总，我想跟您汇报个小打算。"

"大白，说说，有什么打算？"

"我想到退休那一天，争取能打完80颗星。"

"80颗？"李祖洪一听，马上说："大白，你这个目标定得低了点。北斗这么大的工程，接下去要打的星很多。你的目标应该定得更高些。"

"更高些？多少合适？"白崑顺自言自语。

"图个吉利，百发百中，争取打它100颗星，怎么样？"

"100颗？那么多，达不到吧？"

"没问题，您肯定可以打100颗。"

白崑顺下了决心："老领导说了，那就打100颗星吧，听您的！"

李祖洪握着白崑顺的手,说:"好,大白,一言为定!"

白崑顺双眉齐展,搓着双手,显得有些激动。

2014年,白崑顺到了退休年龄,正准备办手续。

所长听说后,征求他的意见:"大白,现在任务这么紧,活儿这么多,您不能退,再返聘3年吧?"

白崑顺说:"您让我干,我就干。"

3年后,返聘期到了,新所长上任。

新所长对白崑顺说:"白师傅,我刚接手,情况不熟,您不能退,再干3年吧。"

白崑顺默默地穿上工装,什么话也没说。

北斗工程密集发射,让白崑顺一步步接近了自己定下的"打100颗星",也就是"为100颗卫星加注"的目标——每每想到这个宏伟目标时,白崑顺心里便有一股热浪在翻滚。

北京—西昌!

西昌—北京!

那天夜里,又一颗北斗卫星成功发射,白崑顺从西昌回到北京。

那次走之前,家里新装了指纹锁。

回到家门口,白崑顺用手指摁了一下指纹锁,没反应;又摁了一下,还是没反应。他换了只手,摁了,再摁,依然没反应。

白崑顺纳闷了,走之前试了好多次,好好的,现在怎么就进不了门了?

白崑顺只好敲开了门。

儿子问:"爸,您怎么不摁指纹?"

"摁了啊,没反应。"

"不可能,我们都行,挺好使的。"

"不信？我试一次给你看。"白崐顺说。

儿子关上门，白崐顺试了几次，先用左手，又用右手，门还是打不开。

儿子疑惑不解。

白崐顺也是一脸疑惑。

儿子抓过白崐顺的手，仔细地看着，忽然，明白了："爸，您的指纹都已经磨平了，怎么开得了门？"

白崐顺把双手举在眼前，仿佛第一次见到似的，慢慢看着。他有些不敢相信，这是自己的手吗？伤痕累累，粗糙得像是两把钢锉。再定睛一看，没错呀，分明是自己的双手……

他叹了口气："唉，这双手整天与有毒的燃料接触，一层层脱皮，把指纹也磨平了。"

忽而，白崐顺自言自语道："儿子，爸爸同卫星打了大半辈子交道，整天脑子里想的就是卫星，现在成了回不了家的人了……"

儿子劝慰道："爸，您怎么就回不了家了？明天，我换上原来的门锁不就得了吗。"

白崐顺期待着将北斗最后一颗星，顺顺利利送上太空。可院里一个电话，将他招到海南文昌卫星发射中心。长征五号火箭即将发送第三星，总师点名要"大白"去加注。

航天系统带着军队的作风，一切服从命令听指挥。

白崐顺到了文昌，他的心却在西昌。

隔个一两天，白崐顺就要与在西昌的徒弟王国超、郭欣羽微信联系，一再对他们说：这是北斗最后一颗星，马虎不得，一定要小心谨慎！

"师傅，您已经说了无数遍了，我们都牢记在心里了。"

自己不在现场，白崑顺还是觉得有些不踏实。他又叮嘱王国超："我们都是共产党员，这时候最应该发挥党员的先锋模范作用。"

王国超回答道："师傅，我懂得，请您放心！"

白崑顺有些感慨："能为国家的航天事业出力，多幸运啊。你们一定要珍惜机会。师傅老了，打不了几颗星了……"

白崑顺在心里默默祝福北斗的收官之星发射成功……

如今，这一天终于到来！

6月23日上午9时43分。

"10、9、8……3、2、1，点火！"

伴随着山呼海啸般的巨响，长征三号乙运载火箭拖带着耀眼的尾焰，以雷霆万钧之势腾空而起，托举着北斗三号最后一颗组网卫星飞向太空。

观礼台上，来自抗疫前线、扶贫一线、航天战线的代表们，挥动手中的国旗，高唱《我和我的祖国》，久久不愿离开。

仰望长空，白崑顺的脸上露出了欣慰的神色。

从文昌回来，白崑顺成了一名真正的退休老人。

48年，近半个世纪的加注工生涯，汗水伴随着辛劳，平凡蕴含着伟大。

至今，白崑顺遇到老同事或自己的徒弟，还常常念叨："这辈子，我一共加注了97颗卫星，最大的遗憾是，没能实现送100颗卫星上天的目标……"

为了那一碧万顷

秦 岭

"先天下之忧而忧,后天下之乐而乐。"这是当年范仲淹笔下有关"八百里洞庭"的千古绝唱。自古以来,洞庭湖以广揽湘、资、沅、澧"四水"的情怀和吞吐万里长江的气概,抚育了无数杰出儿女,谱写了一曲曲人间壮歌。

2019年1月19日,一位年仅46岁的洞庭之子——余元君倒下了。他随身携带的党费证,记录永远停留在2018年12月的最后一笔党费。

余元君,生前系湖南省水利厅副总工程师兼洞庭湖水利工程管理局总工程师。

一

一湖洞庭水,多少天下事。新中国成立以来,洞庭湖区是全国著名的商品粮基地,也是湖南省粮棉等经济作物的重要生产基地,更具有天然的、无可替代的调蓄功能。

洞庭湖是一块宝地,可这块宝地并不平静。1972年出生于湖南省临澧县荆岗村的余元君,从小就见证了旱涝无常带给洞庭湖区乡亲们的种种困难。"男儿立志出乡关。"1990年参加高考的他毅然选择了天津大学水利水电工程专业。为了不给贫寒的家庭增添负担,他挤出课余时间做家教、摆地摊,弥补学费不足。当年的同学至今记得余元君苦读攻关的情景：两个馒头，一包榨菜，机房里一待就是一整天。在做毕业设计时，他是全年级唯一一个选择用计算机编程做拱坝应力分析课题的学生。

大学毕业后，余元君婉拒了多家单位的工作邀请。他说："故乡，有我的'母亲湖'。"从此，湖南省水利系统多了一个"拼命三郎"。

洞庭湖水情复杂，余元君迎难而上，在湖区披星戴月、摸爬滚打。从普通技术员到业务骨干，再到复合型领导干部，余元君身份不断调整、变化的背后，是"俯首甘为孺子牛"的任劳任怨和"天地为栏夜不收"的拓荒前行。

多年来，余元君身兼省水利厅副总工程师、洞庭湖水利工程管理局总工程师，同时还负责洞庭湖重点工程的建设和管理。他主持或分管的工作，都是水利系统难啃的"硬骨头"、难跨的"铁门槛"。但是，不管多硬的"骨头"，他都要千方百计啃下来；不管什么样的"门槛"，他都要想方设法跨过去。

"一年365天，余元君有一半多的时间是在湖区度过的。"岳阳市君山区水旱灾害防御事务中心主任段先强对我说："他腿勤，经常深入一线。"

我从余元君的工作日志中发现，仅1999年这一年，余元君就出差101天，加班96次。"纸上得来终觉浅，绝知此事要躬行。"余元君不满足于稳坐"中军帐"推演沙盘。他风里来、雨里去，行走四方，在湖区堤防建设中推广刚刚开发的新技术、新工艺、新材料。他说："这些新东西如果不亲自过目、动手，我睡不安稳。"参加工作25年来的9000多个日日夜夜里，他几乎踏遍了湖区的每一寸堤段，足迹遍及洞庭湖3471公里一线防洪大堤、226个大小圩垸、11个重点垸、24个蓄洪垸……

湖南省水利水电科学研究院的同志给我讲述了余元君生前最后3天的工作轨迹：

1月17日下午，余元君从长沙母山基地奔赴岳阳市华容县城；18日上午，从华容县城辗转禹山镇，再从禹山镇赶往罗帐湖口，然后从罗帐湖口返回华容县城；下午，从华容县城赶赴东淴村，再从东淴村返回华容县城；19日上午，从华容县城赶往君山区钱粮湖垸分洪闸建设工地；下午4时7分左右，余元君心脏病突发，5时20分，医生宣告不治……

短短3天，他的行程多达600公里，每次就餐只有十几分钟，还连夜开会……在这生命的"倒计时"里，余元君主持或参与的工作有20多项。从这样一份行程表中，我似乎看到了余元君短暂一生的投影。而这段绵密、厚实、清晰的投影，正是他用生命为"只争朝夕"做出的注解。

二

余元君为洞庭湖倾注了大量的心血。天道酬勤，他也成为这方面有口皆碑的行家里手。

余元君有许多拿手的绝活儿。比如给他一支笔、一页纸，他就能勾勒出洞庭湖不同区域的水系图、工程分布图，而且速度快、位置准、数据实。有次上级领导深入现场调研，他立即手绘出一张洞庭湖重要堤垸、大型泵站、涵闸等水利工程的具体位置图，并标注了相关数据。领导愕然，惊问："这功夫，怎么练出来的？"

"比起老一辈'洞庭人'，我真的不算什么。"余元君谦虚道。

"洞庭人"，是余元君时刻谨记并始终生动诠释的身份。他常在党课中讲，当年，前辈"洞庭人"在极其艰苦的条件下，骑着自行车、划着小船，甚至用双脚一步一步丈量洞庭湖，用双手一笔一笔绘制工程图。我们如果丢掉本色，忘记初心，再强的技术革新，也只能事倍功半。

关于湖区治理，余元君说："要像绣娘绣花一样，一针一线都不能马虎。"关于防洪,他说:"要像防猛虎一样,时刻厉兵秣马。"关于学术,他说:"要用撞破南墙不回头的劲儿,钻!钻!钻!"为了掌握第一手资料,余元君总是亲自到现场走访踏勘,决不放过任何一个细节。段先强告诉我,洞庭湖曾经有一段大堤,治理期间需要对老的、破的、小的涵洞实施拆除或除险加固,余元君常常亲赴现场。其中有一处污水自排闸,洞内污水横流、臭气熏天。大家劝余元君不必亲自进去了。余元君说:"没有调查,怎能有发言权?"说完,匆匆穿上雨靴,拎起手电筒,钻进了漆黑的涵洞。

余元君从涵洞里出来的时候,浑身脏污,散发着刺鼻的臭味儿。当余元君卷起裤脚时,段先强才发现,余元君的腿部出现了大片红斑。

余元君有一双察险情、辨隐患的火眼金睛。2017年6月、7月间,湘江和洞庭湖一带普降大雨,余元君多次顶风冒雨深入现场查看,用眼睛对湖区进行地毯式"扫描",彻夜加班拿出了一份数据翔实、计算可靠的分蓄洪备选方案,为省防指决策提供了坚实的技术支撑。

余元君脑子快。他通宵达旦撰写的数十篇关于洞庭湖治理的论文,曾获得省级奖励。繁忙的工作之余,余元君不忘"充电",攻读完硕士学位后,又向博士学位发起冲击。他告诫下属:"紧跟世界科技防洪治理前沿,知识就是引擎。否则,我们的知识结构就会落伍。"

技术,是现代水利工作的关键。大家在技术方面有什么难题、困惑和症结,余元君不仅有求必应,而且主动"传帮带"。2017年,全国河道修防工职业技能竞赛在郑州举行。赛前,余元君亲自抓培训,并陪同技术能手开展野外训练,最终取得佳绩。

2017年,某设计单位对一项除险加固工程中的防渗方案拿不准,特邀余元君把脉。在余元君的指导下,设计单位对工程方案进行比选,最终确定的方案不仅节约了近1500万元,而且稳稳妥妥经受住了汛期的考验。

"行走的洞庭湖水利百科全书"——这是大家送给余元君的雅号。

三

中国有句老话:"常在河边走,哪能不湿鞋?"余元君常走的岂止是"河",那可是数千平方公里的湖啊!可是,余元君湖边行走20多年,从未"湿鞋"。

这些年来,国家综合治理大江大湖的各类建设项目、资金逐年增加。余元君光是经手的资金就有上百亿元,而且还长期主持技术评审、招投标。为了像守护洞庭湖一样牢牢守住廉政这道大堤,切实加强项目监管,他尽量减少项目法人与项目承建单位的直接接触。有人托关系找到余元君,他总会说:"还是让合同说话吧。"

余元君兄弟姊妹9人,他排行第七,哥嫂均在外打工。修建于20世纪90年代的两层简陋砖混房,在荆岗村算是比较差的。余元君的一个亲戚是个小包工头,希望通过余元君承揽一些水利工程,结果被他一句话挡了回去:"免谈。"

在荆岗村乃至周边县乡,几乎人人都知道余元君是唯一在省城长沙"干大事"的荆岗村人。对于村里的公益事业,余元君一向非常支持,逢年过节返乡,都要自掏腰包给孤寡老人发红包,老人们心里都暖暖的。2007年,村里向在外就业的乡贤筹资修路。大家都盼望通过余元君,让省水利厅支持一把。但余元君对村支书说:"我支持修路,但找领导的事儿,你就别难为我了。"

那次,余元君自掏腰包,先后拿出了5万元。这对当时的余元君来说不是小数目——那时他的孩子才刚刚出生,正是需要花钱的时候。

受余元君影响,他的两个侄子先后考入了大学。余元君三哥的儿子余淼，在大学里读的也是水利专业，毕业后一直在一家施工公司做临时工，并没得到叔叔在工作上的"照顾"。但余元君常激励他："只有自己走，才能走出自己。"

余元君深爱着自己的妻子和儿子，可一家三口的"全家福"仅有两张。2018年，余元君第一次休年假陪妻子、儿子远游的首选地，却是四川的都江堰。他对妻子感慨："都江堰修建2000多年了，仍在发挥作用。洞庭湖的工程也要像都江堰一样修成精品。"

为了这样的愿景，余元君真正做到了鞠躬尽瘁。他用年轻的生命谱写了又一曲中国水利人践行使命的壮歌，与范仲淹笔下"上下天光，一碧万顷"的滔滔洞庭湖构成了岁月的共鸣。

2019年，余元君被追授"时代楷模"和"最美奋斗者"荣誉称号。

向宇宙深处进发

王宏甲

2016年9月25日,国家重大科技基础设施500米口径球面射电望远镜落成启用。中共中央总书记、国家主席、中央军委主席习近平发来贺信,向参加研制和建设的广大科技工作者、工程技术人员、建设者表示热烈祝贺和诚挚问候。习近平总书记在贺信中指出,500米口径球面射电望远镜被誉为"中国天眼",是具有我国自主知识产权、世界最大单口径、最灵敏的射电望远镜。它的落成启用,对我国在科学前沿实现重大原创突破、加快创新驱动发展具有重要意义。

从此,"中国天眼"成为中国老百姓叫起来朗朗上口、充满自豪感的名字。

一

2021年3月31日,"中国天眼"正式对全球科学界开放。

它是世界最大单口径、最灵敏的射电望远镜。它首次发现脉冲星是在2017年8月22日,那时候南仁东正在生命的最后一段时光里。

而截至2021年3月29日,通过"中国天眼",我国已发现300余颗脉冲星。

为什么特别说到脉冲星?

"脉冲星就像宇宙中的灯塔。由于它精准的规律性,脉冲星还被认为是宇宙中最精确的时钟。"南仁东曾这样说。

想象一下，就像你在大海上看到灯塔上的航标灯，航标灯不断地旋转着，一明一灭。脉冲星自转时发出的光，就像灯塔的光束不断地扫过太空。当它的光束直射到地球时，就是用射电望远镜能探测到的脉冲星信号。

再想象一下，人类进行深空探测、星际航行，如果飞往火星，或飞出太阳系，甚至飞出银河系，那是无法用地球上的定位系统去导航的。如果确知分散在宇宙中的很多脉冲星的位置，就可以通过它们来定位和导航。同理，当人类发射飞船去火星或更遥远的地方，在行程中发回脉冲信号，"中国天眼"就能接收到它的信号，并判断它的位置。

"中国天眼"的功能远不只是寻找脉冲星。按中科院国家天文台的权威说法，"中国天眼"的设计综合体现了我国高技术创新能力。它将在基础研究众多领域，例如在宇宙大尺度物理学、物质深层次结构和规律等方向，提供发现和突破的机遇；它还将推动众多高科技领域的发展，提高原始创新能力、集成创新能力和引进消化吸收再创新能力。

在20世纪结束的时候，中国最大的射电望远镜口径只有25米。相比美国350米口径的阿雷西博射电望远镜，差距巨大。时隔16年，"中国天眼"，这个500米口径的球面射电望远镜横空出世，一举挺进到人类探测宇宙奥秘的最前沿。那么，它是怎样出现的？

南仁东就是"中国天眼"的原首席科学家兼总工程师。2018年12月18日，中共中央、国务院授予南仁东"改革先锋"称号。2019年9月17日，国家主席习近平签署主席令，授予南仁东"人民科学家"国家荣誉称号。同年9月，坐落在贵州的"中国天眼"基地被中宣部命名为"全国爱国主义教育示范基地"，也是全国中小学生研学实践教育基地。

二

吉林省东辽河上游的辽源，是南仁东的家乡。1945年2月19日，南仁东在这里出生。

少年南仁东爱看"小人书"，口袋里有几分钱就会到出租连环画的书摊去。有时口袋没钱，摊主也让他免费看。一个人小时候对"不知道的事物"充满兴趣，眼界和情怀都会在阅读中悄悄地生长。

南仁东读书成绩不错，但直到上了初中，也只是不错，并不很突出。有位名叫赵振声的老师观察南仁东，认为这个学生无论从哪方面看，都应该出类拔萃呀！一个星期天，赵振声把南仁东叫到家里"谈了一天"。谈什么？就是鼓励南仁东将来为国家做贡献。南仁东考上大学后，曾特地去看望赵老师。他一生都感激赵老师在他15岁的那个星期天，打开了他的人生之志。

人生之志！这是中华文化弦歌不辍的精神瑰宝。"古之立大事者，不惟有超世之才，亦必有坚忍不拔之志。"心中有没有志，学习是不一样的。18岁那年，南仁东参加高考，以吉林省理科第一名的优异成绩被清华大学无线电系录取。

1968年初冬，大学毕业的南仁东被分配到吉林通化无线电厂。这是个1966年新建的小厂，总共不到150人。这个普通的工厂，成为南仁东一生中至关重要的另一所大学——社会实践大学。

起初，厂里安排他去包装车间。他去车间里转一下就出来找厂长"理论"，要求换工种。厂长把他改分到无线电组装车间去做"小金工"。金工是各种金属加工工作的总称，包括车、铣、刨、磨、钻等工艺。南仁东喜欢小金工。可是，他很快就体验到"连车个简单的小零件也连连出废品"的尴尬。正是这种尴尬，使他认识到什么是"一丝不苟""严丝合缝",并重新认识"工人"二字的含义。

1969年厂里接上级任务,要研发便携式小型收音机。南仁东入选厂科研小组。这是厂里以前没干过的事,怎么攻克这难题?厂里号召大家向大庆油田学习。学着学着,他被王进喜的话打动了:"这困难,那困难,国家缺油是最大的困难。这矛盾,那矛盾,国家建设等油用是最主要的矛盾。"

"有条件要上,没有条件创造条件也要上!"那时工厂操场的墙上、车间里、食堂里都贴着王进喜这句话。那时关心工厂研发收音机的不只是科研小组成员,而是全厂职工包括家属。南仁东感到一个巨大的群体在鼓舞着研发。

他边学边干,把大脑里的知识去生产线上对号入座,把理论上的难题去与机器的实际运转磨合,他很快成为研制小组的骨干。24岁的南仁东和技术员、工人们一同研发的收音机终于成功了。工厂里一片欢呼,大喇叭里播放着他们研发的收音机收到的歌声:"雄伟的天安门,壮丽的广场……"

他们研发的"向阳牌"收音机走俏全国,成为著名品牌。这是南仁东第一次参加一项科研新产品的设计研制,第一次实现了把知识变成技术,把技术变成产品,进而变成商品,进入千家万户的过程。这个经历对南仁东非常重要。

他在通化无线电厂"学工"10年,经历了研制便携式收音机、电视发射机和小型智能计算器的全过程。今天通化厂的老干部、老工人对南仁东的评价是:他车、钳、铆、电、焊样样都会,样样都精,设计、制图也很专业。

"我是个战术型的老工人。"南仁东这句话里有他对自己青年时代工厂生活的回忆,有他同工友们的友谊……那种在车间里铺开图纸,一边端着饭盒吃饭,一边讨论技术问题;那种日夜加班,没有加班费,却没有一个人叫苦叫累;那种大热天吃完饭,用手抹一把脸上的汗,接着干的生活是快乐的。

南仁东初进厂不愿去包装车间,后来他却主动去包装车间"补课",还去锅炉房干活。他还琢磨统筹谋划、分工协作,了解从原材料进厂到出成品,中间有多少工序。这已不只是技术,连科研带生产,包括设计、绘图、论证、材料准备、购置新设备、设备维修、计划调度、人员配置、成本核算……他全部去了解去实践。他为什么这样做?

什么叫总工程师?哪一块都拿得起来,权威性就有了,协调能力就有了。多年后,南仁东成为"中国天眼"的首席科学家兼总工程师,通化无线电厂是他成长的摇篮。

1978年,南仁东被中国科学院研究生院录取为天体物理专业研究生。"告别那天,很多人掉泪了。"如果没有经历过那段岁月,也许不容易理解这告别中的深情。他的青年时代,党和国家号召知识分子与工农相结合,科学实验与生产实践相结合。南仁东做到了。

三

1981年南仁东获硕士学位,到北京天文台工作,并继续攻读博士学位。他的档案里记载着这一时期他取得的一系列专业成就。然而能做出创造性成就的人不是只靠"专业",1985年,南仁东感到需要走出去开开眼界了。

这年他40岁。秋冬之交,他去苏联访问了两个射电天文台,也是为了去看看奥斯特洛夫斯基的家乡。学生时代,他喜欢读文学作品,最打动他的是《钢铁是怎样炼成的》。他一直为保尔·柯察金所感动着。他不知道养育了保尔·柯察金的地方是什么样子,他很想去看一看。

他去了。那里有他青年时代的英雄情结。我想，南仁东去看保尔·柯察金生长的地方，是想去寻找一座精神的熔炉。然而，此后他将以自己的生命经历证明：真正的熔炉不在别处，就在他自己的理想、情感、信仰和坚忍不拔的意志中。

我为什么写下这些？我曾用了一年多时间追寻南仁东，渐渐从他亲朋好友的回忆中，从朦胧到清晰地看见一个毕生朝着自己认定的人生价值去作为的南仁东。我日益看见他性格和爱好中所凝练的意志，渐渐感觉能听见他灵魂的声音……南仁东在苦苦追觅、积累、探索天体宇宙方面的学问，以及要用这些学问去从事的创造。就其个人来说，这是需要投入超乎寻常的精力、需要有足够的奉献精神的事业。要知道，南仁东主持的"中国天眼"是在非常的艰难中争取立项。如果没有非凡的理想，没有非凡之志，他会去争取、会去做吗？

我再次看到，一个人心中坚忍不拔的志向，这种心志所凝聚的价值观，是比才华重要得多的东西。

四

1993年发生的一件事，是值得在这里记述的。

这年9月，国际无线电科学联合会第24届大会在日本京都召开，南仁东参加了国际天文学联合会所属的射电天文学分部的会议。正是在这个会议上，多国天文学家共同提出：要抓紧建造新一代功能强大的"大射电望远镜"。因为地球上无线电的大量使用，越来越多的电波干扰了接收外太空信号，如此下去，人类将被封锁在自己发出的无线电波之内，无法对浩瀚的宇宙做更深入的探索研究。

这是要超越美国阿雷西博射电望远镜，一国的力量难以实现，须多国联手。于是，会议决定成立国际大射电望远镜工作组，由包括中国在内的10国代表组成。

在中科院科学传播局主办的南仁东事迹展里，有一段文字这样写道："他先后在荷兰、日本、美国、英国及意大利等多家天文机构进行客座研究，回国后曾任北京天文台副台长、北京天文学会理事长等职务。"从1985年到1993年这8年，南仁东去多国天文机构做客座研究。他在日本京都参加射电天文学分会的讨论，深知多国将联合建造大射电望远镜这件事的意义！1993年9月24日，他从日本回到北京，迅速向中科院提出：我们要积极争取让国际大射电望远镜建到中国来。

"这是一个必须抓住的机会。"南仁东说。如能争取到，将极大地提高我国天文学乃至基础科学的研究水平。但是，多国也在争取，我们有希望争取到吗？只有去筹措，才有希望。南仁东开始四面八方联络一批天文学家共谋此事。

1994年初春，北京天文台院子里的树枝冒出新绿的时候，南仁东拿出了一篇《大射电望远镜（LT）国际合作计划建议书》。这份建议书共1.73万字，融入了我国天文学家积蓄百年的科研理想和奋斗激情。这是一份历史性文档，也是南仁东全力以赴为国"出征"的宣言书。

该建议得到中科院支持。随即着手选址。这年6月底，他和一位在选址中发挥重大作用的人相遇，这个人就是中科院遥感与数字地球研究所的博士聂跃平。

在贵州万山深处选址，这是南仁东与农民结合的10多年。无论去哪里，总有农村干部和农民群众为他带路。无路的地方，要用柴刀在丛林中劈出一条路来，没有农民兄弟的帮助是进不去的。而建造"中国天眼"，也正是在无路的地方辟出一条路来。

雨衣、解放鞋、柴刀、拐杖，是他们长年携带的装备。这是南仁东、聂跃平和选址的科研人员再次经历的"社会实践大学"。不论科学多么尖端,理想多么高远,仍需脚踏大地前行。

最让南仁东无法忘怀的是,普定和平塘两地,仅仅听说尚家冲和大窝凼有可能成为大射电望远镜的台址,农民们就把能通汽车的路修到了大山深处。

"不要修,不要修,还没定啊!"南仁东反复说。可没人听他的。那是冬季,那两条路都是在荒山野岭中修出来的。当时的贵州虽然经济相对落后,但那里的农民有股精气神,他们筑路的劳动里有无法用金钱计算的东西。

南仁东曾说"要积极争取",贵州人民的"积极争取"一次次让南仁东感动泣下。漫长的12年选址和种种"积极争取"的过程中,他遇到了各种困难和挫折,贵州人民的殷切期望和真情相待,是他最大的支持力量。

五

选址是卓有成效的。就因中国的选址报告,1995年10月,有30多位国际著名的天文学家到中国贵州来开现场考察会。但此后,南仁东遇到的困难变得复杂起来。他越来越感到有一股力量在阻止中国争取到这个国际项目。1997年,南仁东意识到,不能把希望完全放在争取国际项目上。一个想法逐渐在他的头脑里成熟:我国应自主建造一架500米口径的射电望远镜!这个计划被命名为FAST。

这是南仁东的"两手准备"之一,他并没有放弃争取国际大射电项目。南仁东曾去征求一位外国友人的意见,得到的回答是:"你们连汽车发动机都做不好,怎么能造大射电望远镜?"这句话激起南仁东痛彻的反思。他想起自己十分敬佩的"两弹一星"科学家,当年中国的科技、经济条件都很落后,但老一辈科学家却成功搞出了"两弹一星"!南仁东强烈地意识到：关键技术需要自主创新，老一辈科学家做了很好的榜样，我们现在要向他们看齐！

这期间他的身体出现严重不适，结肠溃疡困扰了他多年。由于他抽烟多，同事们担心他肺部出问题，曾多次劝他去医院检查。他总是说工作忙没时间，不去体检。同事说他生怕查出问题会影响"大射电"立项。他的学生说，南老师其实是个早已把生死置之度外的人，但他说，我要用没死的时间去完成FAST这项巨大工程。他说我们没有退路，FAST没有退路，我们的民族也没有退路，我们一定要冲出去！

就在2005年11月，60岁的南仁东向中科院提出：要向国家申请，由我国独立自主建造500米口径射电望远镜。2006年7月，中国申请国际大射电望远镜的方案被否决。2007年7月，我国发改委批复FAST工程正式立项。

这天，南仁东把团队集合起来，对大家说："FAST立项，不意味着胜利，我们只是刚刚出发。但是，我们正向宇宙的深处进军。"

六

壮志可嘉。但，能不能成功？

从1993年开始，南仁东联系了20多家大学和科研院所的100多位专家。从那时起，他不仅是研究FAST的首席科学家，也是研究众多科学家的科学家，他由此看到"可能性"的存在，重要的是把散在各地的科研力量凝聚起来！这个过程，就是FAST总工程师的诞生。

FAST一经正式立项，决定由我国自主建造，全国积极参与这项大科学工程建设的有近200家大学、科研院所和大中型企业，2016年9月25日，FAST终于落成启用。

南仁东生前淡泊名利，在天文台众所周知。他说过："在浩瀚的宇宙中，人的一生无论做过什么都微不足道。"但是人们记得南仁东，不少外国友人也记得南仁东。英国天文学家乔瑟琳·贝尔就是其中之一。

乔瑟琳·贝尔是世界上第一个发现脉冲星的人。2017年8月她到中国贵州，第一次看到绿水青山之中藏着这样一个巨大的射电望远镜，空中高悬着馈源舱，一切有如幻想的天宫奇境……她赞叹道："太美了！这是一位画家设计的吗？"她当然知道，这是南仁东设计的，她是对设计之美发出由衷的赞叹。

每个人都有理想。南仁东把一生的三大理想——美术、建筑、科学——如此完美地融合在一个世界最大的射电望远镜中，如此开阔地将地球、人类，同宇宙联系在一起。

我一遍遍看了他生命中最后一段时光留下的影像，听到他将FAST的科学意义概括为7个字："一黑二暗三起源"。一黑是黑洞，二暗是暗物质、暗能量，三起源是宇宙起源、天体起源和生命起源。他说这都是FAST要探索的任务。他的声音很小，短促而吃力，有些话连不起来，但反复听，还是能听出他的思索。他在最后的生命时光中，依然没有停止关于宇宙与生命的思索……

小巷里，温暖的厨房

彭文斌

2021年11月6日，由北京飞往南昌的航班上，一对戴着口罩的老夫妇正在小声地用南昌方言聊天。

"你说，这飞机会晚点吗？听孩子说，南昌那边在落雨。"瘦瘦的老人看着舷窗外，忧心忡忡。

坐在他身边的妻子也是一脸焦灼："应该不会吧，是小雨，不碍事的。"

老人把身体往座椅上一靠，说："还别说，才离开六七天，这心里头不晓得有多想念那个厨房。"

这对老人，就是刚刚从人民大会堂领奖归来的第八届全国道德模范万佐成、熊庚香夫妇。

油条摊子来了新"生意"

南昌多香樟。一到暮春，满城飘着香樟清新的芬芳。

这是2003年春天的一个日子，天晴，10点多钟的光景，阳光洒满巷口。

像往常一样，万佐成全神贯注地炸着油条，锅里发出呲呲声。6个炉子安静地排列在那儿。

"师傅，能借借火吗？"一个小心翼翼的声音传过来。

万佐成抬头看去,只见三四米开外,一男一女推着一辆自行车,后座上坐着个男孩,车龙头上挂着几只鼓鼓囊囊的塑料袋。说话的那个女人,40岁模样,脸色苍白,头发有点凌乱,双眼带着淡淡的忧伤。"你们炉子里剩下的火,可不可以让我们炒个菜?我给钱。"说着说着,女人哽咽了。

"孩子生病了,想吃妈妈烧的饭菜。我们特意去买了菜,想找餐馆加工,一路问来,已经找了好久,可是……"那个男子在旁边补充道,说罢,一声叹息,眼神黯然。

万佐成和熊庚香不约而同地盯着男孩的右腿,那儿,裤管空荡荡的。

男孩的嘴很甜,笑着叫了声:"爷爷奶奶好!"

熊庚香应了一声,鼻子忽地一酸,伸手摸了摸孩子的头。

可怜天下父母心。万佐成马上让出位置,热情地说:"来,锅正好闲着,你们快用吧。"

万佐成从中年男子那儿大概知道了这一家子的情况。他们是江西宜春人,孩子今年11岁,患了骨癌,前不久做了截肢手术。儿子在江西省肿瘤医院待腻了,吵着要回家,说是要吃妈妈烧的饭菜。孩子正处于治疗关键期,不能半途而废,无奈之下,两口子便商量着买菜加工,谁知医院附近的几家餐馆生意火爆,都说没空。

女人麻利地炒好了菜。熊庚香忙着给她打包。男人从上衣口袋里掏出钱包:"师傅,你算一算,多少加工费?"

万佐成伸出手一挡:"什么钱不钱的,不就是一点多余的火嘛,不要钱!只要孩子需要,你们可以天天来炒菜,免费用炉子。"

没过多久,这个小巷子里的油条摊子在患者家属中传开了。一传十,十传百,越来越多的患者和家属来万佐成、熊庚香夫妇这里炒菜。6个炉子不够用了，万佐成跟妻子商量，一口气又添置了10套炉灶。再后来，老两口干脆停了做油条的生意，一心一意张罗厨房。

这条两米多宽的小巷子热闹起来了，每天暖洋洋的，仿佛一处避风港。患者和家属们洗菜、切菜、炒菜、煲汤，烟火缭绕，香鲜袭人。他们找回了久违的温暖气息。

心灵手巧的万佐成赶制了几个木架子，摆上瓶瓶罐罐，香料、盐巴、白醋、生抽、料酒。一层摆不下，再摆第二层。他特意贴上一张红纸，写下一行字：调料免费。铁锅、高压锅、热水瓶添置了一个又一个，煤球一换就是上百个。

不过，万佐成慢慢发现了一个奇怪的现象，不知从何时起，前来加工菜肴的人渐渐少了起来，一些熟人甚至悄然退场。他心里直犯嘀咕，一时搞不懂问题的症结所在。

这一天，万佐成实在忍不住，拽着一位熟人想探个究竟。

"万师傅，其实原因很简单，你不收费，时间久了，大家不好意思。"那位熟人掰着手指说："煤球、洗菜水、调料、厨具、炉灶、烧水壶、热水瓶，哪一样不花钱？你每天得垫付多少钱啊，大伙聊到这事，哪个不感激，哪个又不内疚？"

万佐成急得直搓手："你去跟大家说说，没关系，我们两个人平常开销不大，以前做生意也有点积蓄，承担得起。"

对方将头摇得像拨浪鼓："不行，不行，将心比心，我们良心上过不去。万师傅，你还是收点加工费吧。"

万佐成见事情僵持不下，便跟熊庚香商量，最后决定每加工一个菜，收成本费5角钱。

很快，爱心厨房的人气又噌噌噌地飙升起来。老两口的脸上重新绽放出光彩。

万佐成、熊庚香古道热肠的事传开了。因为厨房位于江西省肿瘤医院外面的小巷子里，专供患者及其家属加工饭菜，人们便把这儿叫作"抗癌厨房"。

随着物价上涨，每个菜收五毛钱成本费已经难以为继。2016年，万佐成、熊庚香在反复商量之后，将加工费标准做了调整，炒一个蔬菜收1元，炒一个荤菜收2元，熬一锅汤收3元，调料依旧免费供应。

吃饭是大事

从早晨4时起床，用木柴给煤炉生火，一直忙到晚上11时，这是万佐成、熊庚香两口子的工作时间。一年365天，天天如此。

天刚蒙蒙亮，就有患者和家属陆续过来加工菜肴，熬制营养汤。星光和灯光从那些晃动的人影上滑落。锅铲、瓢盆在砧板上交响，演绎人间的日常。

熊庚香如同一个交通员，在人群中穿插，给人们递上厨具，送来调料。她操着浓浓的南昌方言，中气十足。这个声音在，每个人的心里都踏实。

"大姐，你有一副菩萨心肠。"正在留言簿上写字的南昌市民郑先生忽然抬起头，看着熊庚香，认真地说道。

熊庚香不好意思地咧着嘴笑。她不知道郑先生在写些什么，自己不识字。

闲下来，读了几年书的万佐成瞄了一眼，发现郑先生竟然写了两则留言。

一则是："爱心厨房"，万佐成夫妇在这片狭小的空间内传递出浓浓的温情，为患者和家属提供锅碗瓢盆、炉灶煤火、柴米油盐，象征性地收1元钱成本费，只为让患者吃上热气腾腾的"家中味道"。全年365天的忙碌无休，执着坚守，源自他们内心的善良。

或许觉得意犹未尽，郑先生又写了一则：18年来的坚持和爱心，为癌症患者提供守护，用他们朴实的烟火气息照拂寒夜的路人。1元"抗癌厨房"背后的人生值得我们细细品味。初心可贵，坚持不易。

而熊庚香的话总是特别实在："日子得慢慢地过，吃饭是大事，吃得好，患者开心，家人开心。"

一天晌午，加工做菜的高峰过后，那个做了一辈子豆腐的左大爷扶着老伴蹒跚着走进了小巷。

"大妹子，我想炒两个菜，行啵？"左大爷朝着正在打扫卫生的熊庚香扬了扬手中的手提袋。

熊庚香自然满口答应，招呼左大爷老伴坐下后，自己帮左大爷挑拣蔬菜。

左大爷的老伴患了乳腺癌，从上饶到南昌，跑了多家医院，最后才算在江西省肿瘤医院常"住"下来。老两口感情好，老伴生病之后，左大爷更是如影相随，不离左右。

从这一天开始，左大爷和万佐成夫妇的交往，持续了11年。每次做好饭菜，看着老伴吃得有滋有味，左大爷感到很欣慰。

那天，左大爷和老伴终于要回上饶了，两人特意来告别。老伴坐在老地方，拉着熊庚香的手，忽然抽泣起来。

"舍不得啊，这里比家还好，开心。"老伴的目光里满是留恋。

熊庚香也忍不住一阵阵心疼。她不擅表达，只是说："好人一生平安，嫂子，放宽心，你会养好的。"

时光仿佛奔涌的赣江水，一去不复返了。万佐成、熊庚香还是那样忙忙碌碌，从拂晓到夜深。

万佐成从来来往往的人流里品尝到了别样的人生感悟："来到这里

的每个人都有伤心事。我就希望大家在这里热热闹闹的，能忘掉一些烦恼。"

"想见见万大哥"

昏黄暗淡的灯光下，万佐成穿着那件草绿色工作服，倾斜着身子，提着一桶煤球，逐个给炉灶添火、加盖风管。

熊庚香穿着低帮雨鞋，站在案台前，洗刷厨具，发出叮叮当当的响声。洗完一堆，又回身去抱来一堆。由于雨鞋的码数大，每走动一步，发出叽叽的声音。

待地面卫生打扫干净，桌椅板凳归位，锅碗瓢盆洗净，万佐成便坐在一楼右侧的房间里整理那些没有烧透的煤球。他挥刀剔除无用部分，将灰黑的部分挖下来，安放在一个铝皮制成的大炉子里，准备明天一早生火。说起这个大炉子，颇有些年头，是万佐成当年炸油条起家时，自己买来材料捣鼓出来的，屈指数来，有20多年的光景。

一阵脚步声打破了宁静。万佐成抬头一看，是一位熟人。

"万师傅，有人要我捎个话，想请你们两口子去专门做早餐，每个月8000元，不晓得你们愿不愿意？"

万佐成毫不犹豫地摇头："谢谢好意，我们哪儿也不去。只要我们还能干活，就守着这个厨房，那些患者和家属需要吃饭。"

来人失落地走了。

灯影里，老两口不知不觉聊起那位赣南的老张。

老张50多岁，被检查出肝癌晚期时，医生宣布他只有半年左右的时间。"抗癌厨房"是老张几乎每天要来的地方，只要身体状况允许，他必然晃晃荡荡来到小巷，或者炒三两个菜，或者跟万佐成谈心。一来二去，两人竟然成为莫逆之交。

万佐成与老张分享了他多年来跟患者打交道的心得：一定要配合医生的治疗；心态要好，心宽有利于延长寿命；护理十分重要，尤其是要吃好，营养跟上了，才能与癌症抗争。

万佐成告诉老张："吃饭是大事，先把肚子填饱了，再去治病。"

只要到了这条小巷，老张的脸上就荡漾着一种神采，不时哈哈大笑。被医生预言只有半年时间的老张，竟然撑了三年。

2016年春夏之交，老张的身体状况急转直下，日益恶化。肿瘤医院善意提醒家属，时间不多了，继续在医院于事无补，还是回赣南吧。

那是个阴天，已经不能站立的老张被送到救护车前，却死活不肯上车。他的眼睛看着家人，抬起手，吃力地往医院外的巷子方向指了指。

"我，想见见万大哥……"

家人用轮椅缓缓推着老张来到了爱心厨房外面。此时，已经有不少人在忙乎着准备午餐。正在干活的万佐成隐隐约约听到了谁的呼唤声，他顺着声音看去，但见老张歪着身子，朝他有气无力地挥着手。万佐成吃了一惊，赶紧放下活计，拨开人群，冲到了轮椅前。

"万大哥，我要回赣南了。"老张吐字已经不太清楚，很吃力。

万佐成忍住眼泪："好啊，可以回家团聚了，千万记得好好休养啊。"

"感谢你三年来的帮助，很开心……"

老张哆哆嗦嗦伸出手，万佐成赶紧一把握住。两人静静地凝视着对方，谁也舍不得先抽出手来……

后来，在南昌市青山湖区湖坊镇的关心和支持下，钢架棚建起来了。那些在"抗癌厨房"炒菜的人们，不必再担忧大风雨水的侵袭。

青年志愿者也来了，忙着安装空调、电风扇和冰箱。他们朝气蓬勃，给"抗癌厨房"增添了不少活力。

更多的人，悄悄送来大米、食用油和各类食材，不愿留下姓名……

万佐成说过："我们就像墙上的那口钟，只要不坏，就一直转下去，做下去。"

18年的光阴河流，流淌着多少悲欢离合。18年的日月星辰，记住了这巷子里温暖的厨房和这一对夫妇。

又一拨患者和家属拎着大包小包过来了。一炉炉烈焰起舞。铁锅里传来毕毕剥剥的响声。切菜剁肉的声音此起彼伏。香气，萦绕在小巷的空中。

这人间的烟火气息，是多么的迷人……

生态与发展

洋洞村的诗意生活

有一个故事,叫长江

这里是翠湖……

飘香的胡柚林

周华诚

一

过了小雪节气,果园里的胡柚全都摘下来了。家里地面上,堆满金灿灿的胡柚。娇凤奶奶坐在小竹椅上包胡柚。薄膜袋子用手捻开,吹一口气,放进一个胡柚,顺手一转,袋口拧成一条绳。包胡柚是个简单活计,却耗时间。这满地的胡柚两万多斤,没有半个月哪里包得完。

广播里播完新闻,开始播送戏曲。娇凤奶奶知道,11点了。她起身,把电饭煲的电源打开,然后出门。她要去胡柚林里看看,老伴这会儿还在地里干活呢。今天风大了起来,娇凤奶奶出门时紧了紧衣服——天真的冷下来了。

天气虽冷,但胡柚林却枝繁叶茂,将人藏了起来,只有轻微的声音被林间的风送出来。娇凤奶奶躬身钻进林子,绕过两棵树,这才见到徐老师。徐老师是她的老伴,正执一柄锄头,在离胡柚树根部1米多的地方,细心刨出一条条浅沟来,再把复合肥施进去。一棵树,总要刨十来条浅沟。施好了肥,再用浮土覆上。也有人图省力,直接把肥料施在泥层之上,那样一浇水,肥力就流失了。徐老师觉得这么干,是对胡柚树的不尊重。

"还没好呢?该吃中饭了。"娇凤奶奶说。

听见声音，徐老师歇下锄头。风从胡柚树梢掠过，呼呼地响。徐老师额上冒出微汗。

徐老师如今76岁，娇凤奶奶69岁。两个人在一起，将近50年了。

二

胡柚的"祖宗树"就在胡柚林中。给那棵树下肥，徐老师格外舍得下本。

你这是偏心。娇凤奶奶说。

但徐老师只管自己下肥，一锄一锄，刨开地表的泥土。这棵胡柚老树，已经120岁了。当年徐老师还小的时候，这棵树就在了，年年秋天挂果，满树金灿灿的。那时候，全村也只有这么一棵，家里人都管它叫"橘子树"，只是这一棵"橘子树"结的果实，口感与别的树不一样。

到了1983年，浙江省常山县农业局调查林果资源，发现徐老师家这棵果树有些特别。特别在哪？这棵树，看起来像香泡树，却不是香泡树；果实吃起来像橙子，又不是橙子，酸中带甜，味道不错。由于这棵树所在的地方，是澄潭村的"胡村"这个小村庄，大家就把这果子称为"胡柚"。专家算了算，当时那棵树的年龄，就已70多年。

后来，县里决定繁育推广这棵果树。由这棵老树繁衍出来的胡柚群体，遍布整个常山县，胡柚也成为这座县城的知名特产。徐老师家的这棵树，由此成为常山县的胡柚"祖宗树"。

有人追根溯源，问徐老师这棵胡柚树是从哪里来的呢？徐老师也说不好。

澄潭村的祖先，在明末从浙江汤溪迁入，但他们的祖居地，并没有柑橘栽培的历史。因此，胡柚并不是祖先迁徙时带入的。澄潭本地倒是有各种橘树种植的传统，专家们说可能是自然杂交产生的。看来这是块宝地，种子在这里落地发芽，诞生出美妙的果实。

在徐老师的自留地里，胡柚树的实生群体还有一批，有十几棵，树龄在50多年。当时为了挑选培育最有品质的胡柚，农户和科技人员一起，经历了漫长时间的选育，慢慢地才让品种定型下来，然后推广到全县各地。

徐老师记得，当初他们家人把胡柚挑到城里，是当作"野货"卖的，多人看，少人买。那时大家都吃本地衢橘，这果子还无人识得，大家都看个新鲜，价格却不到本地衢橘的一半。只因那胡柚丰产，年年结果，家里人才手下留情，保存下来。

大家怎么会想到，后来胡柚会成为一种佳果，并名声大噪呢？

三

徐老师退休已经14年了。退休前，徐老师是一名中学教师，教数学教了41年。

娇凤奶奶问他，你这一辈子，教了多少学生？

徐老师一下算不出来。真要算，一年两个班，那就得100多人，40多年，你说得有多少？

倒是常常有学生在路上见到他，叫一声"徐老师好"。有时看对方面孔，面熟得很，但徐老师也想不起对方是哪一届的学生了。

有时也有三五个学生，结伴来家里看他，顺便也看看那棵胡柚"祖宗树"。他的学生里，有开工厂的，有外出务工的，有在家种田的，跟春天胡柚树上的花朵一样多。

徐老师的儿女们也都在外地，徐老师退休之后，儿女们都希望二老能享享清福，也商量着让二老搬到城里去住，可他们没有去城里。

还是住在乡下老家舒坦。徐老师说，这角角落落，闭着眼睛都能摸到。空气好,水好。娇凤奶奶补充说。

还有这胡柚树呢,100多棵,也不能不管。徐老师又说,这棵胡柚"祖宗树",我得好好照料呀。

胡柚成熟时,一两万斤果子,都要采摘下来。现在村庄里的年轻人不多,很多事情都是老两口互相帮衬着,自己慢慢干。慢就慢一点,不着急。

胡柚树高高的,免不了要爬树。胡柚疏果,把青果摘下一部分来,晒干了也能卖钱。有一次,就在爬梯时,娇凤奶奶一不小心跌了一跤,把手摔伤了。后来到省城医院住了20天,出院后,又在杭州的女儿家里休养了3个月。

"你们还真把自己当年轻人了,这怎么行?""为那一点胡柚,不值当!要我们说,那些胡柚树,干脆不要管了。"儿女们心疼地说。

老人家嘴上应承着,可心里还丢不下那些胡柚树。休养好了,回到老家,老两口转着转着,又转到胡柚林中去了。

四

刚采摘下来的胡柚,并不是最好吃的。果子得放一放,放上一个月两个月,果实里面的糖分多了,就甜了。剥开厚厚的柚壳,果实的囊粒汁液饱满,一口下去,汁水又鲜又甜。

"冬天在空调间里,剥个胡柚吃,非常享受。"这个话是女儿跟她的朋友们说的。女儿见老两口的胡柚那么多,就在朋友圈里吆喝。不断扩大的宣传,不断累积的口碑,让胡柚销得更远。上海的,北京的,南京的,杭州的……有人吃了,年年都惦记着买。

除了口感好外,胡柚还有药用价值。胡柚清凉,利肺,能预防感冒。胡柚壳剥出来煎水喝,村里人感冒了,这么一碗喝下去,发一身汗,感冒好得快。

徐老师和娇凤奶奶平常侍弄这些胡柚树，都是慢慢来。做得动，多做一点；做不动，少做一点。"有得做，都是好事情。"徐老师说。

"祖宗树"上结的胡柚，特别受欢迎。这棵树年年能结果1000多斤，有人开价5000元，想把整棵树包了。也有人说这个价钱太便宜，应该卖1万元，或者更贵一点。徐老师笑笑。他说，"祖宗树"100多年了，这树结的果，不能只看卖多少钱。只要大家喜欢胡柚的味道，自己就心满意足。毕竟，胡柚的好滋味，都是用时间养出来的。

五

吃过午饭，徐老师又扛着锄头去胡柚林了。

娇凤奶奶也跟着去。徐老师干活的时候，娇凤奶奶就在一旁看一会儿。看看树，看看草。

穿过林间的小路，风吹着胡柚树叶哗啦啦地响。等这一批复合肥下完，天气会完全冷下来，树叶也要落光了。

但是，等到冬天过去，春天再来，胡柚花开的时候，整个林子像落雪一样，那个香啊！

十里飘香。娇凤奶奶喃喃地说着。

不止十里啊，现在一个县的胡柚面积10万亩，说百里飘香也不过分。徐老师接一句：继续干活。

干活的声音，安安静静的，却随风飘到远远的地方去了。

洋洞村的诗意生活

向剑波

与多数村庄是在雄鸡的啼叫声中醒来不同，贵州省黔东南苗族侗族自治州黎平县尚重镇洋洞村的清晨，是被一片"哞哞"的牛叫声给唤醒的。

洋洞村有1000多头耕牛，村里梯田上遍布牛棚。梯田不奇，耕牛也不奇，奇的是分布在梯田周边较为平缓的坡地上的牛棚都是两层的：第一层是耕牛居住的屋舍，第二层是农户存放农具或农忙时歇息住宿的地方。更奇的是，这片牛棚还配有餐具厨房和生活小超市，周边种有各类生态蔬菜。行走在梯田的游客们，可以从不同角度观赏牛耕村落的炊烟袅袅与绿水青山。

夜晚，枕着虫鸣蛙声入睡；清早，在"哞哞"牛叫声中醒来，这是洋洞村的诗意生活。

一

一大早，杨正熙要去田里转一转，这是他多年养成的习惯。一年四季，尤其是春秋两季，他去山上梯田的次数最多，最忙的时候，几乎全天泡在了梯田里。春天，绿油油的秧苗连成了片，让人看了就心生欢喜。过不了多久，青绿的秧苗就会变成深绿色。接着，深绿又长成了金黄色，一阵风吹来，稻浪翻滚，谷粒飘香。

70后的杨正熙是土生土长的洋洞村人,他从贵州农学院毕业后,先后担任黎平县国营林场副场长、岩洞镇镇长、镇党委书记等职务。许多人羡慕他年轻有为,杨正熙却有自己的想法:"能不能回家乡去创业,带着乡亲们一起致富?"这个问题一直缠绕在他的心头,十几年基层工作的历练,让杨正熙信心更足。

回乡村创业,就要跟土地打交道。洋洞村的土地种什么最好呢?杨正熙看了我一眼,然后望向面前一层层的梯田。之后,缓缓说开了。

他说,在十几年的基层工作中,发现一个现象:一些植物种类正在逐年消失。比如,头一年还听说的谷种,到了第二年,突然就没有了,没有了是因为没有人再继续种了。你不种,他不种,就逐渐消失了。甚至,有些种子只要一个人不再种,这种子从此就看不到了。杨正熙任黎平县岩洞镇镇长那一年,下基层走访,到一个叫作岑卜的村子,当地村民端了一碗米酒招待他。"那酒喝起来口感太好了!"经打听,这酒是用高秆小麻红米酿制的。第二年,他再去岑卜村,想跟那家村民商量开发这款酒,人家却说已经没有了。这一家没有,其他人家应该有吧?可他挨家挨户打听下来,村民们都说没有了,没有的原因是酿酒的老人去世了。而酿酒的老稻谷产量比较低,村里没人愿意继续种,所以就绝迹了。杨正熙为此慨然长叹:"世间再无如此好米酿美酒!"感叹完了,又补上一句:"要是我去年就来开发它,该有多好啊!"

从一定程度上讲,岑卜村高秆小麻红米绝迹的事,刺激了杨正熙,让他下定决心回乡务农,把那些珍稀的种子保护下来,延续下去。

2012年,杨正熙向组织提交了辞职申请,领导挽留不成,于是安排他先任县科技局党组书记,后调科技部门做科技特派员,专做传统物种的收集和保育工作,这刚好对了他的心思。

为了有效地收集传统物种,他专门做了种子收集方案,并计划建一个老种子博物馆。这以后,陪伴杨正熙下乡的不再是乡镇干部,而是那辆装老种子的皮卡车。在山窝窝里转来转去的皮卡车,几年下来,竟然转出了10万公里!

黎平县岩洞镇多个山村的村民,打老远见到皮卡车,就知道杨正熙又来村里收种子了。

杨正熙痴迷于收集老种子,源于他对黔东南稻作文化的深度调研,除此之外,还因为受到一位专家的影响,这个影响了他的人名叫邓敏文。早在2005年,从中科院退休回乡的邓敏文就开始倡导保护老稻种,并为此收集了40种香禾糯老谷种。之后,邓敏文又协助将"黎平香禾糯"成功申报为国家地理标志产品。杨正熙在黎平县岩洞镇任镇长期间结识了邓敏文,他由衷地敬佩邓敏文对传统糯稻的保护意识。他说,自己小时候,村庄里种植的稻种不止40种,而如今,邓老师珍藏的40种香禾糯老谷种,是走遍了中国西南很多地方才收集来的,由此推测,一些老种子恐怕都不在了。这个推测让杨正熙生出一种时不我待的危机感。这以后,只要周末不回家,他就会去找邓敏文聊收集老种子的事。有时,也把自己找到的老稻种带给邓敏文。

回乡务农后,跑乡村收集老种子成了杨正熙生活的重要内容,只要听人说起哪个村有稻种,他便马上往那个村跑。

有一次,杨正熙跑村里收集种子,在山上一口井边喝水,突然发现井沿边稻田里的稻谷长得很好。他很奇怪:井边的温度低,井水太凉,一般长在井边的稻谷都长不好,不管是杂交稻还是老稻种,多数情况下只会长苗,不会结种子。可这口井边上的稻谷为什么长得这么好?他找到井边稻田人家打听原因。人家说,家里多少年来种的就是这个品种,它不仅长得好,还好吃,因此一直种了下来。他听说后,当即掏钱买了这个品种的种子。

2017年，杨正熙的一位老同事，去一个高山上的村子做客，发现有一把谷穗挂在墙上，这位老同事仔细辨认，确认这把挂在墙上的谷穗刚好就是杨正熙正在苦苦寻找的糁子。他赶紧打电话给杨正熙："你收到糁子没有？我看到了一把，要不要帮你买下来？"杨正熙大喜过望。后来，他把这束已经存放了两三年的种子拿去播种，居然发了芽，还长得很好。

每到一处村寨，杨正熙就找上了年纪的人打听，村子里哪些人有老种子，都有哪些品种？多数时候，这些老人的回答都让他失望："先前很多品种，这些年没了！"每当听到这种回答，他就直后悔："应该早几年来做这些事情，也许还能多留住一些种子。"

近10年下来，开着皮卡车跑村寨收集老种子的杨正熙，跑遍了黎平、榕江、从江及周边县的900多个村寨，采集到的地方老物种达180多个，光是老稻谷种就有61种。这些老品种不只来自贵州省，还有不少是从广西、湖南等相邻省份"迁徙"而来的。1982年的一份农业调查显示，黎平县有178种水稻。洋洞村以前自留种子也不止100种，何况还有更多尚待发现的水稻品种和其他农作物的老种子。这几年，杨正熙在邓敏文收集稻种的基础上，又收集到很多老稻种。截至2020年底，共收集591份种子，包括地方传统常规作物种子241种，以及其他经济植物种子与植物标本350种。

二

为什么要下这么大功夫去收集老种子？杨正熙说，收集老种子可以保护生物的多样性，让村民有充分的选择余地去种植自己喜欢的品种，同时，还可以给后代子孙保存关于传统农耕文明的一份记忆。

在收集到的61种水稻老谷种中，杨正熙提得最多的是"黎平同禾"。

那是2015年3月,在黎平县孟彦镇芒岭村杨钰才家收集到的。"黎平同禾"是黎平当地的叫法,其意思就是"坐月子期间吃的米"。产妇吃了这个米容易产乳,小孩子吃了容易消化,所以很受老百姓欢迎。据说,留种"黎平同禾"的杨钰才家,当年家里小孩出生,母亲难产,村里找不到哺育的妈妈可以借奶吃,家里又买不起牛奶,不得已只好煮米粥给孩子吃。没想到,用这种米熬的粥让小生命长得很壮实。这一家人因此对这种米有了感情,之后,每年都坚持种植。

既然"黎平同禾"有如此效果,杨正熙便跟孟彦镇领导建议开发这个产品,供给缺乳的产妇和婴幼儿煮粥喝。在镇上督促下,芒岭村为此建了一个合作社,头一年种植了几万斤,很快就卖光了。合作社见市场销量好,第二年增加了种植量,但量大了就没那么好卖了。第三年就少种了些,少种了又不够卖。由此看来,再好的产品也得有一个稳定的市场,要有稳定的市场,就必须得有稳定的客户群。

洋洞村也种植"黎平同禾"。为了跟芒岭村区别开来,避免同质竞争,杨正熙便根据稻种稻秆高、芒刺长的特点,将"黎平同禾"更名为"高秆芒粳"。

贵州好多村寨对稻米都很有感情,村子里往往流传着关于米的仪式,比如小孩子出生后,大人要挂一把谷穗在房间,因为有香味的谷穗挂在房间喻示着孩子一落地吃的第一口东西就是这种香稻米,也象征着孩子以后一生衣食无愁,因此也叫"开口米"。孩子长大后吃习惯了一种米,直到老了往往都会吃这种米。他们对米的感情是用一生来计算的。杨正熙说,洋洞村现在种的60多种米,每一种米都有种它的原因。比如紫米,当地小伙杨秀川,坚持几十年种植古老低产的紫米,只为一生酷爱吃紫米的奶奶。早些年,从榕江嫁过来的奶奶带来了紫米。此后几十年,奶奶每天都吃这种米,家里每年都要种上三四百斤。2014年清明节前一天，杨秀川挑着最后一担紫米稻谷下山，准备全部打成米，来年就不再种了，不再种的原因是96岁的奶奶去世了。正在寨上调查收集地方濒危物种的杨正熙听说此事后，匆匆赶了过去，在向小伙子说明来意后，把60多斤紫米稻谷全部买了下来。

在黔东南一带，一些稻谷是因为亲人和族人之间古老的仪式和柔软的情感纽带才悄然存活了下来。还有一些米，被一些村子当作了自己的象征符号，比如，宝塘米（一种高山粳米）。宝塘村村民会说："这个米就是我们宝塘村的米，它代表了我们村庄的历史与荣耀。"

三

2015年3月，由杨正熙出任社长的"贵州有牛复古农业合作社"正式成立了，洋洞村1397户5326人以耕地、耕牛、牛棚等资源入股合作社。入股的农业和林业用地共3.35万亩。

杨正熙说，成立"贵州有牛复古农业合作社"的初衷是把四处收集来的老种子，让农户以种植的方式保护和传承下去。"把收集来的种子交给村民种，村民在增加收入的同时，又保护了种子。"他管这种方式叫"活化保种"。

正式成立合作社之前，杨正熙在村里多次召开村民大会，然后是寨老会、生产小组会，广泛调研村民的意见，最后以生产小组的形式在合作社章程上签字。此外，每个生产小组还共同签了一份生产承诺书。同时要求：每一户社员负责种几种老品种，每一种老品种交给多户社员种，全体村民成为保种人。合作社成立的第一年，社员就种植2000多亩各类老谷种，收获了120万斤谷子。

为了保证做到原生态绿色种植，合作社起草了民俗约法《守农有牛生产律》，明文规定不允许使用任何农药和除草剂。合作社成立后，吸引了不少在外地打拼的大学生与农民工回到家乡，同时给村民们带来了实实在在的经济收入。村民杨正国2019年种了10多亩胭脂紫米，产出的4000多斤胭脂紫米，卖了2万多元。"比之前种传统水稻划算多了。"他说，"以前种的普通稻米只能卖1.2元/斤，而胭脂紫米能卖到4元/斤——合作社以4元/斤的价格收购。"

"有牛复古农业合作社"让村民提高收入的同时，也让即将消失的胭脂紫米、小麻红米、香禾糯等65个古老稻谷品种在洋洞村存活下来，并生生不息地传承下去。

合作社在洋洞村配套建设了有机大米加工厂，安装了年产5000吨大米的生产线，生产加工胭脂紫米、纤身香禾、高秆芒粳等10多种具有营养功能的有机米。2019年，加工成品米1500吨，通过统一收购、加工、包装，出售稻米商品625吨，有牛米市场销售均价为36元/公斤，合作社年收入达到2250万元。

杨正熙说，用传统农耕的方式，也就是牛耕人种和播撒老品种，可以做到高质量、高品质，借此开拓市场。洋洞村的生态模式是耕牛耕作，牛粪是稻田的天然农家肥。一头耕牛就是一个小小的有机肥生产厂，一年有1万多斤牛粪，能够滋养10亩水稻。带领洋洞村村民从事传统农耕的杨正熙，2019年荣获"全国五一劳动奖章"。谈到荣誉，他笑着说："我希望更多有志于生态农业的人和企业，和我们一道来耕作、来实验、来传承。"

杨正熙说话间，又有"哞哞"的牛叫声从梯田里传来，那片肥沃的土壤里，凝聚着洋洞村人情感与希望的种子，正在发芽与生长……

孔雀河边

马聪娟

记得2019年12月下旬入疆之初,一出机场,接机的同志就把我们带到了孔雀河畔,说这里是库尔勒最值得一看的地方。时值隆冬,寒风凛冽,天空湛蓝,我却看到上百只天鹅,有的在河里嬉戏,有的在岸边休憩,有的在天空相伴飞翔,它们是那么怡然自得,仿佛这里就是它们的家。

接机的同志说,这些都是野生天鹅,每年冬天都来孔雀河过冬,库尔勒是座美丽的城市,是一个连天鹅都喜欢的地方。

连天鹅都喜欢的地方,我想,我也一定会爱上这里。

我们的驻地附近,有条小巷子直通孔雀河,走路10分钟就到了。来到库尔勒之后,我常去的一个地方,就是孔雀河边。孔雀河是一个富有诗意的名字,河水源自博斯腾湖,再往上追溯是开都河,水源是天山雪水。博斯腾湖水穿过铁门关峡谷,流经库尔勒,一年四季川流不息。孔雀河横穿库尔勒市区,犹如一条玉带,把库尔勒装点得美丽动人。在新疆,像库尔勒这样拥有一条穿城而过的河流的城市极为罕见,孔雀河成了库尔勒市区最美的风景线。

天天从孔雀河边经过,我就想,它是怎么进入库尔勒市区的,又流向哪里呢?周末,我和几位同事相约去一探究竟。我们从下游一路溯流而上。下游的孔雀河水面宽广,平静如镜,清风徐来,碧波荡漾。至中游时,出现了几道坡,河道有落差,河水忽而湍急,忽而平缓,特别是行至狮子桥瀑布段,远远看见水面卷起层层白色波涛,飞花溅玉。越往上走人越少,两岸草木变得繁茂,有的树就长在河水里,树冠几乎与水面齐平,颇有水底森林的感觉。终于走到闸口,但见壮观的河水从闸口呼啸喷涌而出,白浪滔天,气势磅礴,令人精神为之振奋。一条河有如此多的变化与景色,让人无法不爱它。

因为有孔雀河的陪伴,时间不知不觉就溜走了。孔雀河一年四季几乎都是美不可言的。春天的孔雀河有一种朦胧的美,远远望去云烟浩渺,如同披上了一件轻雾薄纱。春末夏初的时候,河边焕发着勃勃生机,柳树枝条抽出嫩黄的新芽,沙枣树开着米色的花,散发着蜜一样的香甜气息。河水潺潺流动,隐隐还看见河水里未融化的冰块。路边的蒲公英已经长出了小伞,几个小孩子在草地上追逐嬉戏,一派祥和的景象。

夏天是突然而至的,一来就那么热情热烈,阳光晒得人皮肤发烫,树荫下却是清凉的。蔚蓝的天空纯净,金色的阳光似火,孔雀河的河水清澈,岸边长满绿树碧草。这时节的孔雀河,蓝的蓝,红的红,白的白,绿的绿,色彩浓烈而纯净,如同一幅油画。到了晚上,孔雀河又是另一番韵味了,退去了白天的燥热,晚风透着阵阵清凉,水面上浮着月光,让人流连忘返。

对于库尔勒来说,秋天是短暂的,一闪而过,还来不及品味,冬天就到了。野天鹅如期而至,它们从海拔2000多米的巴音布鲁克草原飞来,来到孔雀河,来到库尔勒,在这里过冬。苍鹭也来了,灰头鸭、斑嘴鸭都来了,还有一些不知名的鸟儿,自由自在地觅食、畅游。河面上成群的鸟儿,引得岸边的人们驻足观赏,小孩子看见鸟儿就高兴得不得了,唱着,跳着,伸着小手叫嚷着。鸟儿们也不怕人,甚至飞过来与孩子们互动,天地间其乐融融。还有一些摄影爱好者,架着相机从清晨一直待到傍晚，随时都在捕捉美好的瞬间。

　　库尔勒全年降水量少，下雪天更是难得一见。如果说夏天的孔雀河是一幅油画，那么雪天的孔雀河就仿佛是一幅淡淡的水墨画，意境悠远。岸边的树木被雪装点成了雪树，雪中的河部分结了冰，河边的芦苇丛一抹淡黄伴雪白，与半冰半水的河水交相辉映。点睛之笔是天鹅，白色的羽毛，黑色的眼睛，如雪之精灵，在河里畅游，在空中飞翔。如果说天鹅赋予孔雀河以生动，那么孔雀河则赋予库尔勒以灵秀。库尔勒因孔雀河而生生不息。

　　一条河因天鹅而有生机，一座城因河水而有灵气，因一条河，我更加热爱这座城。

有一个故事，叫长江

刘汉俊

长江之长，不仅在长度，也在她的历史；长江之大，不仅在水量，更在她的力量、胸怀与气势。长江是我们的母亲河，培育了中华文明、养育了中华儿女、浇灌了大半个中国，千回百转地流淌到今天，需要我们以敬畏之心来端详。

一

长江是地球造山运动的产物。天地一根弦，江河日夜流。长江是时间的刻痕、地球的史记。亿万年前，长江以天崩地裂的节奏和石破天惊的声响横空出世，用古老的涛声谱成奔涌的序曲和前进的旋律，翻过雪山冰川、高原草地，蹚过深沟峡谷、险隘洞涧，一路吸纳飞瀑激流、溪泉川流，连通起江河湖海、沼泽湿地，浸润着沃土荒漠、山林草木，以奔腾不息的姿态一往无前。它的干流经过青海、西藏至江苏、上海等11个省区市，一路向东；它的支流经过西到甘肃、东到福建的8个省、自治区，辐辏四方。雅砻江、岷江、嘉陵江、乌江、沅水、湘水、汉江、赣江等八大支流，700多条小支流、3600多条小小支流，4万多个中小湖泊和水库，还有无数的细流像毛细血管一样丰富又像蛛网一般密布，汩汩地注入长江；洞庭湖、鄱阳湖、太湖、巢湖等五大淡水湖中的4个与长江相通；南水北调工程分东、中、西三线从长江取水；京杭大运河由北向南纵贯北京至浙江等6个省市,在扬州通过里运河与长江瓜洲古渡口连通。在此,长江与海河、黄河、淮河、钱塘江五大水系全部贯通,然后继续东去,从吴淞口汇入滔滔东海。发达的长江水系,沁养着大半个中国。

地球给长江以生命,长江给大地以生机。雨水丰沛的长江两岸四季葱茏、五谷丰饶,舟济江河湖海,物流东西南北,长江流域渐成富庶之地、安栖之所、庇佑之处,养育着世代中华儿女。回想古代历史,北方的灾荒与战乱,使黄河流域、淮河流域人口不断向长江流域迁移。北人南渡,东人西进,广袤的长江以博大的胸怀、温暖的怀抱、丰饶的物产接纳了天下游子。今天的长江流域约占国土面积1/5,长江经济带覆盖沿江11个省市,横跨我国东中西三大板块,人口规模与经济总量占据全国"半壁江山",生态地位突出,发展潜力巨大。长江不歇脚,生命不停息。

二

江河行地,万流归宗。金沙江与岷江在四川宜宾交汇成长江,嘉陵江与渠江、涪江汇合,从重庆朝天门涌入长江。从四川宜宾到湖北宜昌这一段,叫川江。

船行川江,只见地势雄奇险峻、悬崖峭壁连绵如阵,巍比岱宗,险超西岳,稳若衡山,秀甲匡庐。河道暗礁密布,漩流疾速突变。湍急在湍急中赶路,澎湃在澎湃中跳跃,让你知道什么叫怒涛狂卷、轻舟千里,什么叫虎跃狮咆、马奔狼突,什么叫壁立千仞、无欲则刚。那悬棺,那古栈道,那岩上的纤痕,那一道道深刻的崖上缝、壁中罅,有鬼斧神工之奇、天造地设之妙,让你尽情想象亿万年前的江水是以怎样的力量冲破石壁、撞开夔门、荡出西陵峡,奔腾成一条长江的;教你懂得什么叫没有蹚不开的路、过不去的坎,什么叫开山辟地、所向披靡,一心只向远方的星辰和大海。

一抬头,一座航标灯在高处的山嘴上站着,等你,如山鹰兀立,看云霞明灭。任你时来时往,来无影去无踪;任你潮起潮落,高一声低一声,它以静待变、处变不惊。置身川江深处,看云谲波诡、苍狗长风,峡江的浪会打湿你的眼、风干你的泪、温润你的念想;你会感叹年华如水、沧桑易变,但那航标灯却是真实的留存,坚定如磐,为你指航。

峡江之上,苍山之巅,有婀娜和娉婷在等你,有望眼和轻唤在等你,有软软的风、柔柔的雨、暖暖的爱、幽幽的怨在等你。那是一位神女,传说中的西王母娘娘之女,她的名字叫瑶姬。孤独的瑶姬在这里栉风沐雨,坚守经年,除妖驱虎,一心等待治水的大禹,等待到地老天荒。楚襄王梦之求之,屈原歌之赞之,宋玉、阮籍、郦道元、李白、杜甫、刘禹锡、元稹、李贺、李商隐排队在神女峰的脚下献诗献文,从青城山、都江堰、峨眉山、乐山大佛顺流而下的范成大在白帝城等候,还有卢照邻、杨炯、孟浩然、王维、岑参、孟郊、白居易、杜牧、欧阳修仰慕而来,远远地站在巫峡栈道上观望,千里之外的瓜洲渡口、金山寺,还有王安石、陆游、张祜在翘盼。明月千里,千秋明月,多少风雅故事,发生在长江、在三峡。然而今晚,她只以烟霞为羽衣,用晚照做霓裳,将满目秋波送给峡江崖上、嶙峋岩中那一群孤独的身影。

那是川江的纤夫们。"脚蹬石头手扒沙,风里浪里不归家",踩着1亿年前的海底、1万年前的河床、1000年前的栈道、数百年前的鹅卵石,一队队、一步步,弯成力字形、伏作满弓状,逆水而行,向水而歌,是力量在行走、生命在歌唱。那岩石上深深的纤痕,那风吹日晒黑得像江中石一样的脸和臂膀,那打着旋涡在峡谷和江面回荡的川江号子,像动感的雕塑、凝固的浪线。一根纤绳便把七百里三峡拉成了五线谱,呦呦旋律从古来，嘈嘈音符向东去。然而，水路再曲折，行程再遥远，长江却几乎围绕一根轴线做等幅运动，曲曲折折弯弯绕绕，最终在轴线上选择了自己的入海口。这根轴线就是北纬30度线。

地球北纬30度附近，是一个奇特而神秘的地带，一道人类文明之谜。尼罗河、幼发拉底河和底格里斯河、恒河、密西西比河、雅鲁藏布江和长江等大江大河都横跨这一地带；古埃及文明、古巴比伦文明、古印度文明、玛雅文明、长江文明在这一地带聚集，同纬度的三星堆古蜀国遗址正在被深度挖掘；珠穆朗玛峰等地球上的7座最高峰，以及至今无人登顶的梅里雪山在这一带列阵；神秘的百慕大群岛等在附近隐现，最深的马里亚纳海沟在不远处潜伏。长江像一条彩线，串联起无数的文明珍珠；又像是一根脐带，一头深深地扎进中华腹地，汲取能量后奔向浩荡东海。

长江流域是人类的摇篮、文化的故乡。长江上游地区的元谋人、巫山人，中游地区的长阳人、郧县人，制造出石斧石锛石犁石铲等工具、石矛石镞石刀石丸等武器，学会钻木取火，揖别茹毛饮血，高举人类文明的燧火，走过漫长的旧石器时代。上中游地区的巫山大溪文化、枝城城背溪文化、京山屈家岭文化，下游地区的河姆渡文化、马家浜文化、良渚文化像花儿朵朵，次第盛开在新石器时代的晨光里。这些遗址无一例外地存在大量稻壳的遗迹表明，在7000年到1万年前，长江流域已经开始种植水稻。

长江广纳百川，文化葱茏葳蕤。长江流域诞生的羌藏文化、巴蜀文化、湖湘文化、荆楚文化、徽赣文化、吴越文化、海派文化，各呈芬芳，和而不同，相映生辉。长江流域的农耕文明与游牧文明、渔猎文明走向交融，长江文化与中原文化、岭南文化、燕赵文化、齐鲁文化、西域文化，甚至异域文化煮酒论道、交流互鉴。千山同根，万水归江，长江因此而壮阔。无数的仁人志士、英雄豪杰从这里走向历史舞台，书写中华民族的史诗，数不清的政治事件、军事争战、文化现象发生在长江；无数的先哲巨匠、文人墨客从这里登上文化讲台，挥斥方遒，指点江山，舞椽笔、洒巨墨，读不尽的雄文翰墨、诗词歌赋如长联披挂在长江两岸，数不清的文化经典、文化遗存、文化标识、文化星宿从长江升空辉映神州大地。长江塑成了伟岸峭壁、险隘雄关，分娩了烟柳江南、水墨雨巷，涂抹了湖光山色、水村山郭，那一帆一浪一石一矶、一草一木一楼一台，是长江的符号、文化的标点。长江不歇脚，文化不停滞。

三

长江既是神奇的景观，更是深刻的哲学命题。

日月千秋照，江河万古流，思想光辉灼灼，哲学波光粼粼。运动是绝对的而静止是相对的，回旋是暂时的而奔流是永远的。广纳百川而不捐细流，吸纳一切又输出所有，是长江的品格；开山劈岭、攻坚克难，百折不挠、勇往直前，是长江的性格；动则惊涛，静若止水，从不驻足，奔腾入海，是长江的追求；只争朝夕，不舍昼夜，是长江的自觉。一切的雪、一切的霜，所有的雨、所有的风，只为孕育世间峥嵘、滋润天下万物，这是长江的理想和信念。长江是生机的同义语，是包容的标志、博大的象征。生活在这样的奔腾中，你我都是一滴澎湃的水、一朵跳跃的浪、一条浓缩的浩瀚长江。

岁月抹不去历史的创痕，江河洗不尽积年的风尘。不要忘却自然的惩罚之鞭，不能亏待长江的哺育之恩。北宋晚期到南宋早期是长江的阵痛期。1500多年前北魏郦道元笔下的三峡是"素湍绿潭"，1300年前唐代李白的笔下是"碧水东流至此回"，1200多年前唐代白居易的笔下是"蜀江水碧蜀山青"。但到了830多年前，南宋诗人范成大从岷江一路直下,漂泊到汉口岸边才见到清澈的汉水,与他几乎同时期的诗人袁说友更是记录道:"荆江水涨,浊波涌急",南宋进士陈造还留下"汉江水黄浊"的日记。及至宋末元初,长江流域植被大量被采伐,水土流失更甚。从此,研读南宋以降写长江的诗文,已很难再见到"清流""碧波"之类的描述。文笔如史笔,留存下长江的前世今生。

亿万年的长江,千百年的沧桑,一路风尘仆仆、满心伤痕酸楚,需要休养生息。长江穿越时光隧道,像一道历史性答题横亘在我们面前:今天,该怎样对待长江?母亲需要保护,长江需要呵护。保护生态等于拯救自己,珍视长江就是善待人类。长江之伤是人类之痛,保卫长江当举法治之剑。

四

大江铺长卷,时代挥椽笔。

党的十八大以来,习近平总书记走遍了长江经济带的11个省市,明确指出,推动长江经济带发展必须坚持生态优先、绿色发展的战略定位。2016年1月5日在长江上游城市重庆、2018年4月26日在长江中游城市武汉、2020年11月14日在长江下游城市南京,习近平总书记亲自主持召开3次长江经济带发展座谈会,题目从"推动""深入推动"到"全面推动",全方位展开,各环节深入。一场水污染防治、水生态修复、水资源保护、水安全保障的"长江保卫战"在流域全线如火如荼地展开,力度之大、规模之广、影响之深,前所未有。5年多来,绿色长江理念形成,"共抓大保护,不搞大开发""把修复长江生态环境摆在压倒性位置""保持长江生态原真性和完整性",成为长江两岸人民共同的理念、共同的行动;5年多来,长江大保护成效明显:长江保护法正式实施,保护长江有法可依,"十年禁渔"全面实行,"重化围江"难题逐步破解，全流域劣五类水质不断消除，"水中大熊猫"野生江豚等快乐嬉戏江面，万里长江绿色生态长廊成线成片规模呈现，长江经济带生态环境保护发生转折性变化，经济社会发展取得历史性成就。生态蓝图已经擘画，古老长江翻开新页，草长莺飞垂柳依、鱼翔浅底江豚跃的美景重现长江。

新发展理念如灯塔指航。一部长江史一定程度上就是一部人与自然的共生史。长江水力资源富足，总量几乎占全国的一半。长江之水天上来，全程落差约6000米，天然资源化作电力优势，于是巴塘、乌东德、溪洛渡、向家坝、三峡大坝、葛洲坝等大型水电设施呈梯级开发，展露亮色。西电东送从这里出发，长江点亮了大半个中国；南水北调从这里启程，长江浸润着中国的大地。长江流域拥有丰富的土地、矿产、林草、湿地、雨水资源，雄厚的科技、教育、文化、产业、市场、人力资源，是中国的经济腹地、生态要地、创新高地、发展重地。优势集中、辐辏广阔是特点，生态优先、绿色发展是前提，经济总量占全国比重接近一半的长江经济带弯弓搭箭、蓄势正发。唯有生态高质量，方有经济高质量；越是永续发展，越要和谐共生。长江保护从"头"做起，雪山草原三江源，唐古拉山昆仑山，没有"源头活水"就没有大江东去"清如许"。牧民下山，策马扬鞭告别世代家园，只为万代千秋；渔民退捕，离船上岸转变生产方式，是为长远生计。一江两湖连七河，清江、清湖、清船、清网初见成效，白鲟、江豚、白鱀豚、中华鲟、长江鲟等4300多种水生物正陆续游回安全的家。回望关山千重，展望碧空万里，人类从来没有像今天这样严肃地对待长江，这是民族的百年大计、千年血脉、万世根本。"草秀故春色，梅艳昔年妆"，美丽的长江生态正在生机重现。

新发展蓝图正蓬勃盎然。纵使潮起潮落，任凭水丰水枯，长江正发挥出防洪、发电、供水、灌溉、航运、养殖、旅游的巨大效益。长江大桥、高速高铁纵横交错，空中航线、水上航线密集交织，隧道地铁、过江轮渡南北穿梭，一幅纵贯东西、连通南北的立体交通网披挂长江。如何让区域协调、总体布局更科学、更合理、更有效率，长江是一道必答题，正在考验我们的智慧。把长江经济带建成生态文明建设的先行示范带、引领全国转型发展的创新驱动带、具有全球影响力的内河经济带、东中西互动合作的协调发展带，是新时代赋予长江的新使命。"共抓大保护、不搞大开发"，同饮一江水，共唱一首歌，强劲的长江正发力。

两岸青山相对出、一江清水向东流，只待时日，正在今朝。唯愿长江浩荡，喜看万物欣荣。古老的长江故事正在翻开新时代的新篇章。

一生一事一叶茶

沈小玲

徐月琴看邵彩玲烫杯，倒水，泡茶，温水渗入茶叶的每一个细胞中，叶子又恢复了在茶树上刚冒出来的模样。

徐月琴端起茶杯，深深吸了一口气，轻轻抿了一口茶。瞬间，清香和甘甜都入口了。

这茶，是邵彩玲刚刚炒出来的。

一

邵彩玲是土生土长的龙坞茶镇里桐坞村人，共产党员，今年61岁。

龙坞茶镇本名叫龙坞镇，在浙江省杭州市西南角，离市中心大约15公里，下辖11个自然村。连绵不绝的茶山茶园四季郁郁葱葱，温柔地环抱着每一个村庄。这里是西湖龙井茶最大的产区，有"万担茶乡"之美名。也不知从什么时候开始，大家习惯不叫行政地名龙坞镇，而是叫龙坞茶镇。

里桐坞村在西湖龙井茶还没出名前就开始种茶树了，家家户户都有茶园。种茶，采茶，炒茶，卖茶，修茶枝，捉茶虫是茶农们一年的工作。

邵彩玲的祖辈都是茶农。"女人采茶，男人炒茶"是茶农家庭的基本分工。年轻时，邵彩玲常常参加采茶比赛，如果没得第一，绝对会是第二名。问起邵彩玲采茶的水平，她会很自然地说："跟姆妈学的，我出生没几个月,姆妈就背着我去采茶了,采茶就像说话、吃饭一样习惯。"

邵彩玲做事麻利。她采茶是两只手同时采的,她的双手在茶树的枝顶上像织布的梭子一样飞快移动着,来回不停地把茶叶往竹篮里放,没多少工夫,篮子里的茶叶就明显地升高了。

二

30年前,邵彩玲从青岛卖茶回来,发了高烧。病好后,走路却不方便了。她没有办法再去采茶和卖茶。于是,就学炒茶。

邵彩玲永远记得最初炒茶时,右手烫出了27个水泡。

"那真是泡裹泡啊。"她伸出右手,左右翻转了一下,好像还可以看到27个水泡的印记似的,随即爽朗地笑了。

炒了一年又一年,积累了许多经验,她边干边摸索边比较,最后还学会看茶了。只要看一眼茶,她就可以大致判断出炒茶人的火工怎么样,知道炒茶时哪个环节出了问题。

"抖、带、挤、甩、挺、拓、扣、抓、压、磨",西湖龙井茶的十大技艺在邵彩玲的手掌心运转自如,她成了西湖龙井茶高级炒茶技师、杭州市能工巧匠。

"炒茶时,尽量不要说话,说话和不说话,炒出来的茶是不同的。"

"如果你今天心情不好,炒出来的茶口感就不会好。"

这些都是她的炒茶心得。

当她的炒茶技艺名声在外后,许多年轻人不远千里从绍兴、丽水、温州,甚至是云南、贵州等地慕名而来,她一概不收学费,免费传授国家非物质文化遗产西湖龙井茶的炒茶技艺,已经带出了好些弟子。

常有人问邵彩玲:现在,你女儿长大了,你的炒茶技艺后继有人了。

每每听到如此发问，邵彩玲会笑着说："手艺不一定只传给自己人，还得传给那些真正需要的人，也要传给那些真心学习的人。"

对于妈妈把炒茶技艺传给谁，邵彩玲的女儿一点都不计较。她也跟妈妈学炒茶，还经常把自己炒的茶和妈妈炒的茶混着摆放，让客人挑选品尝。当客人喝完茶，说"不错，有邵老师的水平"时，她就开心得像小孩子一样，连声说："还没到火候，还没到火候呢。"

三

2005年，响应国家"农业开发，荒山变茶园"的号召，邵彩玲和丈夫商兴农在龙坞镇的长埭村拓荒，开辟茶园，种植茶树。

夫妻俩承包了100亩荒山。整整5年，他们吃住全在山上。

理灌木、斩荆棘、拔杂草、清乱石、修梯田、筑水沟，在一垄垄标准的茶田上扦插茶苗，深耕，肥田，改良土壤等，茶园开垦的工作一项不落。

每每到旱季，天刚蒙蒙亮，他们就到山脚挑水，上山浇水。傍晚，趁地面不太热了，再去挑水、浇水。新茶园最怕下大雨，茶树未站稳，雨水一冲，泥土就会少一大片。有一次下大暴雨，茶园的泥土裹着茶树像泥石流一样灌下来，还把山脚人家的菜地淹了。

第二天，他们向人家赔礼道歉，再一筐一筐地把冲下来的泥土从菜地里挑回茶园里，等气候合适了，继续种上茶树。

培土，施肥，剪枝。剪枝，施肥，培土。周而复始，茶园一年一个模样。

3年后，茶园渐渐葱茏。茶山的水土总算固定住了，再也看不到裸露的石块了。

第四年起，陆陆续续开始采摘茶叶。

第五年，茶园里的每一株茶树都精神抖擞，笔挺地深扎在逐渐肥沃的泥土里。

邵彩玲夫妇每天像蜜蜂采蜜一样在茶园里忙碌着，看着茶园一天天绿意盎然，他们像是吃了蜂蜜一样，有说不完的甜蜜和喜悦。

常年体力透支，邵彩玲病倒了，在开辟茶园后第六年，她被查出得了全球仅百例的罕见癌症。但哪怕是在病中，邵彩玲依然舍不得离开茶叶，时常要把心爱的茶叶摸一摸，看一看，才觉得心安。

"茶叶是有灵性的。"邵彩玲深信，她能战胜病魔就是源于骨子里头对茶的痴迷、对茶与生俱来的热爱。

病愈后的邵彩玲对茶园做了新的十年愿景。她说："做茶，不是把赚钱作为奋斗目标，而是因为我对茶有一种真实的感情、一种回馈的愿望、一种美好的向往。"

四

春天的太阳暖烘烘的，茶园里的茶树长势特别好，茶枝顶上冒出一两片、两三片芽，芽尖儿嫩得好像会滴出水来。

商兴农站在茶园旁，一垄一垄茶田仔细查看着。

"这垄明天还要再采，那垄可能要后天来采。明天大概要安排多少工人在这块茶园采茶，那块茶地明天就先歇歇吧。"走一圈，商兴农把这两天的活都安排稳妥了。

邵彩玲相信科学，当大多数人还在观望时，她勇敢地跨出第一步，引入了中国农业科学院茶叶研究所培育的新品种，并得到了市区有关部门和省级科研机构的支持帮助。

科学种茶，让茶园插上了科技的翅膀，也让茶叶的品种变得更加丰富多样。

商兴农走在通往山顶的桂花小道上,高大的桂树把两边茶园分开了。

当年开荒时,商兴农、邵彩玲夫妇在茶园的大道小路和边边角角种了几百株桂花树。

研究茶园生态的专家对茶园间种桂花树大加赞赏。

如果只种茶,短期经济效益明显,但茶园植物单一化,生态小环境并不友好。桂花树给茶园虫害的天敌提供了栖息场所,"以虫克虫",降低了虫害发生率。

原来,在茶园里种桂花树有这样的好处。

原来,在开荒时他们就想到了生态种茶。

茶园的山不高,茶园被桂花树包围着,这茶,浸润了山谷的气候,平和、温润。

一杯好茶,从科学培育一片叶子开始。

五

徐月琴端起邵彩玲给她泡的第三杯茶,茶水清澈,幽香徐徐。

徐月琴也是龙坞人,祖辈也种茶,她是西湖第一实验学校的语文老师。

"30年来,徐老师教过我们茶农的多少小伢儿啊?"邵彩玲问。

这个,徐老师一愣,可记不清了。

但茶农家的孩子都记得徐老师。徐老师带他们去探究西湖龙井茶的起源,给他们讲茶叶制作的匠心。"做人像茶有九德",就是徐老师告诉他们的,这是世代茶农的精神传承。

徐月琴和邵彩玲,用不同的方式,让茶文化的种子在这片土地上静静孕育、萌芽、长大,持续散发出特有的清香。

这里是翠湖……

李青松

一

翠湖，是一片湿地。

然而，在老北京人的记忆中，海淀没有湿地的说法，也没有这个诗意的名字——翠湖。有关海淀的老照片，只有园囿、稻田、水塘、泥滩、涝洼地和纵横交错的沟渠。

早年间，因防水患，海淀上庄建闸。水患防住的同时，也诞生了一座水库——上庄水库。上游农地均成了水田，稻花芳香，蛙声一片。到20世纪80年代，又在宋庄加了一道拦河闸，解决了排水、行洪和灌溉问题，并由此意外生出了一片沼泽景观——叫什么呢？总得起个名字，讨论来讨论去，末了，有人脱口而出——翠湖！

我曾经多次来到翠湖，为的是想弄清楚，城市中的湿地是如何与现代化脚步并行的？它与人的关系处于一种怎样的状态？

翠湖没有让我失望。翠湖的景象是如此令人陶醉，在这里，我已经分不清楚水域与天空的界线到底在哪里。

湿地的土壤孔隙可张开，可缩闭，能蓄水，能解旱情，也能透水排涝。湿地生态系统的独特功能，对于保持城市活力所起的作用，确实越来越引起人们的重视。

湿地表面平静，内在却十分活跃。它有利于形成降雨，从而保持自己的湿度，也调节着局部的小气候。湿地上的水草，抗毒性能强，可以大量吸收二氧化碳，滞尘除菌。因此，湿地不但可以净化空气，而且可以增加碳汇。

翠湖用自己的故事，诠释了湿地对于现代城市来说具有怎样的意义。

二

"嘎嘎嘎，嘎嘎嘎……"翠湖的黎明，在雁语中睁开眼睛。

翠湖的主角是由这样一些词语构成的：湖水、芦苇、菖蒲、水葱、荷花、浮萍、狐尾藻；鸿雁、天鹅、野鸭、鹈鹕、翠鸟、黑水鸡；等等。

每年春天，鸿雁从天空的深处飞来，"嘎嘎嘎"叫着。有时排着整齐的雁阵，有时侧翔滑行，有时干脆抖着翅膀哗啦一下就落下来了。它们一群一群地飞来，一群一群地飞走，似乎与翠湖有着某种约定。

翠湖的泥滩上和浅水区域长满了野草，当中属菖蒲最茂盛。它饱满的秆子里呈絮状的内腔，到底能存储多少水，没人说得清楚。鸿雁整日在菖蒲丛里觅食。它们喜欢吃鲜嫩的芦芽、初生的水草、含苞的花蕾，以及那些在菖蒲秆子上啃咬的虫子。

偶尔，也有鹰的叫声划破天空。虽然我连它的影子也没看见，但能感觉到它的存在。鸿雁以及其他的鸟儿们，似乎时刻警惕着。

那天，我在翠湖湿地管理处办公区，看到一只鸿雁带着两只雏雁在苹果树下觅食。苹果熟了，从树上掉了下来。鸿雁与雏雁啄食掉落地上的苹果。雏雁嘴巴没那么大，鸿雁就先啄几口，啄开一个口子，雏雁再一下一下啄食里面的果肉。鸿雁自己并不吃，只抬头四下里打量，观察周围情况。办公区的人们脚步匆匆，忙着各自的事情，似乎没有人在意到这几只鸿雁,也没有人打扰它们。人与动物,互不相扰,共生共存。

事实上,保护自然,不是单一保护某种动物、某种植物,而是要保护自然界生物的多样性。修复自然生态系统,除了考虑生物数量够不够多,还要考虑它们之间的关系是不是构成了稳定的链条。

翠湖的鱼类很多,有白条、鲤鱼、鳙鱼、鲢鱼、鲇鱼、草鱼等。个头最大的是黑鱼。翠湖湿地管理处副主任刘颖杰告诉我,在翠湖,曾经捕到过接近一米长的黑鱼。它从一个水塘转移到另一个水塘时,能自己翻越堤岸滑过去。黑鱼是肉食性鱼类,黑鱼多,说明翠湖的野生鱼类数量也多,否则黑鱼早就在翠湖绝迹了。

鱼多,鸟类自然就多。

平时,鸟类不需要巢。白天四散觅食,傍晚回翠湖过夜。可是繁殖季节一到,要抱窝孵蛋,这就需要巢穴了。翠湖有个鸟岛,面积不大,能容纳的鸟类有限。鸟的数量总是多于鸟巢数量。鸟巢不够用怎么办?必然导致竞争。争夺巢位的"战争",几乎每年都要爆发一次。

争夺巢位是鸟类种群繁衍的需要。鸟有了巢位,就有了繁育后代的可能。翠湖有白鹭300多只,苍鹭800多只,鸬鹚500多只。常常是白鹭与苍鹭联合起来,共同对抗鸬鹚。争夺巢位失败的一方,只得遑遑然逃往别处筑巢。

当寒冷的冬天来临时,翠湖因为有一片水域不结冰,食物充足,便吸引了上千只鸟来此越冬。

可是有一年冬天,某天夜里,翠湖突然发生了这样一件事——翠湖的鸟岛上有30多只鸿雁和野鸭被其他动物咬死。

一连两周,在翠湖,每天夜里都有鸟类被咬死的情况发生。管护员们高度紧张起来。他们对现场进行认真勘察,分析鸿雁和野鸭被咬的部位。按照往常,冬天是翠湖鸟岛最热闹的时候,各种越冬的鸟类都集中到这里。可这一事件发生后,翠湖的鸟岛上看不到一只鸟了。

翠湖湿地管理处的鸟类专家彭涛在鸟岛上蹲守了几天几夜,也没有找出真凶。开始时,他怀疑是貉干的。在翠湖,曾有野鸭、黑骨鸡等被貉咬死吃掉。彭涛每天寻找,但一连找了5天也没有结果。后来终于在红外相机的帮助下发现——是一只豹猫干的。

豹猫,因身上的斑点像古代的铜钱,又被称为钱猫。豹猫目光炯炯,动作快如闪电;常夜间行走,凌晨捕猎;攀爬本领超强,在树上跳跃自如;善游泳,喜欢在靠近湖边或湿地水域之处活动觅食。这是一种凶猛异常的山区野生动物。

翠湖与北京西山的距离至少有10公里。豹猫怎么会来到这里?是怎么来的呢?那年冬天,西山大雪封山,食物匮乏,估计豹猫找不到吃的了,就下山一路向东,跑到了翠湖来觅食。

要不要捕猎这只豹猫?翠湖湿地管理处经过认真研究,认为这只豹猫虽然屠杀了几百只鸟类,但捕杀它是没有依据的,也不符合生态保护的宗旨。不过,适当采取措施加以驱赶是必要的,但是不能伤害它。

可是,怎么驱赶呢?管理处一时也没有拿出可行的措施。很快20多天过去了,慢慢地,鸟岛上又开始喧哗吵闹起来,鸿雁和野鸭又回来了。那只豹猫也不见了踪影。

那只豹猫去了哪里?是回西山了,是去别处了,还是被它的天敌捕食了?一连串的问题,一时间都没有答案。各个角落的红外相机也没有监测到任何蛛丝马迹。

此刻,也许保持现状就是最佳选项了。

三

在翠湖,将食物链的底部连接在一起的是浮游植物。浮游植物能够被微小的浮游动物吞噬，而浮游动物又为鱼类和甲壳类动物提供了食物。实际上，食物链的关系并不是那么简单。比如，有些鱼类会以自己的同类为食；小的鱼也可能捕食大的猎物；有些大鱼不喜欢捕食小鱼，而是喜欢甲壳类动物和昆虫。我们通常的认知，可能被眼前发生的生态故事迅速瓦解。

在翠湖，动与静，常常在瞬间切换，每一种状态都让人惊心动魄。芦苇丛中，一只苍鹭衔起一只泥鳅，然后，就静止不动了。突然，苍鹭用翅膀拍打着朝霞，朝霞的碎片便纷纷落入水里。青蛙吓得瞪大眼睛，立时就噤声了。

在翠湖，每次我看到的苍鹭，都是孤独的身影。有时它对天长唳，叫声尖锐，又有些沙哑。它的腿很长，有点像高跷，就那么缩着脖子站立着，身体保持一个姿势——颈项弯曲，沿着胸和腹弯着，头和喙在高耸过胸的双肩之间。它的捕猎技法不复杂，只有一个字——等。为此，它必须忍受长时间的饥饿。有时我甚至想，它会不会是等的时间过长，脖子僵住了，或者是自己也忘记等什么了呢？

何谓生命？何谓生态？置身翠湖湿地，面对所看到的一切，这些问题的答案已不需要回答。

在翠湖，我深切地感受到——湿地最重要的特征，就是它的内部所具有的强悍的自我更新能力。

翠湖哺育和滋养着万千生命。它是慷慨的，也是脆弱的；它是温情的，也是危险的。在时间的延续中，翠湖自身已经形成了一个稳定的生态系统。

翠湖有自己的生存原则。在这里，什么可以做，什么可以不做，什么不可以做，都有原则。"限制""控制"等词语与翠湖坚定地站在一起，并且绝不妥协。

湿地是充盈着水的土地。土地不仅仅是土壤，还是能量的载体，更是土壤、植物、动物以及微生物等成分流动的集合。能量储存在土壤里，也储藏在水中，在生命运动过程中，某些能量消散在衰败中，某些能量靠吸收而得到补充。

翠湖创造了生命，也为光顾这里的生命补充能量。我请翠湖的鸟类专家闫亮亮概括一下翠湖的生态意义，她脱口而出："翠湖是留鸟的栖息地，是候鸟的中转站。"

翠湖，是一处可以让人们尽情呼吸的地方。

翠湖，人们可以在这里理解和感悟不一样的东西。

翠湖每周只开放3天。这里不卖门票，拒绝所有商业活动。这是翠湖保护的需要，也是翠湖管理的需要。翠湖分3个区域——封育保护区、封闭区、开放区。封育保护区和封闭区是绝对禁止游客进入的。每周一、周三和周六，游客可以进入开放区。

在翠湖观鸟的绝佳位置，建有一座钢木结构的观鸟塔，共3层，每层可容纳5人观鸟拍鸟。观鸟塔掩映在翠柳丛中，木本色，与远处的山影融为一体。

翠湖不是自然湿地，它是通过生态保护和生态修复形成的湿地。它的水是上庄水库的补水和人工再生水。它为再生水的利用提供了范例，也为人工再造自然提供了可能。

废水残水，也可以成为好水。涝洼泥滩，也能生成秀美的画卷。

"嘎嘎嘎，嘎嘎嘎……"一群鸿雁从翠湖湿地腾空而起，拍打着翅膀，列出雁阵，雁语婉转地向南飞去。湛蓝的天空，因雁阵划过而灵动了许多。

这里是北京，这里是海淀，这里是翠湖……

染绿沙漠的人

刘益善

陕西榆林之北,有面积达4.22万平方公里的毛乌素沙漠。2021年秋天,我来到榆林,探访这片闻名已久的沙漠。

我少年时看过电影故事片《沙漠追匪记》,片中,那一望无垠的沙漠,几百里见不到一棵树。那是我人生第一次知道世界上还有沙漠。这次到榆林,我又知道了,《沙漠追匪记》是1958年上海电影制片厂在毛乌素沙漠拍摄的。这就是说,我对沙漠的认知是从毛乌素开始的,这真是一种缘分。

在榆林市内,经过榆林学院时,我看到美丽的校园中,高大的教学楼、宽阔的操场、林立的宿舍楼,掩映在一片绿树中。同行的当地朋友告诉我,榆林学院在20世纪80年代只是一排窑洞,四周还是一片沙漠。

到榆林,必登镇北台。我仰望着高大巍峨的城墙,听讲解员做着介绍。讲解员指着城墙三四丈高的地方说,那里就是当年沙漠掩埋到的地方。我惊叹,如果沙线再往上爬一点,镇北台就会被埋掉。讲解员继续说,榆林城因为沙漠的原因,曾经3次迁徙。

今天,当我来到这里的时候,曾经的土黄色已经不见了踪影。所以,我再也体会不到千里无绿的那种无助与悲伤。

是谁让毛乌素的荒凉不毛成了过去?是谁把毛乌素的黄色染成了

碧绿？

我要见把毛乌素染成绿色的人，要见让毛乌素沙漠成为过去的人。这些人无疑干了一件了不起的事情。

在榆林市下辖的神木市锦界镇沟掌村，我见到了全国劳动模范、全国防沙治沙标兵、神木市生态保护建设协会会长张应龙。

张应龙开车带我去看他的10万亩长柄扁桃园。车辆穿行在林木掩映的水泥路上，松树、柏树、柳树、白杨树散发着浓郁的清新气味。我尽情地享受着清新的空气，都有点儿陶醉了。

1995年，32岁的张应龙离开家乡神木，辗转北京、天津等地工作。有一次去德国考察，张应龙参观了当地的防沙造林工程，感到非常震撼。想到家乡的毛乌素沙漠，他当即下了决心：把德国先进的防沙造林模式运用到改变家乡的生态环境上去。2003年，张应龙回到神木，先是承包了19万亩沙地，投入100万元，2005年，他变卖家产，再投入390万元，一门心思扑到治沙上。

开始治沙时，这里没有路，运砖、运树苗、运沙全靠电动三轮车，条件非常艰苦。有时上百万元修条路，一阵大风过来就被沙子给掩埋了。

对此，很多人不理解，家人也很不理解，张应龙却说，我下定了决心，一定要把这事做成。那些年，张应龙失败过、孤独过、绝望过。他感慨："其实不是我改变了沙漠，是沙漠教育了我。看到那些树在沙漠里顽强生长、积极生存，我就觉得自己也应该像一棵树一样，在困境中坚持下去！"

在当地党委政府的大力支持下，张应龙成立了生态协会，并联系了中科院、中国林科院等科研机构，采用科学方法治沙。

张应龙领着我登上一座三层的瞭望台，瞭望台位于他承包的43万亩沙地中间。他给我指着那些林地——哪里是樟子林，哪里是长柄扁桃林，哪里是杂木林。他说，种树植草，关住了沙，保住了水，这还不是最终目的。最终目的是用沙、让已治理的沙地为人类作贡献，改善人们的生活。现在，生态协会下有生物科技有限公司、土壤环境技术有限公司、生态农业有限公司等分公司，发展了长柄扁桃食用油、微生物菌种、生物有机肥料、无害养殖畜禽等多个产业。产业发展了，周边的农民也因为有了更多就业机会而富裕起来。

在瞭望台上，我朝各个方向望去，到处都是一片绿色，仿佛是在一片绿色的海洋里。

张应龙以及像他一样的人们，是染绿沙漠的人。

在榆林林业展览馆里，我看到了榆林人民治沙的详细介绍。从1959年开始，一代又一代榆林人民，不分男女老少，都参与了治理毛乌素沙漠。

他们中有"七一勋章"获得者石光银。无论遭遇怎样的困难，石光银都没有在沙漠面前低头。1984年，他成立了一家治沙公司，带领村民一起进驻狼窝沙，三战狼窝沙，终于浇灌出一片绿洲。他说："治沙已经成为我一生唯一要干的事业。只要我一天不死，我就要植一天的树，我的儿孙也要把这件事情继续下去。"

他们中有补浪河女子民兵治沙连。40多年里，300多名女民兵前赴后继治沙，终于让14425亩荒漠变成了绿洲，800多座沙丘消失，她们营建了30多条防风固沙林带，创造了治沙史上的奇迹。

他们中有井背塘村普通农妇殷玉珍，抱着"我不能让沙子欺负死，种树是为了活下去"的信念，30多年时间里在沙漠里坚持种树。

他们中有毛团村百岁老人郭成旺，带着一家四代植树种草40多年，接力奋斗，让荒沙变成了绿洲。

他们中,还有牛玉琴、李守林、杜芳秀、朱序弼、漆建忠等一大批治沙英雄。这些人的事迹,每个人都可以写一本书。

…………

在榆林,我日夜都沉浸在这些人的故事里,对他们满怀深深的崇敬。他们是染绿沙漠的人,是我心中的英雄。

这里是大黄堡湿地

武 歆

　　眼前，是两株已经挺立800多年的银杏树。我们围着银杏树欣赏，遇见几位当地人。他们给我们讲述了关于这两株银杏树的故事。

　　他们说，过去经常有鸭子在树上活动，大人和孩子都看到过。鸭子从树上跳下来，然后扬长而去，有时是一两只，有时是一大家子十几只。不光是大鸭子，小鸭子也能飞上树。

　　他们眉飞色舞地讲完之后，禁不住感叹，现在可没有了这样的景观。

　　银杏树位于天津市武清区大良镇后营庄村。这里距离天津市区虽只有一个半小时路程，我却是初次到来。来之前，也不知还有这样两株银杏树以及飞鸭的传说。

　　一位当地村民见我望着大树凝思，问我，是不是还在想着鸭子飞上树的事儿？他接着告诉我，现在想看鸭子飞，可以去大黄堡，那里可以看到。别说鸭子，那儿还有数不清的叫不上名字的鸟儿，天鹅也有。

　　大黄堡？在什么地方？

　　离这儿不太远，开车半个小时就到。那里是湿地保护区，一眼望不到头，好着哩。

　　真的吗？我半信半疑。我出生在天津，一直生活在天津，在60年的时光里，对天津的湿地保护区了解不多。不过，现在既然听说了，那就一定得去看一看。

大黄堡湿地自然保护区有着严格的管理规定,不允许随便进入。前些日子北方飘起了漫天大雪,现在虽已过去好多天,但在大黄堡湿地自然保护区内,依旧还是一片洁白的世界。水面更是一望无际。发白和发黄的芦苇把所有的路都给埋了,几乎看不到可以行走的路面。

我和保护区的管理员边走边聊,管理员是一位年轻的小伙子。我听了他对大黄堡湿地的介绍,然后迫不及待地问他,这里的鸭子可以飞起来吗?

我告诉了他在银杏树下听到的故事。小伙子笑了,接着肯定地说,我们这里的鸭子不仅能飞,而且飞得特别快。有多快?我问。小伙子想了想,说,您对车速110迈的感觉有概念吧,大黄堡有3万多只野鸭子,它们飞起来的速度跟110迈的车速一样快。

我听了,十分惊讶。然而四处巡视,怎么看不见鸭子呢?

小伙子向我摆手道,您别找了,野鸭子非常灵敏,人走到离它们两百多米的地方,它们就已经悄然跑了。

见我神情失落,小伙子赶紧宽慰我。实际上,他们作为管理员,也在减少巡视次数。有的小路因为好久没有人走,如今已经长满芦苇和野草。要让这里成为真正的自然之地,成为野生动物以及各种鸟儿的天堂,就要减少人类不必要的打扰。

大黄堡湿地自然保护区,面积有1万多公顷,主要分为两个区域,中心区域占地4000多公顷,一般控制区域占地6000多公顷。它是华北地区为数不多的芦苇湿地自然保护区,也是我国北方地区原始地貌保存较好的芦苇湿地。这里有鸟类230多种,包括一、二级保护鸟类,如灰鹭、白鹭、黑鹳、天鹅、丹顶鹤、大鸨等。在这片阔大的区域里,还有着丰富的历史和人文景观,比如知名的燕王湖以及部分抗日遗迹等。这里同时还是东亚—澳大利亚候鸟迁徙途中的一条重要路径。

大黄堡湿地自然保护区的前身，有很多自然形成的水系。从前，这里环境堪忧，经过整治后，如今已经成为华北地区重要的湿地自然保护区。除了各种鸟儿，这里还有植物400多种。水中浮游生物和野生动植物，构成了良好的生物链条。

管理员跟我讲述：早些年他在巡视时，曾经亲眼看到过几千只、上万只鸟儿在天空集聚飞翔，看到过大量的鸬鹚在水边栖息玩耍，也曾有野兔、刺猬、獾在眼前倏忽闪过……如今他们的巡视，已经基本上依靠无人机和望远镜进行观测、监护，以便及时记录下动物们的实时动态。这样做的目的，就是让自然进一步回归自然。

恢复自然生态，构建人与自然的和谐关系，已经成为人们的共同追求和持续努力的方向。

从大黄堡湿地自然保护区回来后，我一直忘不了那片美丽的大自然和那些会飞的鸭子。或许有一天，飞翔的鸭子不再是奇观。说不定它还能与我们在公园里、大道上一起跑步嬉戏；当我们休息的时候，它们也会停下来，与人类相互对视而又互不打扰，然后自由地飞翔起来。

城市与乡土

走在西湖边

浏阳河边是家乡

又到襄阳

冬月看戏

走在西湖边

苏沧桑

20世纪60年代末,我出生在海岛玉环。少年时代,一直梦想着有一天能去一趟与父母结着深刻缘分的杭州。18岁那年,我终于如愿以偿,来到弥漫着桂花芳香的杭州读大学。站在灵隐寺不远处的三生石旁,忽然觉得,我和杭州亦会有不解的情缘。

此后30多年,我在西湖边读书、工作、生活、写作。杭州成了我的第二故乡,西湖则成为我认识杭州的支点。西湖于我是永恒的,我于西湖却只是永恒之一瞬。不奢望成为西湖的一句诗、一缕月光,能做它的一叶柳、一滴水也是好的。

西湖以东。那个碧树森森、苇花摇曳的"神秘园",曾是杭州连接世界各地的航空港,也曾是我的家。

1990年,我大学毕业分配到浙江省民航局工作,在杭州笕桥机场住了十来年。难忘一个雪夜,单位年会结束后,整整13个人挤在车里从市区回机场宿舍,一半大人,一半小孩,大家都乐疯了。到了机场,车里一个接一个"滚"出了大大小小13个"球","码"到了停机坪进口处一杆高耸的聚光灯下,一起仰望着鹅毛大雪,默默想了会儿远方的家,接着连滚带爬打起了雪仗,回家才发现谁在我衣兜里塞了一个大雪团。

2000年12月,杭州萧山国际机场建成通航,笕桥机场整体搬迁那夜,我坐在指挥车后座,回头见浩浩荡荡的特种车队静静驶离了神秘园大门,承载着几代民航人光荣与梦想的笕桥机场慢慢消逝在视线中,一个巨大的、波浪形的、崭新的现代化国际机场梦境般向我们迎面而来,如杭州向世界张开的巨型羽翼怀抱。多年后,雪夜车里的大人们走上了更重要的工作岗位,有几个孩子正沿着父辈留在雪地上的脚印,延续着他们的梦想,驾驶舱内、舷梯旁、机坪上、空管塔台荧屏前,都有他们忙碌的身影。

西湖以西。如果西湖是杭州善睐的明眸,西溪则是她另一只没有化过妆的眼睛。"由松木场入古荡,溪流浅窄,不容巨舟,自古荡以西,并称西溪""一片芦花,明月映之,白如积雪,大是奇景""早春花时,舟从梅树下入,弥漫如雪",明清时期,西溪与灵峰、孤山并称杭州三大赏梅胜地,拥有独一无二的千眼湖塘、十里梅花、明月蒹葭和底蕴深厚的文化。2004年,一位朋友辗转找到我,诚恳地邀请我为西溪写一本书。两年后,我出版了一部以西溪湿地为文化背景的长篇小说,也是我的第一部长篇小说,叙写当代杭州人关于爱与生命的情感故事。我期盼着有一天,我在文字里写到的世外桃源能复现成为现实中使人与人、人与自然和谐共处的地方。

2019年初秋,我再次来到西溪,寻访一位在西湖和西溪上漂泊了30年的船娘。感觉300年前的西溪又回来了,已成为国家湿地公园的西溪如此让人惊艳,祖祖辈辈生活在此的船娘说,全部整治清理过了,原住户搬离西溪了,很不舍,但看到西溪现在这么美这么干净,心里高兴。更神奇的是,就在这里,人们享受着古意,也享受着"刷脸消费""AR导购"等科技最新最时尚的体验感。

船娘带我泛舟西溪,将船泊在湖心吃午饭,我们相约,等下雪了,乘她的摇橹船看雪落,梅开,吃火锅,喝酒。

西湖以南。西湖风雅无边，钱塘江水则浇注了杭州的铮铮风骨。多年前一个初春时节，我们带女儿到当时还较为荒凉的钱塘江北岸南星桥放风筝，没想到多年后我们把家安在了这里，而我的生命也抵达了江水般从容的岁月。

窗口往南100米，就是钱塘江，如果夜夜开着窗，就夜夜能听到夜航船的汽笛声。钱塘江上的夜航船，和任何江河湖海上的一样，摆渡着世间的一个个悲欢离合。农历八月十八，钱塘潮声如雷鸣，气吞山河，潮头如千万匹灰鬃骏马喷珠吐沫，依稀听得到弄潮儿在潮水中的呼喊……

夜色来临，江水宁静，两岸灯火次第绽放。钱江新城和南岸的滨江新区像杭州古城悄然长大的两个妹妹，让世人惊叹。金色球形的国际会议中心和月亮形的杭州剧院如"日月同辉"。线条充满美感的来福士中心、财富金融中心等标志性建筑拔地而起，与江对岸杭州之门、奥体中心、海创基地遥遥相望。G20会址、亚运村、滨江天堂硅谷各种高新技术产业基地鳞次栉比。还有无人值守的文创书店，沿江楼宇的巨型灯光秀倒映在江面上，与复兴大桥湛蓝色的倒影交相辉映，与古老的雷峰塔、保俶塔、三潭印月遥相呼应。新一代弄潮儿在电脑键盘的嗒嗒声里冲浪、翱翔。

家住江边17年，我写下了与水相关的很多文字。累了，就靠在窗边吹吹风，仰望明月或星空，想，此刻在夜里赶路的人们，一定也会抬头仰望这座古老城市更高更远的未来。

西湖以北。盛夏时节，我们穿过一大片碧绿的稻田，像穿越在良渚碧绿的时光里。离西湖20多公里、北依太湖、西傍天目山脉、东临钱塘江的余杭良渚平原，就是"最早的杭州"。每当我想起良渚，就会想起玉的颜色。在那块人们叹为观止的"玉琮王"前，我久久凝视着集头戴羽冠之人面、猛兽飞禽之身于一体的徽章,散发着原始的、质朴的端庄和尊贵,仿佛正向人们传递着与宇宙奥秘有关的信息,联通着远古和未来。

良渚古城遗址2019年获准列入世界遗产名录。美丽小洲上刀耕火种的微光,良渚人呵护着这道光,像呵护风中的蜡烛般谨小慎微。哪里要造个房子、挖个地、种棵树,必须先考古,边上就有良渚街道的人和文物局的人盯着。陪我们穿过一大片稻田的良渚朋友,就没日没夜地做着这些极其细碎而具体的事,和无数人一起,用汗水和心血一次次迎来良渚的高光时刻。申遗成功不是句号,瑶山祭坛、杜甫壮游、安溪古镇、梦栖小镇、国际生命科技小镇等特色项目接续推进着。良渚遗址公园内5G信号全覆盖,遗址的保护研究传承和利用均有数字赋能,新兴科技产业在这片古老的土地上集聚成一个未来科技城……

时空中响起轻轻的翻书声。良渚文化村不远的大屋顶文化广场,生活在良渚的居民们来此买书、看书,老人们坐在木椅和沙发上,年轻人和孩子们半躺在木地板的软垫上,偶尔有几声低语。两个孩子轻笑着跑上二楼,大一点的攀爬上一张凳子,去巨大的书架上够下一本书,递给了更小的那个。阳光寂静,洒在他们稚嫩的脸颊上。

千年之间,白居易留下白堤,苏轼留下苏堤,古往今来一首首千古绝唱,镌刻着世人对杭州的挚爱。初冬,清晨,我跟着朋友们从孤山绕到白堤,拍鸬鹚抓鱼,见自己的影子与一只摇橹船在湖面金色的微波里擦肩而过,想,如今走在西湖边的人们,会留给千年以后的杭州什么呢?

在烟台看海

王月鹏

我第一次来烟台,是参加"蓝色潮"诗歌笔会。那时候我还在故乡海阳,正迷恋于写诗,对外面的世界充满憧憬。"蓝色潮"笔会很是浪漫,朋友们相聚海边,谈文学,谈理想,觉得整个烟台都是蓝色的。海浪拍在礁石上,溅起的水珠落在嘴里,有些咸涩,与那个年龄的激情与梦想仿佛是同样的味道。烟台的街巷,烟台的楼房,烟台的海景,在我眼里都是新奇的。后来,我的第一首诗作在《烟台日报》的"半岛"副刊发表了。那种温暖与振奋,近30年来一直留在我的心头。

我与烟台的最初"相遇",是因为文学。后来我融入这座城市,也是因为文学。文学在我与烟台之间,已经不仅仅是一种书写和表达,更是一种深度的理解与融入。我对生活的憧憬和向往,对人生意义的追求,都以文学的方式在烟台落地、扎根与生长。1997年大学毕业后,我留在烟台工作,在建设路附近的铁路宿舍租了一间平房,每天坐班车上下班,过起了在乡下时曾经那么向往的城市生活。记得那时租住的房屋,夏日漏雨,冬天会有雪片从屋顶窜进屋来。在孤寒的冬夜,我的心里却燃着一团火,对生活、对工作、对文学,有着无限的热情。

后来,我从报纸上读到一个故事,若干年前烟台所城的老城墙拆除时,有当地老人捡了一块砖,专门拿回家珍藏。所城是"奇山守御千户所"的俗称,始建于明洪武三十一年(1398年),坐落在距离大海不远的地方，可以说是烟台城市发展的一个原点。珍藏一块砖，这是所城后人留存历史的一种方式，也是我心目中最为朴素的对于生活的态度。读到那则消息后，我很想去寻访那位老人，听他讲述过去的人与事，可惜最后也没有寻着。后来因为工作的关系，我参与了若干个村庄的搬迁，并写下一些相关题材的小说。在这个过程中，我真诚地采访和书写过那些普通人的爱与愁、困惑与坚守，书写过他们的选择、遭遇和梦想。作为一个写作者，这些珍贵的采访经历，是值得珍藏的。

初旺是烟台最大的渔村，也是"渔灯节"的代表村落，就在如今的烟台开发区境内。在城市化进程中，这个渔村被保留了下来。我曾在初旺渔村采访过50多位老船长，他们的故事，是关于大海的艰辛记忆，也是关于这座城市的"乡愁"。有位老船长讲道，当年若是遇到大风天气，渔船稍不小心就会被风浪打翻，渔民即使爬上了岸，因为这一带荒无人烟，常常也不得不忍饥挨冻。讲这些往事的时候，老船长看了一眼如今的滨海路，沿着海边是灯火璀璨的新城，他不禁流下了眼泪。

海对我来说，已经成为一种日常。家住海边，夜晚睡梦中都可以听到海的声音。每天散步，都是沿着海边走的。有时候，可以一个人面朝大海大声呼喊，并不期待回音。更多的时候，我是沉默的，沿着海边走，很多想不明白的事，渐渐会变得明朗和清晰。

曾经，我与摄影家朋友在烟台的乡村里游走，寻访日渐消逝的农具。这是我理解烟台的一个切入口。那些农具大多被荒弃了，他们的主人来到城里打工，努力融入新兴的城市，就像我当年刚到烟台时的样子。我曾采访过一个租住在烟台城里的打工者，他想方设法让自己的孩子充满阳光地成长，这个故事对我的内心产生极大震撼。好些年前，我还曾亲见这座城市的一场特殊的婚礼，一辆人力三轮车载着新娘，紧随其后的是浩浩荡荡的三轮车队，全是新郎的工友们自发组织起来的，他们在广场上拍婚纱照。那是我见过的最为感人的婚礼现场,三轮车夫们对待生活的态度深深感染了我。

　　后来,工作和生活的节奏越来越快,我对那些具体的细节也逐渐忽略了。某个午后,我陪着妻子和女儿从小区不远处的河边走过。那是入海口的一条小河。因为守着浩瀚大海,我的潜意识里是不曾在意过这样一条小河的。我们从河边走过时,一步一景,越走内心越安宁、越放松。我开始反思自己,在海边生活20多年,似乎从未关注过这条汇入大海的河水。我更多看到的是大海之"大",而忽略了汇聚成海的那些涓涓细流。但如今,我却从入海的河流中,看到了一些不同于大海的感觉,也从另一个角度理解了大海,理解了坐落在海边的这座城市。我相信这是时间的恩赐。人到中年,对人与事的态度,会变得越来越理性和从容。

　　这座城市,让我看到大海,也看到融入大海的河流。那天在海边玩耍,我的女儿不停地用双手捧起浪花,骄傲地向我喊道:"这是大海的赐予!"

　　这个蹒跚学步的孩童,看到了浪花的美,懂得这是大海的赐予。她以自己的方式,教会了我如何看待人与海的关系,如何珍惜每一朵浪花,就像珍惜每一个平凡的日子。

在日照经山历海

赵德发

1989年，山东日照升格为地级市。那时候，我正在山东大学作家班学习。后来，机缘巧合，毕业后我竟然有机会去日照工作。我的工作单位先是日照市委宣传部，后是市文联。

30年前，日照市经济规模不大，基础设施与文化设施还很落后。全城所有路口都没有红绿灯，公交车只有城区通往石臼镇的1号线。我到图书馆借书，从电影院西面走进一个小巷子才找到，遍览书库，乏善可陈。好在日照有山有海，让我赏心悦目。一个周末，我骑自行车去城南登奎山。奎山海拔200多米，山巅巨石为莲花状，莲花瓣上有大大小小的风蚀壁龛。扶石东眺，只见碧波无垠，船来船往，港口那条长达1100多米的钢铁栈桥码头直插海中。而奎山东南被人称作"霸王鞭"的一长溜礁石，伸入海中、隐于水下的部分激起雪白浪花，展现着山海激荡的雄壮气魄。再向北看，城区只占一小块地盘，与港区所在的石臼镇之间是一个个村庄、一片片庄稼地。当时我想，这也不像地级市的样子呀。

然而从那以后，日照与众多城市一样，快速发展起来。城西有座海拔600余米的河山，日照人在其崖壁上凿出"日照"两个大字，每个字宽高都在20米上下，蔚为壮观。2000年春我爬上山去，站在"照"字下面最后一点的凹槽里向东看，发现城市变了模样：老城与港口已经无缝连接，东北部还多了个新区，其中有新建的多所大学。

我来日照，不只是被这里的美景所吸引，还想在这座海滨城市感受八面来风，让我的文学创作有所突破。果然，日照成全了我。我一次次去浮来山，享受那棵老银杏带来的阴凉；一次次去五莲山、九仙山等地，解读那里的文化密码。我去日照市第一海水养殖总场挂职，到许多渔村采访，随渔民出海打鱼，听老渔民讲往事、喊号子，关于海边生活的素材渐渐增多。我调动在海边生活多年的积累，创作了30万字的现实题材小说《经山海》。我描画山海相依的楷坡镇，讲述一位女镇长的成长历程。小说问世后受到好评，得过奖励，还被有关方面改编，以日照为取景地拍成电视剧《经山历海》，今年春天在央视一套播放。

日照是一个响亮的地名。1184年建县，命名者认定这里"日出初光先照"——我想，那时的人们来到了日照海边，看见一轮红日从万顷波涛中升起，将金辉洒到沙滩上和自己的身上，也无怪乎他们会生出如此自豪与骄傲的情绪。这种自豪与骄傲一代代传递下来，我也接续了这种自豪与骄傲。有许多次，我带着这种情绪去海边迎日出，包括千年之交的那个早上。每一次我都会觉得，当朝阳沾着一身海水鲜亮跃出时，第一缕光线仿佛射入我的胸中，让我的心间格外温暖。

"最初的光"，是多么宝贵啊。

在日照感受"最初的光"，不只在海边，还在这里多如繁星的文化遗址中。1960年夏天莒县陵阳河发大水，有人捡到了让水冲出来的几个大口陶尊，上面的符号令人费解。文物管理部门的人看到后继续搜集，先后发现多种符号。请专家鉴定，专家认为与甲骨文为代表的早期汉字存在密切关系。我曾多次参观莒州博物馆，看过那些陶文原型，看过古人用的牛角形陶号，看过一件件做成鸟形以体现东夷部落图腾样式的陶器，再站到那一大幅展现5000年前陵阳河日出景象的油画前面，我仿佛也变成了先民中的一员，万分虔诚地站在那里，感受着文明的曙光。

近两年,为了挖掘更多的文学素材,我往海边跑的次数越来越多。我曾几次坐船去海洋牧场,见识渔业发展的最新举措。我登上新老两座灯塔,感受航运业的百年巨变。记得当年刚来日照时,我曾采访当时的日照市港务局负责人,他站在栈桥上向西面指点着说:将来,这个港湾要全部建起码头!我当时不敢相信,因为眼前那个港湾太大了。30年后,我登上老灯塔的最高一层,看见日照港不只把整个港湾占满了,还在西港区的南面延伸出数公里,从而形成南港区。我的目光越过港区密密麻麻的橘红色吊车往西看,奎山依旧孤峰独立,山下却已经是美丽的城区了。

在日照生活了30年,这里已经成了我的第二故乡,我也实实在在成了一个日照人。在日照这片土地上经山历海,是我的快乐,更是我的福分。

浏阳河边是家乡

谭仲池

"浏阳河,弯过了几道弯

几十里水路到湘江……"

离开浏阳30年了,可家乡的浏阳河时刻在我心间流淌。

去年年初,听说浏阳河通过治理,水质大为改善。年底,又成为全国首批18个示范河湖之一。不禁想起自己在浏阳工作时,一遇汛期,山洪暴发,满河漂浮着垃圾,还有沿河工厂流出的黑色废水。那时的我,常常为此感到焦急、忧虑,常常站在河岸边想,什么时候我们才能还浏阳河一河碧水?

如今,这一愿望终于实现了,我激动不已,迫不及待想回家乡看看。

就在今年5月,杜鹃花满山开放的时节,我又一次回到浏阳。

车在去浏阳方向的高速公路上疾驰。公路两边的田野,荡漾着禾苗簇拥的绿色波浪,一直涌向苍翠的远山。伴岭依坡建起的错落有致的农舍,白墙黑瓦,点缀着翠绿的山乡,一切都让人赏心悦目。不一会儿,厂房林立、车流穿梭、绿树掩映的国家级浏阳高新产业园就出现在我眼前。我知道,这里原是一片贫瘠的荒地,野草丛生。20年前,浏阳敞开大门,引进生物医药、电子信息、智能装备制造等主导产业。现在,一批又一批高科技人才在这里落户创业,让这里的面貌大为改观。

进入浏阳城,一条宽广笔直的柏油大道一直向前延伸。道路两旁的树木花草，显然经过了精心修剪，看上去整齐而有层次。透过树木间隙，可望见一片片整齐的楼房，耸立在蓝天白云下。还有散发着现代气息的图书馆、体育馆、欧阳予倩大剧院、立交桥等，淋漓尽致地展现着这座城市的美丽景致和蓬勃气息。进入21世纪，浏阳城继续向西拓展，建起了金阳新区，面积拓宽了十几倍。浏阳正成为具有巨大发展潜力的经济文化重镇。

我清楚记得，1979年10月，我从乡里调到县委机关工作。那时浏阳经济十分落后，整个县城不到6平方公里。绕城而过的浏阳河上，只有一座水泥浇筑的拱桥。一到枯水季节，河里大小不一的石头便显露出来，让人看着心里很不是滋味。当时城市基础设施建设还处在起步阶段，市民的饮用水只能靠井水或到浏阳河边提水。我那时住在岳父家，就经常在傍晚时分，沿着通向河边的小巷，踏着麻石铺就的阶梯，去河边取水。

如今，浏阳变了，变美了，变富了。浏阳人一直向往的"满城烟花、一河诗画"的现实美景，已经鲜活真切地展现在人们眼前。

站在河岸边，我禁不住浮想联翩。浏阳的发展如此迅速，究竟是有什么神奇的密码吗？这座城市发展的精神动力之源又在哪里？

历史的风云在我脑海中回荡。红色的记忆，再次重温。

1926年7月24日，叶挺、林伯渠率领北伐军第四军独立团和第六军一部由醴陵进入浏阳。闻讯而来的群众，像迎接久别的亲人一样，扎彩楼，放鞭炮，敲锣打鼓，送茶水送鸡蛋。在叶挺、林伯渠的帮助指导下，10月，浏阳第一次党代会在文庙召开，成立了中共浏阳县委，潘心元同志任书记。1927年9月9日，毛泽东同志来到湘赣边发动秋收起义。1958年上映的电影《永不消逝的电波》中李侠的原型之一，就是浏阳张坊镇白石村的农家儿子李白。李白15岁加入中国共产党，1927年在县委书记潘心元带领下参加了秋收起义。1927年9月19日，在毛泽东同志指挥下，各路起义部队在浏阳文家市会师，转战上井冈山。

1930年，毛泽东、朱德率领红一军团，从福建打到江西，再打到湖南。一路红星闪闪，旌旗猎猎。8月20日，红一军团在文家市歼灭敌军3个团又1个营，毙敌纵队司令兼旅长戴斗垣，取得文家市大捷。8月23日，毛泽东、朱德领导的红一军团与彭德怀、滕代远领导的红三军团，在浏阳永和镇会师。当天就在永和镇的李家大屋，整编成立了中国工农红军第一方面军。这支近4万人的队伍，为了不打扰人民群众的生活，官兵们都和衣睡在老乡的屋檐下。

从浏阳河畔出发，无数浏阳儿女跟着共产党闹革命，在硝烟弥漫的斗争中，赴汤蹈火，前仆后继，牺牲了数万人。后被认定在册烈士就有17035人，其中，潘心元同志牺牲时，已是红十三军政委。

我知道，浏阳人最期待的是自己的儿女能代代发扬革命传统，为祖国争光；我知道，浏阳人天天爱唱的歌是《浏阳河》，无论走到哪里，在什么岗位拼搏，都会用心用情唱它，总想用发自内心的歌声，表达自己对党的热爱、对祖国的赞美、对奋进新征程的祝福；我更知道，浏阳儿女会永远进取，在这片古老而充满希望的热土上，尽情描绘乡村振兴和现代化建设的美丽画卷。

想到这里，我的心情异常激动。我要深情拥抱家乡，唱一首在心中沉淀已久的歌：

  东风鼓满千张帆
  两岸花开万里香
  浪花朵朵润心窝
  碧水长流向远方……

又到襄阳

何向阳

夏天的时候,到襄阳去。刚住进宾馆,就接到媒体电话。下楼接受采访,记者问我:"您是第几次来襄阳?"我听了一愣,真就是一个提醒。我想起上次,是1998年,从河南乘坐火车一路南下,到三峡去参加一个会议,路过这座城市,只待了不到一天。第二次?也不尽然。后来从三峡回来,印象中还是从这里转车北上,但那次是真正的路过,哪儿都没去。从1998年算起,我已和这座城市"阔别"了足足23年。想到这里时,我吃了一惊。作为一个23年后才与它重逢的人,我能给出什么样的"印象"呢?直到——

"您是何老师吧?"一个温婉的声音传来。

怎么?难道23年了,在这里还有记得我的朋友吗?

我扭过头去,看到一个女子,长长的头发绾起来,还有一双弯弯的眼睛,那眼睛里始终有温和的笑意。我搜索了一下记忆,真的是第一次见她呢。

"我认识您,何老师。"面对我的疑惑,她轻轻地说:"我也是第一次见您。但您前几年生病时,我曾受一个朋友委托给您寄过些草药。"我想起来了,曾经有一个女孩给我打电话要过地址,那应该就是她。几年前我吃过她给配的草药,我该怎么说出内心的感激。我只能一把抓住了她的手,那只曾向我提供帮助的手,我感到了真实的温热。

纵然相隔23年，但我与襄阳的缘分，又岂是时间能够衡量。

接下来的采风分三路，一路去了老河口、谷城，一路奔赴枣阳、宜城，而我选择了留在襄阳古城，一是想看看阔别多年后一座城市的变化，二是弥补23年前未能进城一探究竟的遗憾。也许潜意识里，还有和新结识的这位"老"朋友做更深了解的愿望。

说来惭愧，我对于襄阳的认知，只停留于23年前对于古城墙的模糊记忆，或者还有地理交通意义上的襄阳，历史文化遗迹、历代文人诗词中的襄阳，对于它的今天，我真的是知之甚少。

那几天，在有限的时间里，我跑遍了襄阳。站在古城墙上，面前是汉江，汉江那岸是樊城。陪我一起的那位女孩说，樊城是她现在住的地方。她用手一指："我的家就在那片高楼里。"两相对照，樊城的楼要更高一些，而身后的襄城因属古城，没什么高楼。女孩的手又一指："再往那边，是你去过的鱼梁洲，那里也不允许盖楼，只能种树。早上你若去那里跑步，听到的全是各种鸟叫声。"语气中有掩饰不住的自豪。

望着汤汤的汉江水，我想，这就是陈子昂、王维、孟浩然、李白、杜甫、白居易、韩愈、刘禹锡等人目光所及的地方，他们的书写，使襄阳一时成为诗歌的"高地"。

这样走走停停，从城中的昭明台，到临水的瓮城，又从樊城的码头、会馆到正待搬迁的襄阳博物馆，我对于襄阳的认识每天都在更新。看着兴致勃勃介绍着家乡的女孩，我不禁想起了前几天，我因熬夜写作手臂着凉忽然抬不起来，就是她，以一种缓急有序的手法将我的后背揉了几下，奇迹一般，我的手臂当时就能抬起来了。我感叹她的中医资质，她腼腆地笑了。第二天中午，她居然带了艾条过来，20分钟后，我的后背一下子暖和起来，手臂已能举到最高。她比我还兴奋，弯弯的眼睛笑着，然后腼腆地从包里拿出一本书，是她写的一部从《诗经》中寻找本草的书。她依旧有些腼腆地说，在这里的晚上，不累的时候翻翻吧。

"古人含蓄，不说爱，不说恨，也不说想念和忧伤，只是一个劲地说植物。""古人用最原始的方法让植物的宽厚、仁慈、坚韧和爱，滴水穿石般慢慢渗透进华夏儿女的骨子里。"这是她在书中写下的感悟。

从阅读中，我得知她是中医世家，太爷爷悬壶济世，却不收穷苦人的费用。"高热发烧的，他大手一挥，指着江滩，挖三棵芦苇根，洗净熬水喝；浑身发痒出风水疙瘩的，他又是大手一挥，指着江滩，半斤浮萍煮上，边喝边洗；牙痛尿急的，他还是大手一挥，指着江滩，竹叶一把、荇菜三把……"看得我禁不住莞尔。

寻孟浩然相关古迹后回到住地，华灯初上，窗外万家灯火。我再次翻开那个女孩的书，等从书中抬起头来，已是深夜。那些可以疗治人类病痛的植物和围绕植物所展开的一段段人生记忆，带我走到了襄阳的细部，那是百姓日常生活的深处。一个个体生命的展开，也如一株株我叫不上名字、认不出形状却葳蕤茂盛了几千年的植物，在我们看不到的地方。

第二天，这部书的作者来接我。我谈到其中最打动我的一篇题为"酸枣仁"的散文。为子女劳作了一生的母亲病逝，她一个人跑到母亲的墓前，那种亲人已逝、儿女却找不到机会报答的心情，让我痛彻。同样身为女儿，我与她有相同的感受，在对话中我们不断深入，说着说着，她竟流泪，我也哽咽。让我感到惊异的是她说的一句话："我没想到您会读我的书！"此后我一直在心中念叨这句话，我想我要在未来一直记住这句话，这无疑是一种提醒。

离开的前一天傍晚，我们已然成为很好的朋友，相约一起去她说的一家沿岸小巷面馆吃饭。她兴奋地介绍，要吃正宗的襄阳牛肉面，就得到这种小馆子来。我们一人一海碗。正当我埋头于美食时，抬头她却不见了。再抬头，一枚卤鸡蛋缓缓落入我的面汤中。她说，这几天您跑得辛苦，身体要补一下。那一瞬间，一股暖流再次涌遍我全身。

回北京后，我在网上购买了她写的第一本书。拿到书，我捧起阅读，仍是一部关于本草的书。她弯弯的充满笑意的眼睛又出现在我眼前。我该怎么说出感谢？这个让我心灵与身体同时得到治愈的——襄阳的女儿！

冬月看戏

王　芸

夜色中的南方冬野，远远地，出现了一片灿亮之境。我猜想，那便是此行的目的地，正唱夜戏的鄱阳县芦田乡徐家村。

果然，车拐向路边的小道，穿过田野、参差排列的房屋，隐约有戏音缭绕而至。

戏音渐渐清晰，转过一处屋角，眼前霎时亮堂起来。虽然来之前对鄱阳的乡村戏曲生态已有耳闻，但真正到了现场，还是心神一震。这被四下里暗寂的田野紧紧包围着的小小区域，充满了温馨和幸福。

徐家村今年唱的是开谱戏。在有着悠久唱戏传统的鄱阳县，凡村中新建或整修戏台，必唱三年大戏，头年唱破台戏，次年唱开谱戏，最后一年唱平安戏。村民对生活的大小祈愿，都安放在这接续三年的大戏中。每一场大戏，足足唱响三天四夜，戏金由村里筹资、村民捐资，家家参与，家家享受。每到哪一村唱大戏时，村民的亲戚朋友会从其他地方赶来，凑一份热闹，饱饱眼福与耳福，村民则会乐呵呵地招待着四方宾朋。

鄱阳，这片紧邻古代彭蠡大泽的古老土地上，水泽的丰沛和水路的通达，引来了弋阳高腔、昆腔、弹腔，也漫流来南词、北词、梆子、浙调的屑羽片音。它们化合乡音，形成独特的饶河调，被一代代鄱阳人守护着，至今葳蕤繁盛。在鄱阳，几乎找不到没有戏台的村庄，近500个村，拥有746座戏台，其中12座从明、清两代延续至今。那些木制的翘角飞檐，精描细刻的雕梁画栋，呈现在时光的尘沙中，想来，须得多少人的用心呵护，才能葆有今天鲜亮如初的面貌。

那满场的摊贩，多是跟着戏班跑的。他们清楚哪个乡哪个村在唱大戏。也有的是某一剧团或戏班的忠实"粉丝"，他们跟着剧团或戏班四处转场，既过足了戏瘾，又赚到了养家安生的钱。不知这是否是痴爱看戏的鄱阳人独有的智慧，由遍地的戏班而衍生出了这种"流动经济"。还有附近乡镇的，骑行几十里路赶来看一天戏。饿了就地嗦一碗粉，吃一碗面，吃完接着看戏。夜半戏散，再骑着摩托车回家，路上还忍不住回味戏音，伴着耳边呼呼而过的风声哼几句戏词。

今夜唱大戏的，是鄱阳县赣剧饶河戏传承保护中心的演员，已是大戏的最后一夜。戏完，连夜拆台装箱。明天一早，卡车会将一应物件拖到下一场大戏的演出地。从农历八月十五开始，这个鄱阳县唯一的专业赣剧团的演出档期就排满了。不限于鄱阳县，附近的万年、余干、德兴都有人来请戏。这一波演出的高峰期，通常会延续到来年正月十五之后。在短暂的春耕期后，再次迎来演出高峰，直到农历五月歇暑。接着，三个月后再度开幕。就这样，年复一年。有时，甚至连明年、后年的佳节、吉日的演出，都早早被下定金预订了。

这是有"戏窝"之名的鄱阳对戏的滋养。不只建戏台时唱大戏，也不只大事时请戏班唱戏，村中，若有老人同过59或69、79、89岁的寿辰，那也会成为唱大戏的理由，家人们会联袂请来戏班，唱上三天四夜的"祝寿戏"。许是民风浸润，如今，一些在外地工作、腰包鼓起来的三四十岁年轻人，也兴回乡合请戏班唱一场"同庚戏"。年轻一辈借助戏音，回报生养自己的家乡及父老乡亲。

剧团的掌门人叫张钰，唱花旦。初见时，她着深色长袍、戴红色尖帽,和几位演员坐在后台的箱子上,年轻得让人很是意外。这一身装扮,是为了准备上台充当皂隶一角。每个剧团都印有自己的"戏单",9本大戏、4个小戏撑满三天四夜,而通常是由村里的点戏人在前一天才敲定剧目。每接大戏时,剧团基本上在职演员全体出动。可还是会有临时缺人的情况发生,这时候她这个年轻团长就得顶上去。与张钰作别后回到宾馆,翻看当地的一本杂志,恰见封二古装扮相的白素贞,玉面凤眼,一身素衣兰花,有令人惊艳之美。再看下面的介绍,正是张钰。后来又一天,看鄱阳当地文艺演出,穿着"宫装"的张钰扮演公主,唱《打金枝》选段,高音处婉转脆亮,也很是惊艳。

张钰其实才30来岁,却与搭档一起,将这个在职员工50多人的团队管理得井然有序。那晚,后台的箱笼已大半归置妥当,冠饰、纱帽摆放在累叠多层的柜子里,戏服悬垂一旁,刀剑、马鞭等道具一字列开悬在架子上,几只敞开的箱子里堆放着小衣和家常衣物,官靴、朝靴、绣鞋与运动鞋、皮鞋躺卧一旁。候场的演员散坐在箱子上。当中年长的,已过七旬。年龄最大的那位扮老生,还有一位拉胡琴的乐师,他们与戏台缠绵了一辈子,老来依然无法割舍。

戏台一角架设着一部手机,原来正在网络平台同步直播。这是去年抗击疫情期间,张钰想出的一招——借助网络平台推广饶河戏之美。大半年时间,就收获万余"粉丝",其中不少是在外工作的鄱阳人。对他们而言,熟悉的戏音里,有大泽的辽阔,湖水的灵澈,水草的丰茂,芦花的摇曳,波光的荡漾。哪怕路途迢远,那戏音也会跨越远途,让眼前的时光变得柔软起来,因为,那是来自故乡的深情馈赠。

新风鳗鲞

虞 燕

每年腊冬，东海的鳗鱼齐齐囤起了脂肪，此时的它们肥嘟嘟的，正是口感最好时。"小雪腌菜，大雪腌肉"，其他地方开始忙着腌制咸货的时刻，也是海岛上加工鳗鲞的好时候。这个季节，冷空气频频降临，日头不猛，西北风猛。这样干冷风大的气候，实在太适合制鳗鲞。鳗鲞不但不易变质、发油，四周还无恼人的蚊蝇。只要将劈好的肥美鳗鱼，挂在避阳通风处，慢慢风干即可。这段时间晾制的鳗鲞，通通被叫作"新风鳗鲞"。

劈鳗鱼是个技术活。劈，并不是将鳗鱼的肚皮剖开，而是"开背"——从背部下刀，从鳗鱼尾部沿背脊直劈到头部至嘴端，最大限度地将鱼身摊开来，以让其拥有充分的受风面积。不过，不要以为只是劈开就成功了，如果切口凹凸不平，脊骨没有完全显露，这鳗鲞就没有品相可言，卖不到好价钱。以前，好鳗鲞都是用来贴补家用的。

我们岛上的鳗鲞都是淡鲞，不像有的地方会在劈好的鳗鱼肉上抹盐，腌个两三小时再晾晒。鳗鲞自有它天然的咸腥味，对于追求原汁原味的海边人家来说，腌过之后会破坏它特有的味道。大一点的鳗鲞，要用竹片将鳗体交叉撑开，肉太厚或贴在一起都不易风干。新风鳗鲞一般用麻绳悬挂，若摊在竹簟、团箕上，容易被西北风刮落。

那些天，院子里，屋子里，都弥漫着鲜腥气和年前的喜气。父亲和母亲进进出出，晒鳗鲞，购年货，忙碌却满足。每到晚上，全部的鳗鲞都要收进屋，密密地悬在竹竿子上。那根竹竿子足有半个屋子长，原是用来晾衣服的，到了晾制新风鳗鲞的时节，衣服自然便让位了。挂不完的鳗鲞则摊在竹床上，头挨着头，拉直，摆正。父亲和母亲的每个动作都小心翼翼，因为鳗鲞还不够干，他们生怕一不小心破坏了外形。昏黄的白炽灯下，鳗鲞镀上了一层暖色，微微发黄发亮。这样丰饶盛大的场面，一家子总要看上一会儿。父亲和母亲盘算着，那几条大的、外形佳的值多少钱，卖掉后可以给家里添置些什么。我跟弟弟则盼着快点晾干，我们好早点吃上，口水早就悄悄漫上，又悄悄咽下去。

大概晾至一周后，鳗鲞的肉质变得坚实韧结，腥味变淡，色泽透亮。这时，只需把鳗鲞洗净、切段，置于饭锅上蒸即可。还未出锅，早已满屋鲜香。蒸熟的新风鳗鲞丰美鲜糯。将凉未凉之时，顺着鳗鲞的纹理撕着吃最过瘾。鲞皮油亮，咬在嘴里又韧又弹。鲞肉厚实，白中透黄，鲜肥不腻，有嚼劲却不硬，蘸点酱油入口，那味道妙不可言。

除了清蒸，岛上还有道大菜——鳗鲞烤肉。将鳗鲞切成小块，与五花肉同煮，加盐、糖、料酒、酱油等，撒上葱花。鲞吸进了肉的油气，肉沾满鲞的鲜醇，整道菜汤汁浓稠，油汪汪，鲜滋滋。这道菜可以算是岛上的风味名菜。像芹菜炒鳗鲞、大蒜炒鳗鲞、青椒炒鳗鲞等，就比较家常，一般选用小鳗鲞，否则就有些大材小用。不过，蔬菜清新爽口，鳗鲞厚味耐嚼，无论从营养还是口感来讲，也都是妙搭。

据说，还有一种风雅的吃法——腊肉蒸鳗鲞。一片鳗鲞一片腊肉，交错铺满盘底。间或夹几片冬笋片，淋几滴料酒，加两根葱，上锅同蒸。那又是一道美味。

更多的鳗鲞，则被装进编织袋，藏于大缸里。那都是些品相很好的鳗鲞，它们被母亲细细扎绑，扎成一捆一捆的。从前，岛上经常会出现一些收购鱼鲞的人，说话口音跟我们略有不同，母亲总会将他们带进家里，而后，把藏起来的新风鳗鲞一股脑儿全搬出来，摊于桌上或铺了塑料布的地上，顿时，屋子里全是浓郁的鲞味。他们拿起鳗鲞凑近闻，用手掌丈量鳗鲞，再拿出随身带的卷尺细细量。报出价格后，母亲偶尔会轻声要求价格再高一点，双方如果谈得拢，那就成交，解开的鳗鲞被重新扎起来，装进收购者的超大编织袋里。

每次，我都不舍得那么好的鳗鲞到了人家的袋子里，母亲却总是安慰我说，还会有的，还会有的。可后来，海里的鱼突然少了，轰轰烈烈的制鳗鲞场景也只能停留在记忆里了。不过，用于解馋的新风鳗鲞还是有的。

我一直认为，吃新风鳗鲞，是海岛人最令人羡慕的享受。

腊月红

赖赛飞

我们管这种红叫腊月红,浓缩为本,点睛为要,类似往雪白江米团子尖上、往纯真孩童的眉心中间点上一点朱砂红。

腊八节一到,所在的小城里,不少团体或单位按例开始往居民区、村里乃至工厂、船台送春联。人们脑子里早就酝酿好的春联就像花木的新芽,纷纷往外拱,等着栽种到家家户户。

写得一手好书法的人,一下子走红了,开始到处"赶场子"。写春联的地点多是在空旷场所:广场、公园、厂房前面、码头一角,等等。偶然一次,是在冬闲的大棚里写,四周立着柑橘、葡萄、枇杷、火龙果……无风,手就温软,写得更惬意。写春联的人衣着颜色多以炭黑、蓝黑为主,与墨同色系。他们四周张挂着一帘帘的春联,长桌、地面也被春联覆盖。碗大的墨字,纷纷落在洒金大红纸上,仿佛凭空生起了无数个火炉,无形的热力借助高饱和度的色彩传导出去。

人们陆续过来,先巡视一遍现成的,最后踱到长桌边,看正在写的。写书法的人一直在运笔如风,酣畅淋漓,无暇抬头,任来者观摩、评论。

光看春联,也能看出所在之处的地理特点。诗画象山仙子国,人文渔港寿星家;十分海鲜有风味,一曲渔光展风华……有趣的是,送往渔船的春联里多有"佳木争春成翘楚,朝花浥露吐新蕾"之句,一派田园风光，仿佛随春联送上船的还有一小方陆地。船上所贴，更常见的是斗大的福字，写在菱形红纸上。写福字比写对联效率高，一点、一横撇、一竖……"福"源源不断生出来，引人往美好处遐想。大笔饱蘸浓墨，一不小心滴了一颗墨珠在旁，正要作废，来者忙说："给我吧，福多一点，好！"

这些福字被船主亲手贴上舷窗玻璃。公历年头、农历年尾，有人送福上船，好兆头，渔民们心情愉悦，满面春色。当渔船成群泊在石浦港的时候，从渔港马路走过去，好似走在红彤彤的春风里。还有些福字写在镶金边的红色硬纸上，自带红色中国结为穗子，方便挂进厅堂。要红火，就不只高山大海，还要由外而内。

一副好春联，字形和内容须是形质兼美。一旦被人盯上，端着就走，像捧了贵重物品，生怕沾染、折皱。特别讲究的人，自己带了句子来，好比自备食材的食客，仅让厨师代为加工。印象最深的是位老先生，年年都来，今天穿了军绿色连帽毛呢面羽绒大衣，脚蹬白底黑面高帮旅游鞋，板寸头，肩背笔挺。他自备的句子一成不变：门纳春夏秋冬福，户趁东西南北潮；横批：年年胜景。邻居笑他："这好比一模一样的衬衣买了几打，你虽日日在换，我们看来年年不换。"他却毫不在意。唯一于不变中求变的，是他每年留心找不同的人来写，形可不同，意必相同。

春联迟早都会被大家争抢而空。一位壮年男子赶到时，场上已无春联剩余。这位男子在写春联的桌子前转了一圈才搓手站定，笑眯眯地看着众人说："我刚从城里回村，路上耽搁了一下，所以来晚了。刚才远远看过来，这里一片红火，我以为还有不少对子呢。"原来这批写春联的人为了防冻，也为了图喜庆，个个在脖子上围了一色的大红羊绒围巾，护得身子暖洋洋的，也映得场上红彤彤的，不承想被这迟到的男子,远远看成了春联。大家回以善意的哄笑,笑声中便有人重新拿出笔墨,要为这位男子专门写一副。

当所有新春联各就各位,换下贴了一整年的旧春联——我更愿意将它们看成花儿,绽放在人家的门户和船上,先于春天令世间生机勃勃。让回家的人、尚在漂泊的人,无论何时何日,一抬头,先是耀眼的腊月红,再是温暖的祝福。

窗花舞

张金凤

是谁在乌黑的窗棂上铺展一派春意？是谁在漫天飞雪里开出一枝红梅？是谁经过剪刀轻灵的裁剪，给家中增添喜气洋洋的期待？——是窗花。

我去赶年集，总是特意寻找窗花。那手工剪出的红窗花，每一幅都经由一双灵巧的手抚摸过，充满智慧和爱意；剪刀裁出的线条简约而质朴，有着人间烟火的气息。

窗花承载着我美好的记忆。幼时乡下的冬日，红彤彤的炭火盆旁，女人守着针线笸箩，用小剪刀在红纸上勾画自己的梦。剪了一辈子窗花的奶奶，头白了，耳背了，眼花了，可仍能剪窗花。她说，剪刀有眼睛，心里有图谱。她戴着花镜盘腿而坐，小巧的剪刀在指尖轻盈地旋转、舞蹈。左旋右转之间，一朵朵美丽的窗花在她手中慢慢绽放：牡丹花团硕大、富贵华美；荷花在清澈的野塘袅袅出水，鲤鱼蹦出水面；怀抱大鲤鱼的胖娃娃，肉嘟嘟的脸上带着笑；园圃中，菜花尖上有蝴蝶、蜻蜓生动地伫立……剪着剪着，奶奶的思绪仿佛回到了年轻时光，勾起了她对劳动岁月的记忆，嘴角笑起两朵花儿。她剪出肌腱有力的农夫扬鞭驱健牛耕田，剪出忙于秋收的老者赶着满载的马车走在回家的路上。她也剪出悠然自得的休憩场景：戴斗笠的老人垂钓于湖畔，一圈圈细红的曲线就是湖水的涟漪；摇蒲扇的奶奶、纳鞋底的妇人在大树下安详地微笑，用故事拴住一帮穿肚兜的娃娃……

日头升上来又落下去，窗棂纸暗下去又亮起来。那些盛开在笸箩里的窗花，耐心地等着好日子到来。

除夕的日子要重新封窗。棂子窗的木头骨架早被烟火熏染得结实而黝黑，初秋封上去的窗纸已经泛黄。它们被风摩挲过，被寒雨拍打过，被麻雀的嘴啄过，被小孩子的手指尖捅破过，一个个生动的日子都在它们身上留下痕迹。到年关，女人们刮掉旧窗纸，给窗棂掸去尘埃，贴上崭新的白纸。那雪白的新窗纸，将覆盖过往日子里的辛劳，给平实的生活增添浪漫。

新封的窗太素淡了，像茫茫的雪野，要开些花儿才有生机。过了年，春天就到了，是应该红红火火地开着花迎接它。于是，人们将红彤彤的窗花张贴在雪白的窗纸上。年轻人的新房窗上贴的是鸳鸯戏水、喜鹊登枝、麒麟送子，从晨曦微明到月笼西窗，每一次抬眼看，窗上都流淌着幸福。姑娘们的窗上贴着嫦娥奔月、天女散花、百鸟朝凤，这是她们自己剪的，把自己的心气和期盼都张贴在窗上。住着学生娃的屋子，窗子常常是无形的教科书，窗花有闻鸡起舞，有精忠报国。老人居住的窗上则贴着桃园结义、孟母三迁，老故事里的人生哲理，是一辈子的念想。

火红的窗花，把风景、传说、戏文搬到窗上来，把所有的念想和期盼都凝聚在窗上。窗花是枝头飞翔的诗歌，是心头传承的薪火。

每年春节前，我都抽空剪几幅自己的窗花。如今的窗已经是宽大明亮的玻璃窗，窗花也由方寸宽窄发展到锦绣花团。

我的窗花师父是一位70岁的老人，每年在老城区的石桥边卖窗花。十几年前她全家从农村迁到城里，离了土地，就在家剪窗花分给亲戚朋友。后来不断有人联系购买，这乡村里的老手艺竟然被城市人接纳和喜欢，于是她把剪窗花做成了自己的事业。平日里订购大图的居多，比如给老人祝寿的"松鹤图",挂新屋的"大吉图"(雄鸡)、"百财图"(白菜)等。过年的窗花大多小巧,但是她最愿意剪这一类,边剪边想着一幅幅"喜鹊登枝""狮子把门""生龙活虎"都会贴在什么样的窗上,祝福什么样的人家,心里就欢喜。

老人的窗花有传统的样式,也有女儿给设计的新颖花样。我买窗花都是买双份,一份贴在窗上,一份收藏。慢慢地,自己也学着剪。从最简单的花样开始,从笨拙渐渐娴熟,线条由粗陋渐渐圆润,有一年,竟也剪出几幅颇为满意的白菜图,过年前分给亲友们张贴,皆大欢喜。

去年我买了一套胶州秧歌人物的窗花,共12张,有小嫚、扇女、翠花、鼓子等,人物栩栩如生,动作鲜活动感。把它们一一张贴到窗上,屋里登时热闹起来,就像在炕头上演了一场秧歌大戏。新年的阳光里,这些窗花就像活的一样,彩绸飞舞,扇子翻飞,耳畔似乎响起锣鼓唢呐的欢畅曲调。

不经意抬头往外看,见对面人家的玻璃窗上也贴着这种窗花。小区喇叭里响着热闹的《春节序曲》,屋角的红灯笼在风里晃动着。那一刻,我感觉窗花上的舞者都在舞动,舞得旖旎多姿,舞得虎虎生风。团团祥和的喜气笼罩着家家的春节。

社火迎春

乔忠延

江河行地，日月经天，城乡面貌日新月异，古老的年俗却桃花依旧笑春风，鲜活在临汾大地上。

闹社火，就是临汾不变的风俗。如果说年夜饭是一家人欢聚的大团圆，那闹社火就是全村人欢聚的大团圆。大年初一，放过亮响响的鞭炮，吃过香喷喷的煮饺，穿新戴洁的后生，穿红挂绿的姑娘，还有天真可爱的孩童，都欢聚到村中的广场上。银须老爷爷、白发老奶奶脚步虽然不如年轻人灵动，却也赶来了，或拱手揖礼，或脱帽鞠躬，团拜一过，社火即闹腾开来。打起锣鼓，扭起秧歌，跑起竹马，舞起狮子，老老少少的欢声笑语也飞扬开来。

欢声笑语最响亮、最激昂的时刻，一准是在跑鼓车。两架鼓车，两拨后生，在跑道的左右分别就位。每架车上竖一面大鼓，一个壮汉手持鼓槌牢牢站定。车前一个彪形大汉早已双手掌住车辕，辕把前十个小伙子甩掉棉袄，拉起襻绳，一律弓步待发。一声炮响为令，随着周边众人的呐喊，眨眼间两架鼓车如离弦之箭，窜出好远。车上鼓手猛擂，车下后生猛跑，争先恐后，只为拔得头筹。跑得浑身冒汗仍在猛跑，跑得头冒热气仍在猛跑，这班人刚刚跑得吁吁气喘，已有人钻进拉车的行列飞速替换。鼓车过处地上轰隆隆震荡，身边风声呼啸，耳畔山呼海啸，恍若地动山摇……

突然静了下来，静得鸦雀无声，这一准是开始登天塔了！天塔是用板凳当场搭建的高台，左一条右一条，横一层竖一层，层层摞高，摞高，搭建者已站在高空飘摇了，板凳还在摞高。仔细看，不是人在飘摇，而是头顶上的白云在飘摇。看看，称作天塔毫不夸张吧？正愁搭建者如何下来，忽然如风摆杨柳，人已顺着塔边滑落在地。不待喝彩声响起，四只色彩亮丽的"雄狮"，早蹦跳出人群，沿着天塔四个角同时上攀。攀一层，勾腿侧身，面朝天空摇头晃脑，似乎在抒发凌云之志。再攀一层，背负蓝天，朝下观看，犹如展翅大鹏俯瞰人间。不觉然，四只"雄狮"已蹦跳上天塔的顶端。看看那高耸云天的架势，仰头观望的人哪个不敛声屏气，真真是"不敢高声语，恐惊天上人"。可这不知高低的"雄狮"偏偏还要腾空蹦跳，似瑶池摘星，如天马行空。表演者艺高人胆大，观赏者却禁不住提心吊胆，手心出汗！

孩提岁月看过无数次跑鼓车、登天塔，只觉得过瘾、刺激，却丝毫不明白父老乡亲为何要玩这一把心跳？年事渐高，阅世渐多，逐渐悟出这跑鼓车、登天塔，是乡亲们满腔豪情的喷发，是在展示"世上无难事，只要肯登攀"的壮志！

白天里的闹社火就够红火了，可夕阳西下后的热闹才更让人期盼。夜里的欢腾要让人看得见，就必须请出灯笼。灯笼是个妙物，既让人看得见，又不让人看得那么真切，迷迷蒙蒙，亦真亦幻。当然，只把灯笼提在手里，是映照不出这样如梦似幻的光景的。于是，长长的竹竿将灯笼挑到梢尖，高高擎起，温润的光色便映亮周围一片。细看，这灯笼妙不可言，不只是椭圆的、四方的，还有用竹子扎成的黄牛、玉兔、骏马……十二生肖云集，装点夜色，散发光亮，映照出醉人的景致。

灯笼装饰着社火，社火催化着灯笼。先前是百家百户各自带灯，谁都可以高擎灯笼闹社火、看社火。后来，高擎灯笼有了讲究，谁家新娶了媳妇、新添了人丁、新盖了宅院、新考上大学，才有高擎灯笼的资格。看吧，高擎灯笼的人满脸喜气，观赏表演的人喜气满脸，红红火火，何等壮观！

临汾的父老乡亲，把灯笼叫作"高照"。看到此处，你一定理解这称呼的由来了吧？高照，高高照亮了闹社火的场景，高高照亮了烟火人间。你看那高擎灯笼追逐鼓车的人群，一路奋跑，蜿蜒成了一条腾飞的火龙；你看那高擎至天塔上的九个灯笼，簇拥一团，散发着温润的红光。光色映红了每一张仰头观望的笑脸，如同一朵朵绽开的春花。春花簇拥，春花斑斓，交织出一幅心花怒放的秀丽画卷。

临汾春烂漫，春天欢笑着到来了。

年里汤圆甜

王珺偲

在黔北凤冈县琊川镇一带,正月初一的第一餐,要吃滚沙汤圆。新的一年,就在一家人制作滚沙汤圆的甜蜜中开启。

滚沙汤圆因它的制作方式而得名。将做好的馅丸放进装有糯米面的簸箕里来回多次滚动,让它裹上一层又一层雪白的糯米面,变身为一个个圆滚滚的"雪胖子"。在老家的日子,每年母亲做好汤圆后,都会煮来让我先品尝。我趁热将汤圆一口咬开,馅仁的酥甜与糯米的糯香一起在舌尖上蔓延,带着微黏的韧劲一起,慢慢滑下喉咙。香甜,爽滑,软绵。我一边嚼,一边烫得张口呵气,深冬的清冷空气瞬间也温暖了起来。

刚进腊月,母亲就会去集市上精心挑选糯性强、口感细腻的本地糯米。腊八节后两三天,将糯米淘得白白净净,浸泡在清水中,每天还要根据气温小心地把握换水的次数,保证糯米不变质。母亲说,米要泡半个月以上,做出来的汤圆才会爽滑细腻。

腊月二十五左右,到了做滚沙汤圆最"甜蜜"的环节。母亲将精心挑选的酥麻、芝麻、花生、核桃等原料,一一放入锅里炒到香酥脆黄。母亲说,汤圆好不好吃全靠这口馅,每种食材都要分别炒,把握不同的火候,马虎不得。炒好的酥麻籽要用擂钵舂成面,花生、核桃舂成颗粒状,芝麻则直接和入其中,加上捣碎的冰糖粒,再一起放入加热融化的红糖里,混合、拌匀、冷却,这就制成了香酥可口的馅料。

馅料被母亲搓成鹌鹑蛋般大小的丸子,放在盘子里,散发着香甜的气息,乌黑诱人。我趁着母亲不注意,拿起一个塞进嘴里,在舌尖的挤压下,馅丸在口中温润地化开,酥香甜蜜萦绕唇齿。母亲瞧见了会假装生气责备我,看到我嘴角残留的黑馅汁,忍不住笑出声来,我也跟着"咯咯"地笑了起来。

馅料制好后就该制作糯米面了。母亲在头一天晚上把泡好的糯米舀出来,沥干水分。父亲把糯米放在石碓里面舂,在"咚咚"的舂碓声中,糯米逐渐变成了粉面。母亲把石碓里的米面舀出来,用最细的箩筛,筛出最细的面,那才是做汤圆上好的米面。

接着就是滚汤圆。母亲将一个个馅丸放在竹筛上,蘸浆、沥干,倒进铺好糯米面的簸箕中。父亲来回用力拉动、旋转簸箕,馅仁就在米面中滚雪球似的滚了起来,滚的力度和方向很有讲究。父亲原本是不会的,滚出来的汤圆不是不够圆,就是易散不够紧实。在母亲的反复指点下,父亲花了多年才将这门手艺练得炉火纯青。

做好的滚沙汤圆通常是煮来吃,也可以蒸、烤、炸,但不管是哪种吃法都甜而不腻,糯香爽口。煮、蒸出来的滚沙汤圆白如雪球,蓬松糯滑,母亲叫它"银元宝"。烤、炸出来的滚沙汤圆色泽金黄,外脆内软,母亲叫它"金元宝"。

正月初一,母亲把做好的滚沙汤圆端上桌时都会说:"金元宝、银元宝,初一吃个大元宝,一年四季样样好。"我跟着念一遍,然后在欢笑中吃"元宝"。

我曾问母亲,这么复杂的汤圆做法,是从哪里学来的?母亲说,这是祖辈一代代传下来的。后来我在舅舅家看到一本泛黄的族谱,里面记载了先祖在清初由江西迁移至贵州,在这块土地上勤奋耕耘,兼做麻糖、汤圆等小吃生意,生活富足。或许正因滚沙汤圆曾是家族赖以生存的手艺，他们才一代又一代精益求精地制作和传承，那是家族的记忆，也是团圆的滋味。

  这些年，母亲忙着帮我带孩子，过年都没再亲手做滚沙汤圆了。幸而舅舅经营一个滚沙汤圆的作坊，所以家里年年都有汤圆吃。我那四岁的孩子特别喜欢吃炸得酥黄的"金元宝"。前几天，他边吃边念说："金元宝、银元宝，初一吃个大元宝，一年四季样样好。"我听了心头一暖，跟母亲说："今年带上孩子，我们自己做汤圆。"

炒年味

汪 群

噼里啪啦,哗啦哗啦,山乡的年味是"炒"出来的。

炒"番薯胖",吃起来松脆甜蜜;炒"糕头胖",咬起来清脆喷香。这两样是浙北山村农家炒制的传统食品,沿袭上百年,家家户户自己做,人人喜欢。这些炒货,让乡村的年更有味道。

"朗日天,年景好。"大年近了,家住浙北地区双一村的朱大妈天天乐呵呵的,逢上村里人路过自家门口,便会热情打招呼,送上一些暖心的话。朱大妈家门前的晒谷场和菜地里,许多长条木凳上置放着大小不一、有方有圆的竹匾和竹帘子,她与儿媳一起乘着晴好天气晾晒番薯饼、年糕片,还有花生果、南瓜子,各种各样林林总总。经了日头暖烘烘地晒,仿佛已经洋溢起炒货的香味。

"要让山乡的年味浓起来,还真不能少了'炒'。"朱大妈说。

这个"炒",靠的是农家安在灶台上的一口大铁锅。

山村家家户户都用上了天然气,可很多人家都会留一个土灶台。这些灶台,都砌筑在居家的"偏房"小屋。夏秋季节烧煮南瓜、玉米和番薯,袅袅炊烟里时常飘散出诱人的甜香味。

寒冬日子,村民们很少用空调取暖,一家人聚在一起"烤火堆",日子很温暖。这种火堆是用竹根、柴树根慢慢燃烧取暖的,火堆里可以煨年糕、煨番薯,熟了趁热吃,风味独特,再吊挂一只水壶烧水泡茶,喝上一杯，热乎乎的。邻居串门时相聚最多的地方，也就是烤火房，家长里短交流谈心，下棋拉琴其乐融融。墙脚边还有用火焐热的"暖床炕"，孩儿们喜欢在炕头盖上被子，做作业，讲故事，或唱歌。

朱大妈制作"番薯胖"，一道道程序井井有条：将番薯洗净，削去皮衣，切成薄片，然后放入铁锅里用柴火慢慢煮熟。等到番薯熟烂，她用铲刀在铁锅里反复将其搅成糊状。抓一把芝麻撒进去，像天女散花；顺手又取些橘子皮碎末往铁锅里抛，如星星点点，这样番薯糊就添了香气。而要把番薯糊做成番薯饼，朱大妈就要用到那个书本大小、四周带着薄薄边框的木制盛具。在盛具上铺一块白净纱布，将锅里捣糊的番薯食材舀在盛具上，用手里的菜刀把糊状的番薯细心地刮齐抹平。最后，将木板盛具倒扣在竹匾或竹帘子上，揭去白纱布，就现出均匀漂亮的番薯饼。

番薯饼晾晒成形后，就可将它切成片，继续晾晒直至干燥，用坛坛罐罐储藏起来，等待被炒制成"番薯胖"的日子。而做"糕头胖"要省力得多，现在年糕都是在粮食加工厂生产的，将整条年糕直接切成片，就可直接晾晒了。

农家炒年货的日子，大多在大年三十晚上。除夕之夜，开开心心的一家人吃过年夜饭后，铁锅就要热火起来。那边，老老少少在观看电视节目，贺年祝寿；这头，灶膛里已升腾起红红的火焰，将"炒年味"推向高潮。

炒年货的"辅料"，农妇们最喜欢西苕溪里颗颗闪亮的黄砂。将黄砂放在铁锅里与年货一起翻炒，黄砂沉于锅底，可以隔开食材和滚烫的铁锅，使食材免于炒焦。这样炒出来的"番薯胖"和"糕头胖"，外表微黄，内层空心，吃起来松脆可口。选择黄砂，当然还有寓意，村民说黄砂如黄金，一起炒就会一起旺，企盼来年风调雨顺，生活和谐美满。

除了黄砂,也可以加大米炒。年货与大米很般配,丰收富裕的祈愿一望而知,就像团圆餐桌上要"年年有鱼"一样,是大家钟爱的好彩头。即使有些大米被炒焦了,还可以派上独特的用场:老人和小孩如消化不良,泡上一杯焦米可以帮助改善。粒粒皆辛苦,任何粮食也不能浪费。

炒年货除了"番薯胖"和"糕头胖",还有炒花生、炒葵花籽、炒黄豆、炒蚕豆……一种种翻炒下来,就和着"沙沙"的翻炒声,迎来新年的钟声,寓意上一年灶台里的火延续到新的一年里,预示着新的一年日子更红火。

孩子们向邻居们拜年时,那些"炒货"还带着余热。孩子们新衣口袋里,都被奶奶、大妈、大嫂们塞满"年味",人人脸上洋溢着幸福的笑容。

潍坊的风筝

王剑冰

一

云和风筝换了位置,或者说,云为那些风筝腾了位置。喷薄而出的朝阳中,一下子喷薄出那么多风筝。那是开在天上的花。越开越多的花,成为故乡的风景。

风筝古时称为鸢。潍坊的别名就是鸢都。从"潍坊国际风筝节"放飞的风筝,差不多飞了40年。

在中国向欧洲传播的发明中,有学者把风筝列入其中。明代,潍坊就有了放风筝的习俗。这一娱乐工具或从海上传出,融入不同国家的民众生活。

整个天空生动起来。

所有的风筝都没有想到,它们会构造出另一个世界。它们以单纯的自我,组合成群体的丰富。

它们有的天真,有的老成。有的是戏曲中的脸谱,有的是栩栩如生的造型。婀娜的嫦娥,耿直的郑板桥,黑脸的包公,更多的是动物世界:蝴蝶、瓢虫、蜻蜓,还有一个大章鱼,那么多的须尾,简直让人怀疑它是否能升起来,可它竟然一点点地飞起来了,而且离地面越来越高,真是不可思议。

还有蓝宝石风筝,这也许是昌乐人放的,蓝宝石是潍坊昌乐的特产。还有一对大萝卜,倒栽在云中。"烟台苹果莱阳梨,不如潍县萝卜皮。"潍坊的萝卜盛名在外,这应该就是潍坊本地人放的。

在这里,会上演关于风筝的传奇。听说,有一只巨大无比的"蜈蚣",被十几个人扛着来了。这也能放起来?试试吧,在这风筝之都,谁不想有大胆的尝试?喊着,吼着,跑着,那庞然大物真的飞起来了!

云端的气流大了起来,带着冲击力,将一些鸢尾冲撞得抖抖颤颤,那场面变得更加活灵活现了。还有零散的小鸢,在如盖的大鸢中间挤来挤去,有如一轮月亮周围团着一圈流星。

二

潍坊人不仅喜欢放飞风筝,还喜欢制作风筝。据统计,世界上70%的风筝都出自潍坊。随着20世纪80年代风筝节的举办,潍坊开始有了大大小小的风筝厂。我在杨家埠一家风筝厂看到,有专门负责设计、制作、描绘、包装的人,还有专门负责试飞甚至网上销售的人。

在潍坊人看来,潍坊是个很值得一说的地方。潍坊人说,我们这里南依泰沂山脉,北濒渤海莱州湾,是人杰地灵之地。为官清廉的大学士刘墉是潍坊人,著有《齐民要术》的贾思勰是潍坊人,画了《清明上河图》的张择端是潍坊人。潍坊人还会告诉你,诸多历史名人都曾在这里任职或居住。现在,这里是全国闻名的花卉、蔬菜、食盐、蓝宝石产地。

口气中满是自信。想来,这里的人喜欢放风筝,也许与这份自信有关。这是一片浓缩了种种美好的天空:富于智慧,积极探索,敢于幻想,勇于实践;永远在辽阔里奔跑,永远以热情迎接春天。这些,也许都源于那份来自内心的自信。

也正是这份自信,让潍坊人多了一项独特的待客之道。凡有客来,便邀去放风筝。在潍坊，带外地朋友放风筝代表着一种生活方式和品位。

每年的阳春三月，来潍坊看看吧，所有的灿烂，全开在天上。

三

这片辽阔的海滩上，到处都充满了欢乐。无论是放风筝的人还是看风筝的人，个个都喜气洋洋。在这里，总有一种情愫簇拥着你，感染着你。

那些放飞的风筝也有说头，后来，它们有的被存进了博物馆里，有的被发到了网络上，成了"网红"。

猛然间，听到了一首田园风格的曲子。是响自哪里呢？仰头侧耳，曲子竟然出自那些风筝中，不知道是哪一只发出，又像是全跟着和鸣。

很快，你会被那若隐若现的乐曲所打动，并慢慢体味着那曲中的意味，深沉、醇厚，像沂蒙小调，又似大海渔歌。

此刻，我突然也想做一只风筝，升到高空去看看大地上的景象。在天空中往下看，能看到什么呢？或许能看到"大海东来第一山"的沂山，看到古火山那闪现过奇幻的峰峦；或许能看到大片的盐滩、绿色的田野和烂漫的花海，还有潍河、虞河、弥河、白浪河等多条晶莹的河流。

很长时间里，我注视着那些放风筝的人，那些一直仰头看天的人。我敢说，他们是一群在地上生活，在云里写诗的人。

遇见与感悟

大山里的医生

寻访万年稻源

我的夙愿

希望的田野　幸福的模样

王医生画画

刘从进

岭头下,赤坎村,王友帆医生正在给村民量血压、测血糖。他来到陈阿公家,发现陈阿公的脚红肿溃烂,王医生的眉头一下皱了起来。

陈阿公83岁,与78岁的陈阿婆相依为命。他得糖尿病20多年了,经常乱吃药,疼的时候吃一点,不疼了就不吃,导致情况越来越严重。眼下的红肿溃烂,正是严重的糖尿病足。王医生通过"医共体"联系专家,为他做过手术。可是没多久,陈阿公的另一只脚又出现了溃烂迹象。王医生凝视着他的脚,重新给他配了药,在原有两种药的基础上加了3种。同时,每周两次为他清理伤口,减轻疼痛。

辛苦一点,对王医生来说没有什么。他只有一个心结,就是陈阿公如何能按时定量吃药。

"5种药,不同时间服用不同的药,我就担心他们记不住;特别像高血糖对吃药要求很高,吃少了血糖控制不下来,吃多了容易出现低血糖。"王医生写了医嘱,又悄悄扔了,因为很多上岁数的老人不认字,任凭王医生手里拿着药,一字一顿地跟他们说,他们还是懵懵懂懂。这样子,王医生实在放心不下。

王医生对农民有感情。他本是农家出身,是当年村里第一个考上中专的人。离家时,父母叮嘱他将来要做个有良心的医生,多为老百姓着想。毕业后,他到浙江省台州市三门县人民医院当医生,几年前港南分院成立时，被调去当了副院长。到了港南后，他经常在村里转，来到床头为阿公量血压，坐在门槛上为阿婆测血糖。赤坎、大域、官塘、小金山……那一片村庄他不知跑了多少次。

他尤其留心那些得了高血压、糖尿病的老年人。眼下，基层医疗的重心转向健康管理，每个医生包干一个片区，那些有高血压、糖尿病等慢性疾病的人是重点服务对象，叫"慢病管理"。得益于政策好，全县农村老人高血压、高血糖的基本药物都免费了。可是老人年纪大了，记性不好，有的又不识字，按时定量吃药这样的小事，竟也成了问题。王医生发现，不管跟他们叮嘱多少遍，刚一离开就又追出来了，还常常追到村口问。有时候忘了怎么吃，就乱吃一通，把高血压的当高血糖的吃，本该中午吃的早晨就吃了，吃多吃少更是没个准。

王医生是个有耐心的人，在县人民医院工作时，他值班时诊室的门口总是围满了人。他说，人的能力有限，但态度好一点总是可以做到的。可是，纵使医生的耐心再好，医术再高，患者不遵守医嘱，又怎么能治好病呢？这是王医生之前从没碰到过的。

陈阿公溃烂的脚和那些老人巴望的眼神，反复萦绕在王医生的脑海中……怎么能让老人吃对药？

一天中午在办公室午休时，他在一张海报上若有所思地涂着画着，忽然茅塞顿开——可以用画图的方式表示吃药的时间和数量啊！他大喜过望，根据乡村生活习惯，分别画了公鸡、太阳、月亮，代表早晨、中午、晚上，后面贴上不同药物的标签，每种药下面画不同数量的小圆圈，一个圈代表一颗药，两个圈代表两颗……

他画好图，立即来到陈阿公家，耐心讲解了自己的"画"，还帮他们贴到墙上。陈阿婆一看就笑了，点着头说："鸡叫起床是早晨，太阳大了是中午，月亮上山是晚上。晓得了晓得了。"

事实证明，这招很管用，从此陈阿公再没有把药搞错。

此后，王医生每每碰到有这种需要的患者，都耐心为他们"画画"。村民们满心欢喜，得了王医生的"画"，就像得着了宝似的，都说那"画"好看好懂。从此王医生的窗口经常在深夜里亮着灯，照着他伏案作画的身影——他变成了一名"画家"。

一段时间后，很多老人的家门口陆续贴上了王医生的画，大伙儿给它起了一个形象又有趣的名字，叫"公鸡下蛋图"。他们说，王医生哪，一张圆圆脸，一副好心肠。听到人们的夸赞时，王医生憨憨地笑着说："这是咱们的缘分！"

我去赤坎村找陈阿公时，阿婆一个人坐在门口，阿公拄着拐杖到外面晒太阳去了。阿婆拉着我，看宝贝似的带我看了那幅"公鸡下蛋图"，然后说："有一次我们为了省钱，带了干粮，准备在医院里冲一点热水当中饭吃。结果，食堂的小姑娘给我们送来了饭菜，我还以为送错了，那小姑娘却说，是王医生给你们订的。我跟身边的护士说，王医生比我的亲人还好。"

我忽然觉得，王医生说的"缘分"，并不是什么客套话。在王医生那里，医患之间真的就是缘分啊！

现在的乡村，很多老年人都有慢性病，子女又不在身边，更需要照顾和关爱。王医生记挂着村子里的患者，一有空就到村里去。他说："基层的医生就是服务员，看到自己的患者健康了、开心地笑了，那是最快乐的事。"

那一天，王医生送我到医院门口时，已是正午。冬日的阳光柔和而金黄，正温暖着这片土地。

阳台上的花

黄咏梅

意识到母亲喜欢花,已是她退休的时候了。记忆中,我们家阳台上也种植物,但很少见到花。在有限的花盆里,小葱、小蒜、小辣椒、芫荽这些与其说是常见,不如说是常备。厨房里,主菜炒起来了,母亲会命我到阳台摘几根小葱或小辣椒,洗洗,直接放到锅里。"物尽其用"四个字,被母亲一辈子奉为人生信条,也将母亲训练得心灵手巧,家里很多淘汰的旧物都被她不厌其烦地改为他用。

母亲不种花,可能也觉得花不好伺候。我们一家五口人,父母上班,孩子上学,并没有多余的时间来养花。种下的花如果不开花,还不如种小菜。母亲种菜是很积极的。小时候有那么几年时间,我们家安在一个半山腰的独间平房。房前有一片平地,被母亲用篱笆围成小菜园,里边种了不少蔬菜瓜果,基本上可供应一家人的日常需求。印象最深的是葫芦,藤蔓攀在篱笆上,果实藏在叶子下。我们三个小孩子会挑选出自己喜欢的小葫芦,用一根针,在葫芦瓜上歪歪扭扭地写下自己的名字,然后比赛哪一只长得又快又大,就像比赛自己的身高一样。母亲很懂种菜,在她特别的照顾下,刻有我们几个孩子名字的葫芦瓜,总是长势喜人,最终结出了皆大欢喜的果实。而刻着父亲母亲名字的那几只葫芦,远远落后于我们。我们欢天喜地将自己的葫芦摘下来,挂在屋角,让它们跟我们的名字一起晒干、变黄,最终成为书桌上的摆设,权当一束不会凋谢的花。

17岁那年夏天，我到桂林读大学，父母送我去报到，趁机游览一下桂林山水。那是我第一次跟父母出远门，应该也是父母第一次一起出门旅游。我们住在一个简陋的小旅馆，窗外可以见到清澈的漓江水。旅馆对面有一个花坛，母亲在那里第一次看到了一种奇怪的花。小小的五瓣花瓣，组合成一张人的脸谱，有眼睛有鼻子有嘴巴，五官是深紫色，脸膛是浅紫色或嫩黄色。我们第一次见到这么有趣的花，就像花坛里有一个小人国。母亲对花的知识匮乏，直接称之为"人脸花"。每次进出旅馆，我们都要去看看这些有趣的"人脸花"。分别的时候，母亲想找找有没有种子可以带回家，找了半天没看到一粒果实。突然，母亲指着一簇角落里的花，说，这五朵，像不像我们一家？那五朵花挨得特别近，都快叠到一起了，上边两朵稍微大一些，浅紫色的脸膛上有着近乎墨色的五官，下边三朵大小差不多，嫩黄色的脸膛上，五官是浅浅的紫色。我和父亲都笑了，说像。我用手指点着那些小脸数过去，这是我，这是哥哥，这是姐姐。数完，我的眼泪就流了下来。那之后的许多年，离别、想家成为一种习惯。后来，在一些地方，我多次看到过这种"人脸花"，每次看到，我都会朝这些"小脸"会心一笑，想起那年小旅馆前的"一家五口花"，想起我们一家五口人。

母亲退休之后，阳台慢慢开始种起了花，盆栽从实用转变为审美。种的都是些好养的花，茉莉、海棠、三角梅、芍药、桂花之类。阳台角落还留着几棵实用的小葱和辣椒，稀稀拉拉，枯老了也没被摘下放到锅里。年份最久的当属那株海棠花。花树不高，却很结实，主干已经比我的拳头还粗。每年过年，它都不辜负花期，准时开起了红艳艳的花朵，仿佛要跟我完成一个共同的约定——每年过年回家后，我会挑一个阳光充足的中午，搬两张小椅子，让父亲母亲坐在这株海棠花下，我一点一点将他们花白的头发染黑。阳光把海棠花照得通红，也将父母的衰老照得纹路清晰。我站在他们背后，既感伤又幸福，虔诚地祈祷年年岁岁都拥有这相同的一幕。

除了在阳台种花，母亲也喜欢用花瓶插花。但我从来没在家里见过"人脸花"。近些年，家乡过年流行一种"年花"——五代同堂果。黄灿灿胖乎乎的果实，浆汁饱满，寓意子孙满堂，老少安康。去花市买一枝回来，不用费心管理，可以观赏半年之久。母亲会挑果实多的那一枝买回家。有一次，我用湿布给这些果实"洗澡"，指着最大的那两只说，这是爸，这是妈，然后又分别按个头指定了我和哥哥姐姐。母亲一听，笑了，看看那两只最大的果实，说，不像，现在我们家里，我和你爸最瘦。我愣了好一会儿，夸张地提高嗓门说，再瘦也是最大的。

今年，在小区散步的时候，突然发现小区围栏下新摆了一溜花盆，花盆里边挤挤挨挨地开满了一张张"小脸"。整齐的五瓣花瓣，嫩黄、粉红、紫色的脸膛，颜色各异，风一吹，像笑脸。我也笑了，站着看了很久。手机里有一款植物识别软件，几秒钟之后，我得以知道，"人脸花"真正的名字叫三色堇，花语是——请思念我。我在微信上把照片发给母亲看，她高兴地说，你们那里也种"人脸花"啊！我暗自偷笑，并没有纠正母亲。这种花，在我们家就叫"人脸花"，早在很多年前，我家这位无暇养花的"花盲"，竟然无师自通，为我正确读出了那些"人脸花"的花语——请思念我。

迎春花开

陈爱民

　　立春一过,春天就像一面已擂响的大鼓,鼓声一阵急,一阵缓。沉寂已久的天地,顿时欢腾起来,热闹起来。在这样的季节里,万事万物包括心灵在内,无不感动和激奋着。

　　惊蛰一来,春雷阵阵,草木纷纷萌动。其实,雨水节气刚落地,柳树就已经迫不及待地绽出了新芽。开始是小米粒模样,然后握成小小拳头,再接着舒展为一瓣瓣嫩黄,一个个村舍就笼着青青的烟雾了。小草呢,"草色遥看近却无"只是昨日的印象,今天再去瞧瞧,已经是"浅草才能没马蹄"了。远山在冬天时是苍翠的,有些深沉,春天来到后不久,就是满眼的葱茏了。如果阳光再眷顾一段时间,那将变成满山的斑斓,叫人好生向往。

　　没有百花的深情款款,春天肯定是不能叫作春天的。所有的花儿仿佛攒足了劲,互不相让,争先吐艳,一步步提升着春天的颜值。迎春花从严寒中而来,有骨气,又使巧力,早早把一片金黄"哗"的一下呈现在人们眼前,好闻的淡淡的香气,立马在墙隅、溪头、坡地弥漫开来。春节刚过,山茶花就对着冰雪从容地开放,它的花骨朵有些大,花瓣重叠着。桃花的登场也不晚,一树一树地连成片,即使路边只有一两棵桃树开着花儿,也能晃亮人们的眼睛。梨花开得相对安静一些,那素色的白尤其雅致。映山红是最烂漫的,它们齐心协力,把整座山染成了一片红色。还有紫云英绽放着连绵的汹涌，油菜花澎湃着金黄的浪涛，它们当仁不让，是田野里的主角。

鸟儿们早早地忙活起来了。八哥长得虽不灵秀，一副黑黑的外表，却什么地方都去串一串门，很是打眼。它们蹲在那里时有些憨呆，但是飞起来时，那扑扑的响声却引人注意。灰喜鹊和花喜鹊们，从清早到傍晚一直叽叽喳喳。麻雀们叫声细亮，一群群地飞起、落下，像一阵阵掠过的风。黄莺婉转地歌唱着，在枝头上兀自闪亮。当然，在篱笆和柴草丛中，还有无数的鸟儿在穿梭，它们轻巧敏捷，连打闹的声音也是圆润的。燕子刚一回来，就喜滋滋地四处造访起来，它们轻盈地飞翔着，成为一道迷人的景致。

在南方，雨水总是贯穿春天的全过程。一开始，春雨绵绵，落到水面上，只留下浅浅的"针眼"；后来，春雨有些急起来，四处的水面被碎碎地敲着，现出许多小小的旋涡来；再后来，雨帘就织得有些粗了，水面上的水花一朵朵盛开，雨落到池塘里，咚咚咚地响。过了清明，溪水、河水都回来了，并且不断上涨。夜里，池塘里蹦跳着泼剌泼剌的声响，雨继续下着，人们枕着一片雨声入睡。

"一年之计在于春""不行春风，难得秋雨""人勤春早，一早百早"，这些谚语，人们说得很朴实，也很直接。四季伊始，全年是个啥光景，春天给定下基调。春天忙得越热乎，秋天就会收获得越欢实。确实，这个季节，在乡下，人们除了闹元宵、祭祖、婚丧大事外，其他的活动就全是农事了。

"到了惊蛰节，锄头不停歇。"只要天气好，山坡上、菜园里，总是有人在劳作。常见的情形是，忙活着的一家人都不太说话，却彼此分工合作，相当默契。渴了累了的丈夫，挂着锄头，用毛巾擦擦脸，再灌下一大碗茶，然后仔细检查刚刚整理出来的土地。妻子呢，也休息一会儿，扯一把草垫着坐下。还有小娃娃，在捉蝴蝶，或在玩土粒，一脸淘气地笑。这样的场面在田野上常常可见，很是温暖动人。只要勤快点赶上时节，又照料得周全些，那些黄瓜、南瓜、丝瓜、茄子、辣椒、豆角等，都会争气的。它们你追我赶，铆足劲生长，开了花以后，又比赛着谁的果实长得好。

"作田不让时，船家不让风。"田里的工夫更是要抢的。下雨了，家家户户就赶快给田蓄水，让水把田土泡发，这样，犁田就犁得深一些，田泥巴就容易碎一些。"犁得深，耙得烂，一碗泥巴一碗饭"，作田的经验就是这样简单明了。水蓄好了，阳光不受遮拦倾泻到田里，从山顶上望去，那么多田，一丘丘摇晃着晶莹的亮光，又层层叠叠拾级而上，真是一件美妙的事。接着就是犁田。田野里到处是吆喝牛的声音；水鸭子不停地把嘴伸进水里找螺蛳；杜鹃鸟叫唤着"布谷布谷"不歇气；小河哼着小调朝下游跑远；一只白鹤降落，梳着羽毛，款款走动……这一切，构成了生机勃勃的"春耕图"。再接着，就是插田了。要不了几天，水田就涂上了嫩嫩的绿，清新喜人。插田时要唱歌，赛着唱，这边起，那边接，有独唱，也有合唱。歌声在山谷间荡来荡去，回声不断。歌词内容丰富，比如"日头渐渐向西边，插了一田赶二田。十指插得天边绿，双肩挑来丰收年"，充满快乐和自豪。

大山里的医生

周小霞

一

清晨的湄江湖村山雾迷蒙。雍元书像往常一样,早早起了床,收拾好药箱。今天,他要去给村里的几位患者做定期检查。10余斤重的药箱,已成为几十年来陪他行走村中的老伙计。

位于贵州省遵义市湄潭县北部偏远山巅的湄江湖村,因山脚有清澈的湄江湖而得名。然而,今天这个如诗如画的村庄,几十年前却是远近闻名的贫困村。由于交通不便,村民的日常生活基本靠肩挑、背扛、马拉。遇到病痛了,因为离医院远,多数时候只有靠硬撑。

1948年出生的雍元书,小时候曾目睹村里几个小伙伴因患麻疹而死亡。其实村民们得的病,如果能得到及时救治,都不会有生命危险。"湄江湖村需要一位医生。"年少的雍元书对此感受太深太深。

1968年,各地开办"半农半医"医疗基础培训,每个生产大队选派有一定文化基础的青年参加学习。雍元书毅然报名,成为大山里一名年轻的卫生员。1970年,22岁的雍元书光荣地加入了中国共产党。在那面鲜红的党旗下,他举起右手,庄严宣誓。

二

"背上药箱,我就是医生;放下药箱,我就是农民。"雍元书说。因为不是专业医生,所以谋生活还得靠自己生产劳动。有时,雍元书双脚还在水田里,就听见村民喊。他顾不上洗掉脚上的泥,背起药箱就走。

30多年前,村民田景贤的左臂不明原因地肿大起来,乡镇医院诊断为左臂肌肉组织坏死,必须截肢。不想被截肢的田景贤找到了雍元书。情况确实十分糟糕,但为了让田景贤减轻思想负担,雍元书仍然坚定地说能够恢复。那段日子,他不停地查阅医药书籍,又跑到城里找大夫和老师们请教。反复斟酌拟好药方后,雍元书一头钻进山里挖草药,一去就是好些天。

多年后,田景贤仍然记得从雍元书手里接过第一包草药时的情形。雍元书的衣服和裤腿上沾满了泥巴,但他丝毫没有在意这些,只是一遍遍地交代田景贤草药该如何使用,并叮嘱一定要坚持治疗。随后,雍元书不断地进山寻找草药,时间长达1年。随着一包包新鲜的草药接连送到田景贤家中,那只原本已行将坏死的左臂,竟然渐渐消肿,继而伸展自如了。

雍元书的家离村卫生室只有3里多路,但他几乎每天都是天亮就出门,天黑才回家。碰到有患者输液到深夜,他就住在村卫生室。栽秧的日子到了,他在卫生室忙,妻子只好请人帮忙犁田,自己下田栽秧;辣椒下树了,他在卫生室忙,妻子只好自己顶着烈日,将辣椒一篓一篓摘回来;妻子的手被农具轧伤,他在卫生室忙,"等忙完了就回去。"对于家人,雍元书说:"我挺亏欠他们的。"

以前,村民家里不宽裕。有的人病看了,说:"雍医生,我先打个欠条,等赶场那天拿点东西去卖了还你。"不管人们给不给钱,雍元书永远是一脸和气。后来，有的患者还上了医药费，但是有些不仅没还上，下一次来看病仍然欠着。雍元书也从来不计较，依旧给开药。行医这些年，村民们到底欠了他多少医药费，雍元书自己也记不清了。

三

脱贫攻坚的号角吹响时，雍元书已经两鬓斑白。他背着沉沉的药箱又出发了。他和扶贫干部一起在两个多月的时间里走访了600多户村民，签订了一份份"家庭医生责任书"，定期去给老人、慢特病患者做检查。

村民们笑着说："以前没有签这个责任书，你还不是一直都是我们大家的家庭医生？"雍元书也笑了："不一样的，签了这个责任书，说明我还是脱贫攻坚战场上的一个战士。"

2020年初，年过古稀的雍元书不顾家人劝阻，又一次背起药箱，走到了村里疫情防控的第一线。他说："我是医生，防疫我懂。何况我是一名共产党员，我不上一线，谁上一线？"

只要了解到有村民返乡，不论刮风还是下雨，雍元书都要亲自上门去了解排查。每次排查时，他都要给村民讲解疫情防控知识，叮嘱村民不要外出、聚集。2020年3月的一天，他像往常一样，出门给一名外出务工返乡人员测量体温。由于路滑，返回途中不小心摔了一跤，造成撕裂性骨折。在家里刚躺了3周，雍元书就执意要回卫生室去。因为休息不好，病拖了大半年才痊愈。

几十年间，有的乡村医生离开了深山，或进入乡镇、县城医院工作。而雍元书为了湄江湖村3000多名村民，放弃了一次次离开的机会，选择了坚守。

如今，大多数村民都搬到了县城的移民社区，雍元书才跟着一起搬出了大山。乡亲们的生活和出行都比在老家时方便多了。雍元书是时候该歇歇了。可是，他仍然背着药箱奔走在社区，只要乡亲们一个电话，他就会及时出现。

不管是在山上还是城里，雍元书始终停不下来。他说："乡亲们在哪里，我和我的药箱就在哪里。"他就这样继续着他的坚守，继续着50年前他在党旗下做出的为人民服务的庄严承诺。

温暖的围巾

李长顺

"围巾老人"火了。我满怀惊讶和好奇,去见安阳人口口相传的老人家。一位个头不高黑红脸膛的瘦弱老人,一旁是比他还瘦的老伴。两位老人像一对日夜不倦、吐丝不止的春蚕,从早到晚织围巾,一年四季织围巾,14个年头不懈不怠地织围巾。

老人织的围巾,不批发不零卖,不送亲朋,不赠好友。这些五颜六色的温暖,越过千山万水,送给生活在祖国边疆的人们——爬冰卧雪青松一样扎根边关的解放军战士,顶风冒雪铁人一样执勤巡逻的人民警察,花朵般烂漫盛开朝阳般天天向上的边疆小学生……

玉麦乡,坐落于巍峨的喜马拉雅山南麓,西藏自治区山南市隆子县境内。今年国庆节前夕,玉麦小学的新生们,收到了千里迢迢寄来的围巾和体育用品。孩子们乐坏了。他们围上红色、黄色、天蓝色、雪白色的围巾,顿时感到暖融融的,有的还摆出可爱的造型让老师拍照录视频。原来,围巾老人从电视上看到时代楷模卓嘎央宗姐妹的事迹,被姐妹俩放牧守边的精神深深感动。于是,老人精心编织了一批围巾,赶在2020年玉麦小学开学之时寄过来。今年,老人又寄来一批新围巾,师生们决定回送老人一份有意义的礼物。9月27日,乡小学与两位老人进行视频连线。在"家是玉麦 国是中国"的玉麦乡标志性山坡上,学校举行了庄严的升旗仪式。师生们向国旗致礼,也向尊敬的爷爷奶奶致少先队队礼。老两口与师生同唱国歌。老人家饱经沧桑的眼睛，孩子们天真无邪的眼睛，在激昂的旋律中一起湿润。

　　祖国东海的北礵岛，常年驻防解放军官兵。冬天的小岛虽不是冰天雪地，凛冽的寒风也像刀子一样割人。农历牛年春节前，北礵岛官兵收到老人邮寄来的一批色彩缤纷的围巾。爱心围巾戴在官兵们脖子上，开心笑容洋溢在官兵们脸上，无边的温暖荡漾在官兵们心上。他们找来一块海浪砥砺海风打磨的精美鹅卵石，一面画上蓝天上飞翔的海鸥，湛蓝大海里的渔船和护渔舰艇，美丽小岛的高耸灯塔和威武哨兵；另一面写上自己的心里话：赠予敬爱的爱心爷爷/北礵岛全体官兵。一同寄来的还有一封感谢信：您寄来神秘包裹，千里迢迢送来一片爱心，给我们极大的幸福感。军队是人民的钢铁长城，人民是军队的坚强靠山。我们决不辜负党和人民的殷切期望，坚决完成好光荣使命，誓死守护祖国的万里海疆。

　　帕米尔高原的解放军某边防连，在海拔5000多米的地方守边巡防。这里一年两季，大雪封山季与道路开冻季，最低气温零下30多摄氏度。今年3月开冻后，边防连收到新的给养物资与训练器材，还意外收到两个包裹。官兵们好奇地围拢一起，看着指导员李建阳打开包裹。哇！一道道"彩虹"闪闪发光，一条条色彩纷呈的围巾展现在眼前。官兵们赞叹围巾的颜色、款式与编织手艺，胸中升起浓浓暖意。李指导员拨通包裹单上的联系电话，向老人家表达衷心感谢，更表达官兵们保卫祖国保卫和平的决心。官兵们热烈讨论后决定，这些珍贵的围巾，代表祖国和人民的心意，要奖励给全连的巡逻标兵和训练标兵。训练标兵孙晓坤光荣地获得一条金色围巾。孙晓坤将围巾珍藏起来，平时舍不得用，只有重要纪念日才戴。班务会上孙晓坤发言：戴上这条金色围巾，胸中就充满金色阳光，再冷的天也暖洋洋的。我要把武艺练得更好，守好祖国的边关，让党和人民放心。

一张中国地图，挂在老两口的织巾工作间墙上。沿着祖国的万里边防海防线，贴上的113颗红色五角星，是那么醒目和耀眼。一颗颗红五星，照耀着两位老人用围巾温暖的一个个解放军哨所、公安边防派出所、边疆学校。这些年，老两口用坏6架纺车，寄出上万条围巾，也收到许许多多边关人的滚烫心意——其中，有来自祖国各地的锦旗和感谢信、边防官兵的合影和新年贺卡；有来自西藏的哈达，新疆的花帽和绽放在高原的雪莲；有来自边疆海疆的一块块精心挑选打扮的石头……

织巾拥军，是老人一家五代人的爱心传承。

老人的父亲，是河南安阳早期中共地下党成员。老人八岁起就为地下党组织送信，从记事起就看着父母给亲人解放军做鞋子、打手套、织围巾。父亲临终前的嘱托，老人一直铭记在心——不要忘了解放军，不要忘了守卫祖国的官兵。

逢年过节，一大家子人从本村外村、市内省外团聚老人小院之日，就是四代同堂热热闹闹同织围巾同献爱心之时。

一纱一线都是爱。如今，老两口仍然在默默地织围巾。他们要抢在寒冷冬季前，把围巾寄到边疆。

在这个美丽的小山村，河南省安阳市龙安区西洪沟村，86岁的老人赵中福，老伴张娥梅，孜孜不倦，织出了温暖，织出了大爱。

而老人反复说的只有一句话：围巾谁都能织。我做了件普通事，不值得说。

寻访万年稻源

赵丽宏

　　一颗小小的黑色稻米，在灯光下熠熠生辉。这是一颗完整的米粒，米粒上精致的细纹清晰可见，可是它已经碳化，已经穿越了万年时光。在人类的博物馆中，这也许是一件最不起眼的展品，但它吸引了所有访问者的目光。因为，这颗碳化的稻米，有1万年的历史，证明1万年前此处的先民已经开始了稻的耕种。这颗小小的稻粒，像是一粒乌金的雕塑铭刻了时间，让人想象岁月的悠长和大自然的神秘，更让人联想人类文明的道路是多么遥远漫长。

　　这是在浙江浦江的上山遗址博物馆。陪我来参观的，是考古学家蒋乐平。上山遗址博物馆中，保留着当年的考古现场。起伏不平的土层中，到处是发掘过的坑坑洼洼。在这些坑坑洼洼中，曾经埋藏着远古的谜团。是蒋乐平和他的同事们，小心翼翼地拨开岁月的沙尘，让一件又一件见证历史的万年古物展陈在人们面前。

　　1万年前，我们的祖先如何生活？吃什么，穿什么？何处栖息，何以为生？谁能把一万年前的景象复述给今人？

　　很多年前，在浙江河姆渡发现了7000年前人类种植水稻的痕迹，当时曾成为重大新闻。上山遗址最初被发现时，还无法确定年代。这个被人称为上山堰的地方，埋藏着很多古人生活的遗迹。考古学家们发现，这里出土的陶器，多为夹炭陶，陶土中掺杂着许多稻壳。出土的古物中，有不少大大小小的磨石，还有很多石球石棒。这些，似乎都在证明，在这里生活的古代人类，已和稻谷结缘。蒋乐平把出土的夹炭陶片送到北京大学，做科学的测年分析。测年的结果，让蒋乐平吃惊，也让他兴奋：上山出土的陶器，历史超过1万年！而这些1万年前的陶土中，掺和着密集的破碎稻壳。蒋乐平深知这发现的意义，为追踪这些碎稻壳的由来，他进一步做了一个考古学家应做的工作：动手实验。那些类似磨盘的大石块与石球石棒，和稻谷有什么关系？蒋乐平将适量稻谷放到上山出土的磨盘上，然后用一根石棒进行挤压搓磨。做这些动作时，蒋乐平觉得自己就是1万年前的上山先民。也许当年，他们就这样使用这些石头的工具，金黄的稻谷就这样在磨盘和石棒间被反复搓磨。5分钟后，他随意抓出一把经过搓磨的稻谷做统计，结果发现，被脱壳后保持完整的米粒有492颗，碎为半粒的120颗，被碾碎的100颗，未脱壳的只有44颗。这些石磨石棒，可能是上山古人为稻谷脱粒的优良工具。更重要的是，经过科学的分析，上山遗址出土的夹炭陶中的稻谷遗存，有人工栽培的特征。这些稻谷，可能已不全然是荒原中的野生植物，而是经过了人类的驯化和培植，正逐渐化为大地上的农作物，成为人类赖以生存的粮食。

蒋乐平说："考古行为的奇特之处，就是将古人做过的事情重新做一遍，但当这个古人是一位改变历史的巨人，那你是否也有可能化身为巨人？"种植水稻的上山古人，都是最普通的凡人，但他们的劳作，却深刻影响着文明的进程。考古学家也是普通人，当他们用自己的智慧和行动打开远古之门，解开历史的谜团时，他们也和那些古人化为一体，让人类更清晰准确地回溯自己的来路。蒋乐平有一双敏锐的眼睛，有丰富的想象力，也有不辞辛劳的行动力。山野的阳光和风霜，在他的脸上留下了深刻的印迹。这20多年来，他和他的同事们走遍浙江的山水大地，锲而不舍地寻找先人的足迹。而浦江的上山遗址，是他作为一个考古学家的幸遇之地。他在浦江跋山涉水，在上山寻寻觅觅时，感觉和这片土地上的先人有一种超越时空的心灵默契。曾经被很多人忽略的器物和迹象，进入他的视野之后便燃起耀眼的火花，指引着他追根溯源，走向历史的深处。

一个残缺的大口陶盆，一颗小小的稻粒，一块磨盘，一根石棒，一个被揭示的古人村落遗址，成为考古的钥匙，历史之门由此被打开，埋藏多年的秘密被发现。上山遗址的发现，印证着先民万年前的智慧和勤劳。在和自然的相处中，我们的祖先不断探索着求生之道，探索着更加合理的生活方式。上山遗址，是人类走向文明道路上的一个深深的脚印。

在浦江，已经建起了一个造型质朴却内涵丰富的上山遗址博物馆。博物馆坐落在一大片稻田之中，主体是两栋类似茅屋的简朴建筑。当年的考古现场，被保留在博物馆的大厅里。浦江的朋友们陪着我参观，一路介绍着，如数家珍。在这里，能看到上山人用过的各种陶器，有大口陶盆，还有陶罐。大大小小的陶罐上，可以依稀看到神秘的图案，那是一些排列整齐的点，是一些寄托着飞扬神思的线条。还有石头做成的工具，磨盘、石球、石刀、石锤、石凿。而博物馆的中心焦点，是那颗黑色稻粒。在射灯的映照下，小小的万年古稻熠熠闪亮，如钻石，如乌金，牵动着参观者的思绪，让人的联想穿越时空，飞向遥远的古代。

上山遗址博物馆门口，有袁隆平的题词："万年上山，世界稻源。"上山遗址的重大发现，使这位被誉为"世界杂交水稻之父"的科学家深感欣喜，于是挥毫写下这8个字。

正是晚秋时分，风中已有寒意。但上山博物馆周围的一大片稻海，却在天地间蔓延着耀眼的金黄。沉甸甸的稻穗在风中点头，那是沉浸于丰收欢悦的微笑。稻田中，我看到一些装束简朴的农民在劳作，有人在车水，有人在弯腰收割，也有人牵着牛走在田间。走近细看，原来是一组组不动的雕塑。这也是博物馆的一部分。浦江友人笑着对我说："在这里散步，你可以想象，时光仿佛又回到了一万年前。"

视线越过上山的稻田，可以看到地平线上逶迤起伏的山影，这是浦江的仙华山。浦江友人告诉我，在仙华山上，有一些神奇的岩石，上面有远古的神秘雕刻，这些岩雕的年代和成因，至今仍是谜。离开上山遗址，浦江友人带我上了仙华山。在苍茫暮色中，我看到了那些隐匿在荒草中的神奇岩石。岩石上的浮雕，不是文字，也不是具体的物象，而是一些奇怪的符号，如一个个圆睁着或者微阖着的巨眼。神秘的眼神中，有惊奇，有诘问，有沉思，有疑惑。无论是烈日当头，还是夜色弥漫，无论是冰雪覆盖，还是风雨交加，这些眼睛永远在石头上睁着，默默遥望着无垠的苍穹。我想，这些浮雕，会不会和驯化了野生稻的上山人有着某种关联？相信我们的考古学家终有解密的一天。

我的夙愿

陆天明

这几年，每当岁末年初，我总会想起那一年在港珠澳大桥岛隧工程总部待过的日子。当时前前后后待了有一年多时间。最后，我还参加了他们为工程顺利结束而组织的小型庆功会。那场面，热泪与歌声齐飞，可以说所有在场的人——一群在中国或者即便在当今世界都应该算是顶级的工程师，顷刻间都被感动了。正是他们创造了世界工程史上的又一个奇迹。他们在40米深的海底，破纪录地建造了一条长达6.7公里的深埋沉管隧道。由这条隧道连接起了一条55公里长的跨海大桥。这条隧道是用33节钢筋混凝土沉管连接而成。每节沉管重8万吨。当时，世界上几乎没有一家海洋工程企业，建造过这么长这么大的深埋沉管隧道。也没有一家企业相信，中国只靠自己制定的技术方案、靠自己的工程师和工人，能建造出这样一条海底隧道。隧道建成后，香港工程界一位老专家要来看一看，并提出要不要带雨具。因为100多年来世界上建成的深海隧道，无论长短大小，几乎没有不漏水的。我们的同志告诉他，您来我们这儿，不用带任何雨具。但他还是穿着雨靴来了。在看完了这条6.7公里长的隧道后，没有发现一点漏水痕迹，他感到太惊讶了。我们的这条隧道，不仅现在滴水不漏，还承诺120年不漏水。而且，参加建设的这群工程技术人员——从总指挥、总工程师到普通技术人员，全是中国自己培养的。后来，岛隧工程总部的同志受邀访问荷兰一家在世界海洋工程界享有盛名的公司。出乎他们意料的是，这家公司总部的全体人员列队迎接，并在公司总部大门前升起了五星红旗。要知道，在这家公司百年历史中，一共只有两次为到访的同行升起对方的国旗，这表达了他们对于我们工程师和技术人员崇高的敬意。

一年又一年，一年又一年……

这个岁末年初，又让我想起那一年的岁末。那天，我戴一顶俗称"三片瓦"的狗皮帽，脚蹬一双很旧的翻毛皮鞋，身裹一件同样很旧的军用皮大衣，跟随某电影制片厂的几位同志，乘坐一辆老旧的苏式嘎斯69车，为创作一部知青题材的电影剧本去南疆垦区搜集素材。我们遇到了一位剪着齐耳短发、穿一身已经洗得发白的旧军服的女知青。她人修长挺拔，看上去文气少语。一再追问下，她才告诉我们，垦区里的知青绝大多数来自上海，而她来自北京。她的父母都是部队的军官，她是随工作调动的父母来到垦区的。10年了，现在她在农场子女学校高中部任教。也许是咽喉处有轻微炎症，也许是常年讲课养成的习惯，每每说两句她就要轻咳一下。后来我们又知道了她依然单身。我们问她，既然单身，为什么不设法调回北京？她低下头想了想，没有说话。第二天，天刚亮，她主动提出要带我们去看她的学生。我们很纳闷，这么早看什么学生？她把我们带到一个长满旱柳和白杨树的土包上。土包面对着一大片棉田。虽然天刚露点鱼肚白，但是棉田里已经有不少农民在弯腰摘拾深秋时没来得及摘拾完的棉花。这些棉花上都带着霜和雪。这些农民的包头围巾及眉毛上，也都结满了厚厚一层白霜。而就在这个土包上，在每棵粗壮的旱柳和白杨树下，都有几个学生在大声背诵课文。气温低至零下10多度，孩子们每每张嘴，口中喷出的热气便立即变成白雾。我们问她，为什么要在这么冷的早晨，让学生到这儿来温习功课？她说，不是我要求他们来的，是他们自己要来的。他们的父母此刻都在这块棉田里劳作,他们是要看着辛苦劳作的父母来鞭策自己。天大亮后,她带我们去看学生们刻在树上的字——"让爹妈直起腰""一切从现在开始""推开它!世界的大门!"……走下土包时,我们一行人都没有说话。后来,我问她:"'推开世界的大门'这句话,是你教他们的吧?"她说:"是我爹妈教我的。""你觉得你的学生将来能推开世界的大门吗?"我接着问。她答道:"当初我也这样问过我爹妈。他们说,你们每一个人以后能否推开世界的大门,还受其他许多因素的影响。但只要你们有这个愿望和想法,只要你们努力,就一定有希望。"直到今天,我一直忘不了她说这话时的神情,很淡然,却又很坚定。第二天我们走的时候,为了不影响她教学,便没有告诉她。但当我们的车启动时,她还是走出了教室,默默地站在岁末的阳光下,目送我们,依然穿着那一身已经洗得发白的旧军服。

是的,我们全民脱贫奔小康;我们在绿水青山中创造金山银山;我们以充分的决心探索月球和深海的奥秘;我们向雾霾宣战,迎回蓝天和白云……2021年,我们党迎来百年华诞。我们依然会有年轻的男孩和女孩走向遥远的边疆和僻壤,带领更年轻的男孩和女孩,在他们身后的大树上,在他们的心里,以坚决的行动,刻上崇高的理想。

一年又一年,一年又一年……在撕下日历上的那一页时,我问自己,为什么总是忘不了那群工程师和那个北京女孩?他们有的已经退休,有的正转战其他地方。那位北京女孩已成了中年人,鬓边也许屡现灰发了。但我举目所至,大海依然涌动,边疆面貌不断更新。就是这些人,这样的人,他们立足大地上,默默付出,辛苦耕耘。他们所为何来?无非心有夙愿。为此,我在想,在新的一年里,要为这些人、这样的人做些什么?又能为他们做些什么?记录传颂他们的"夙愿",或是他们点点滴滴的努力和所成就的功绩,又或是他们生活的坎坷或内心的某些缺憾？还是别的什么。如果是这样，那就先从这一点做起：别忘了他们。永远记住这样一些以自己的普通却又坚定的存在，去助力中国推开世界大门的中国人！

这也许正是我久久不能放弃的"夙愿"。

新春憧憬

叶 辛

走过极不平凡的2020年,我们迎来了崭新的2021年。在中国人十分看重的新春佳节来临之际,作为我个人,有些什么愿望呢?

首先一个愿望,是和所有人的心愿相同的,那就是祈愿人人平平安安,家家和和美美,共同迎接美好的春天。告别庚子年,金牛迎春来。在我写下上面这句话的时候,正逢中国百姓十分重视的"立春"节气。一大早,明丽的阳光照进我朝南的书房。我的一位痴迷古典诗词的小学同学,给我发来了"立春诗百首"。到了夜里,一位中学同学卡着立春的时辰,又给我发来"立春诗百首"。我以为两人发的是同样的版本,然而一比较,大部分不同。自古到今,我们的前辈文人,写下了这么多关于春光、春风、春花的诗!深圳一位诗人在发给我的诗中写道:"是你们唤醒春天,还是春天叫醒你们。"诗的前面,还配有一张大地春意盎然、鲜花盛开的图片。可见,春天早已走进了人们的心里。

我的第二个新年愿望,是到焕然一新的苏州河、黄浦江畔走一走、看一看。这是和我的5位相交半个多世纪的老同学约好了的。我们6人从小在苏州河边、黄浦江畔长大,在市区的大马路、小弄堂里逛街玩耍。更难得的是,我们还一直保持着交往和联系,哪怕工作、生活在天南海北,也都经常相聚,到如今年过七旬,还是愿意在一起喝个茶、聊上个大半天。去年,有一家报纸发了我们6人当年的照片和如今坐在同一位置上的照片,竟然引发一些文友浓厚的兴趣和纷纷的讨论。现在我们这6个青少年时期的伙伴,都已经不住在原来的老弄堂、老公寓里。近几年,黄浦江两岸的步道贯通了,尤其是苏州河两岸,改革开放这40多年来,搬迁了7000多家工厂,原先年年夏日散发臭味的河道逐渐变成了今天的景观河道。报纸上、电视里、网络上的相关报道,引得我们这几个老朋友心头痒痒的,早规划着要约在一起,沿着当年时常玩耍和穿行的路径,在春暖花开、桃红柳绿的时节,作一次"春游"。光是规划一下,微信群里就热闹成一片了。可见不是我一个人盼着这愿望能早日实现。这个问,苏州河上的游艇开出来了吗?那个说,网红打卡点有很多。还有人提议,走累了可以进望江驿里面品一杯咖啡……这小小的新年愿望,真是十分美好而实际。在今年上海的政府工作报告中,提出推动"一江一河"两岸公共空间品质提升、区域深度开发,推进北外滩建设,加快打造外滩、陆家嘴、北外滩"黄金三角"。我们这些曾经在那里生活过的"老上海",能不关切和深受鼓舞吗?

  第三个愿望,与我去年的采访经历有关。刚刚过去的2020年,我有三分之一时间居住在贵州大山的村寨里,既体验了多姿多彩的民族风情,又目睹和亲身感受到了当地人们如期完成脱贫攻坚的动人业绩。他们在2020年年底之前,在各级政府部门的帮扶下,通过自己的辛勤劳动,越过了贫困线,过上了幸福的生活。我还在与他们的沟通和交往中,敏锐地感觉到,这里自古以来形成的生活习惯,这里的人们所表现出来的精神气质,都在随着时代的进步发展,而悄悄地发生着可喜的变化,与我青年时代在贵州插队落户时所看到和记录下来的,都大不一样了。

  基于这一令人惊喜的发现和认识,我写下了一篇又一篇反映贵州山乡今日风貌的散文,在上海、贵州等地的报刊上陆续发表出来。这些文章汇集成了一本散文集《云山万里满眼春》,并有幸被贵州出版集团列入献礼建党百年的新书名单。我期盼着这本书可以早日出版，更希望它能得到读者的喜爱。这并不是因为我是这些文章的作者，而是因为，这些文章所写到的对象——那些在贵州大山里奋斗的可爱的人们，那些发生在各个村寨里脱贫致富的感人故事，确实应该让更多人知晓，那片土地上所焕发出来的朝气与精神，也应该感动与鼓舞更多的人。

如今，上海正奋力建设创新之城、人文之城、生态之城，充分体现中国特色、时代特征、上海特点。正如贵州偏远山区的面貌在变化一样，今天上海的城市面貌、上海人的精神风貌，也在潜移默化地变化着。我就生活在这样的变化中，也希望在2021年里，好好地、成功地描绘今天上海的精神风貌，把这座大都市的时代气质，用文学的笔墨记录下来。

祝所有朋友春节好！新春吉祥！

布谷声声

关仁山

春天的脚步临近，我梦见了布谷鸟。布谷鸟鸣叫于播种时节，相传是劝耕之鸟。布谷声声，是在提醒农民赶紧播种——虽然现在还没到时候，但是春的气息，确实是近了。

新的一年，我们面临着新挑战，也将迎来新机遇。新的一年是牛年，在牛年里，我们会继续攻坚克难，像耕牛一样勤勉，像土地一样奉献，像往年一样奋斗。

前段时间，我观看了电视剧《山海情》，剧中朴实温暖的脱贫故事让我落泪，也让我看到无数生命奋斗的身影。这让我想到了刚刚过去的这一年，我在太行山区的阜平，在巍巍大山里，亲眼见到了脱贫攻坚的火热场面，听到了很多与脱贫有关的感人故事。为此，我创作了反映阜平人民脱贫攻坚的长篇报告文学《太行沃土》。"只要有信心，黄土变成金。""路走对了，就不怕远！"鸟儿翱翔在太行山湛蓝的天幕上，天地间一片宁静，落霞红得像花儿一样，而我，仿佛闻到了太行山的花香。

2020年2月29日，河北省人民政府发布通知，经河北省扶贫开发和脱贫工作领导小组同意，批准围场满族蒙古族自治县等13个县和涿鹿县赵家蓬区退出贫困县。其中就包括阜平县。这标志着河北省贫困县全部"摘帽"，阜平县正式脱贫摘帽！喜讯来得似乎突然，却又都在情理之中。明媚的阳光带来金色的消息，带给人们惊喜和振奋，同时还有太多的感慨。记得阜平县扶贫办工作人员报告最后一个农民成功脱贫的那一刻，哽咽了。因为这一天，来得太不容易。在采访中，我深切地感到，阜平人的奋斗里蕴藏着动人的风景。在实现民族复兴的征程中，阜平人民成功脱贫，这是他们的光荣与梦想。我想，走进2021年，阜平的脱贫攻坚会与乡村振兴完美对接，美好的乡村建设图景就在眼前。

太行山啊，与我们的生命一样，苍茫而浩荡。那是一幅我们永远看不够的风景。那山中的风声，是阅尽艰辛的无字之书。行走在太行山里，行走在脱贫攻坚的火热现场，我欣喜地看到山区百姓的成长，他们在脱贫之后，焕发出了完全不一样的精神面貌。相信在新的一年里，太行山里的人们会品尝到越来越甜美的幸福生活。

去年年底，北京至雄安新区城际铁路全线开通。之前，为了创作长篇小说《雄安雄安》，我来到了沸腾的雄安工地。那里，建设大军正在夜以继日地建设与劳动。雄安，这座未来之城、生态之城、科技创新之城，为我们提供了广阔的想象空间。我久久凝望着拔地而起的新楼房，凝望着碧水荡漾的白洋淀，既有清新的感觉，又为之感动、振奋。这里确实很美，引水工程竣工，绵延的秀林已见规模。雄安人民和阜平人民一样，对美好生活的追求，是一步一个脚印、一棒接着一棒，踏踏实实走出来、干出来的。在有限的时间里，他们完成了艰难的跨越，让我们又一次邂逅巨大的惊喜。今年的雄安，又将会是一番新模样！

去年晚秋，在太行山上，我看见一位家里已经脱贫的小女孩在捡红果。当时，我们登上一个山头，当地朋友告诉我们可以摘红果了。扭头望去，只见红果树成片，落地的红果像地毯一样，日光照下来，那些碎红直晃人眼睛。这种场景对我来说很新鲜。红果已经熟透了，但是却没人采摘。村里人说，今年大伙儿忙着食用菌、手工业等大活儿，没有人上山来摘红果。红果轻轻落下来，然后悄无声息地融入土地。我捡起一些红果,挑了一个大的放进嘴里,顿时满嘴酸酸的,心里格外畅快。这时,我听见不远处传来红果哗哗落地的声音。循声望去,只见红果树下有位小姑娘在使劲地摇动树身。她摇动几下树,接着闭上眼睛享受着红果纷纷落下、砸在头上和肩上的乐趣。我久久注视着小姑娘摇树的身影,聆听着红果落地的声音,一时间沉浸其中。于是,我不再捡红果,也找到一棵红果树摇动起来。红果砸在身上的确别有一番快乐,特别是红果落地的声音十分好听,更引发着某种关于大山里生命的联想。那些落下的红果,轻轻撞击着我的心灵,敲醒了沉睡的大山。

山河无恙,共盼春来。在梦中,我听见了布谷鸟的声音,布谷鸟的叫声与太行红果的落地声杂糅在一起,我感到这声音是如此动听,有着醉人的美好。在这美妙的畅想中,我懂得了如何去珍惜人生的每一个过程。我们应该有一颗灵敏的心,这颗心比眼睛看得更远……

柳青与他的"三字经"

肖云儒

1962年夏天,我22岁,大学毕业分配到陕西日报社文艺部工作还不到一年。我给陕西作协(那时叫中国作协西安分会)的专业作家柳青、杜鹏程、王汶石、魏钢焰,以及广州的秦牧、上海的吴强、福建的郭风等知名作家去信约稿。不久,杜鹏程、秦牧、郭风各寄来一稿,王汶石用毛笔回信说暂无短稿,有即奉上,而柳青杳无回音。

我不死心,便"打上门去"。那时通信不便,从西安市打电话到柳青所在的长安县算长途电话,且要乡村邮电所去几里路外的柳青家中叫人接听,预约困难。于是我干脆骑上自行车,骑了20多里路,"找上门去"。上神禾塬,下蛤蟆滩,进皇甫村,一位老乡把我引到柳青住的中宫寺,喊门:"老叔,有人找!"进得门去,只见穿对襟褂子、踏千层布鞋、平头、蓄髭、晒得黝黑的一位"半老汉",正在院子里侍弄菜地。那正是柳青。

我自报家门,说明来意,他让坐、倒水。沉吟片刻之后,便径直说:"云儒呀,好稿子不是'约'得出来的,不是命题作文写得出来的。心里有话说,才有稿子可写。有了合适的稿子我会寄给你们。"尽管柳青的话说得很慢很缓和,斟酌着用词,怕伤了眼前这位刚工作的年轻人,目光却如解剖刀般锐利,正像他的中篇小说《狠透铁》中描写的那位老支书的目光,很有一股子"咬透铁锹"的自信和倔强劲儿。

三四个月之后,1962年的初冬,报社的文书登记稿件,在自由来稿中发现了柳青的《耕畜饲养管理三字经》的原稿和亲笔信。一位享誉全国的小说家会写"饲养管理三字经"这类东西吗?文书要我们确认这是不是那位写《创业史》的大作家柳青。联系远在村里的作者很不方便,我们比对了原稿和《创业史》扉页上印的作者笔迹,又联系柳青在作协的一些老友辨认,确定这就是"那个柳青"。于是,文艺部副主任叶浓将稿子交给我,要我"认真"处理,"从速"编发。

但在编辑过程中出了一点小插曲。刚参加工作的我,年轻气盛,有点不知天高地厚,总觉得"三字经"中有几句韵似可推敲,便斗胆在原稿上用红笔改了。叶浓不认同我的做法,一定要我送作者本人过目同意,才能发稿。于是我和另一位年轻编辑张田又结伴跑了一趟皇甫村。

柳青见了我在他原稿上改动的韵,显然不高兴:"你是外地人,说的是带南方口音的普通话,我这个韵是老陕话,本地农村好流传,农民好用。"眼镜片后,目光又像解剖刀那样亮起来,我又一次感受到关中老农"咬透铁锨"的劲儿。我坐在那里好一阵尴尬,只好默默将稿子认认真真重看了一遍,躲着他的目光、放低声音说:"老柳呀,看来稿子改得确实欠妥。我想大约有三个问题,一个是我的口音问题;二是我没有考虑到你在文中有几处转韵,按一韵到底念,当然念不顺。最重要的一点,你主要是从'用'着眼,要在农村实际中有效有用,而我更多是从'读'着眼,过多拘泥于体裁、文字,太书生气了。"他的眼光慢慢柔和起来。

《耕畜饲养管理三字经》的原稿,是秀气的钢笔字写在发灰的糙纸上。在与原稿一同寄来的给编辑的信里,柳青写道:

编辑同志：

这篇《耕畜饲养管理三字经》是今年4月间，长安县皇甫公社的王培海等同志和胜利大队的王家斌等同志集体讨论，由我执笔编写出来的。经过全公社的社员、饲养员和干部提意见，几经修改，成为现在这个样子。我们起初仅仅是讨论"耕畜饲养管理公约"，讨论到后来形成了写一本"三字经"的想法。我们这样做的目的是一方面想使它起一个群众公约的作用，另一方面想使人们易于接受，便于记忆。不知道能不能达到这两个目的？现在寄给你们，希望发表出来，请有兴趣的读者同志指正。我们还想编一篇生产队经营管理的"三字经"或"千字文"，因为我没有这种才能，所以一直没动手，希望有这种才能的同志在群众和干部的集体帮助下早日完成这个工作。现在发表的这个东西是抛砖引玉。

敬礼！

柳青
1962.11.28

当时正值"三年困难时期"，农村草料紧缺，牲畜瘦弱，柳青想用这种通俗的文体，归纳一下喂养牲口的经验，在农村推广，以复壮牲口，提升农村生产力。

今天，透过历史的镜头重读柳青的信和《耕畜饲养管理三字经》，对柳青作为作家的社会责任感的理解更深了。

在文章中，柳青用的是完全彻底的驻村干部和农业劳作者的身份、感情、思路和口气。柳青为了在作品中写好农村、农民，自觉地创造了、选择了这条作家驻村当农民的路子,自觉地坚持14年不改初衷。

柳青关注和操心的是农业生产和农民生活中切切实实的问题,表现出了一位老共产党员的理论水准、思想觉悟和求真务实的勇气。联想到柳青后来在《人民日报》发表《建议改变陕北的土地经营方针》(1979年2月1日)一文,从当时实际出发,提出陕北应该尽早休耕粮食、还林还草、多种苹果。他写道:"我自信为了人民,绝无私念,更无其他意图,因为我没有完成写作计划以外的任何目的。这个建议的立场、观点和方法,如有错误,愿接受批评。"这就是一位党员作家的担当和勇气。作家不但是社会和心灵的书记员,也应该是社会和心灵的建设者。

整个"三字经"的产生过程,体现了柳青虚怀以待群众、真情体恤民瘼的情怀,他不是象牙塔里的作家,而是一位深知农村、农民、农业的文化人,是一个切实工作、注重实效的人。他一再强调"饲养管理三字经"是经过群众讨论修改,又在实践中传播、检验最后形成的。而且表明以后若再搞此类东西,也要从群众中来,到群众中去,一定要对农村生活有实效实绩。这和他作为文艺家在文学和美学上的自信、坚定稍有不同,我们看到的是在群众和实践面前,他的真诚和虚怀若谷。

柳青的来稿于1962年12月22日在《陕西日报》"秦岭"副刊头条发表,很快引发了社会各界的关注。评论家艾克恩读了文章很受触动,他说:"可见作家为农民服务的方式和途径并不是狭窄的,而是广阔的,不是单一的,而是多种多样的。"中国作协西安分会主席胡采写道:"作家柳青同志在农村,没有浮在生活之外和生活之上,而是深深置身于生活之中,置身于人民群众之中,他以自己的切身行动和人民一道,和革命干部一道,扛生活的担子,扛革命工作的担子。"

1963年8月,中国青年出版社出版了这个"三字经"的单行本,首印38000册。殊为难得的是,单行本请到了著名书法家邓散木用毛笔书写文字内容，著名木刻家杨永青为之配图。

············

时间已经过去了近一个甲子，《耕畜饲养管理三字经》的编辑、发表和社会影响，至今历历在目，余音不断。有时候，一段普通的经历，一不小心便成了历史，恒久地温馨着也鼓舞着后人。

深巷里的老墙

梁 衡

在婺源农村小住几天。徽式民居总是窄窄的巷子,高高的墙,房与房的距离又近,一出门,迎面就是一堵墙,一走路,人就夹行在两墙中间。每天出出进进,这墙就是一页读不完的书。

当地传统的砌墙方法是薄砖立砌、横搭、中空、填土,再外涂白灰。这样既节省材料又可保温,而且土在墙中,寓田于墙。新墙在刚落成之时洁白如纸,就是我们常看到的白墙黛瓦的徽式格调。当初,一位泥瓦匠完成一座新房或一堵新墙时,断没有想到他却为大自然提供了一张作画的温床。

岁月之笔是这样作画的。先用细雨在墙上一遍一遍地刷洗,再用湿雾一层一层地洇染,白墙上就显出纵横交错的线条和大大小小的斑点。论层次,这里有美术课上讲的黑、白、灰的过渡;论形状,则云海波涛、春风杨柳、山石嶙峋,胜过一本《芥子园画谱》。我儿子是学画的,他说国画里所讲的线条、皴法、留白,西画里讲的光影、色调、透视,在这墙上都可以找到,就是课堂上没有讲过的这里也有。人工艺术在自然面前是这样渺小,他自从住到这里就再也没敢画过一笔画。正是"眼前有景画不得,神来之笔在上头"。

但大自然并不满足于平面的艺术。风雨如刀,岁月如锥。白墙这里被铲去一块皮,那里被刻出一道沟,有时还被随意抽去一块砖,甚至推倒半堵墙。然后，再借来四面八方的种子，乘着风和雨，漫天摇落在墙头。那些绿色的生命便悄无声息地栖身到砖缝里、墙皮间、红土中，甚至就借着一丝湿气黏附在光洁的墙面上。它们才是真正的"蜘蛛侠"，缘墙而走，无处不在，无缝不生。村里古祠堂有一面大院墙，上面就爬满了积年生的薜荔果，果可生吃亦可做成凉粉。这是一面既能看又能吃的墙。植物学家考察物种的多样性，有一个方法叫"打方"，即在地上划定一个正方形，细数其中植物的种类和数量。我就试着任选了一面墙，借手机上的识花软件，一个一个地认识这些从未谋面的花草。单听这些名字，就让你心里暖暖的。那紫云英，本是水田里的绿肥作物，这时也飞上墙头，从叶间探出紫色的小花，回望它走来的田野；有名"窃衣"的，是隐身高手，它开着白色的小花，籽带绒毛，总能偷偷粘在衣服上跟你回家，落户墙角；有一种野草莓，酸酸甜甜，名"蓬蘽"，唐人贾岛的诗里居然写到它："别后解餐蓬蘽子，向前未识牡丹花。"

你随意漫步吧，土墙、石墙、砖墙、篱笆墙，满墙上都草解人情，花惹人爱。只要你有耐心，任选一墙，就可以面壁一两个小时，像是在美术馆里看画展。不，比画展更好看。这是一面面实实在在的生态墙、文化墙。你想，无数个鲜活的生命自愿齐集到这面老墙上，跻身砖石，扎根红土，探身招手，与人共舞，这是一种什么样的情景？更可贵的是这些鲜活的花草并不欺侮无言的老墙，在完成最后的布局后，还没有忘记露出一方红砖、突显一块青石或留下一段粉墙。仿佛提醒着你，这不是一般的纸上图画。

一天，我偶然与儿子说起这几日读墙的感觉，他说："你不知道咱们这房子的西边有一面老墙，每当夕阳晚照时，那种历史的沧桑感让人心里发颤。我修这房子时专门为了它开了一扇西窗，为了能最佳取景，还不厌其烦地改窗框、配窗帘。但突然有一天西边冒出了一座新房,壁立眼前,挡了个严严实实。"

第二天,我就去寻访这堵老墙。原来它曾是一座三层楼高的民居,已三面坍塌,唯留下一个楼的直角兀立在窄巷之上。直角往南的一面墙还比较完整,袒露着砖块横竖相砌的纹路和白色的灰缝,甚至你都能感觉到还有一位砖瓦匠正在工作。而靠北的那段已经塌得只剩下一条棱线,清晰地露出墙的筋骨结构。只见碎砖破瓦如瀑布一样倾泻下来,犬牙交错的砖块间露出当年填充的红土。唯有那个高高的楼角还十分完整,在蓝天的背景下划出一个标准的直角图形。楼角上方白云来去,一只孤雁在天际盘旋,风在轻轻地打着口哨。这时晚霞烧红了天边,风雨楼台,残阳如血。我一时惊呆了,如果要给眼前的这幅画起个名字,就叫岁月。我知道严田这个村子是有来头的,历史上曾出了27位进士。你看脚下的石板路与河边的洗衣石,路上一低头就是一块废弃的古碑,村口一棵宋代的老樟树七八个人才能合抱。岳飞曾在这一带驻军,与悲壮的《满江红》不同,他在这里留下了一首轻松愉快的小诗《花桥》:"上下街连五里遥,青帘酒肆接花桥。十年征战风光别,满地芊芊草色娇。"当年的芊芊草色,现在依旧点染在寻常百姓家的墙头上。

在走回家的路上,我有意绕来绕去多走了几条巷子。为的是再多读几段老墙。有一座土墙矮房,早已被主人遗弃,劣筑的红土墙面上夹杂着石块草根。而一坡青瓦斜披而下,瓦上长满嫩绿的厚厚的苔藓。苔藓这东西很有意思,不管是老砖、旧瓦、朽木、断墙,都一律公平地给穿上鲜亮的绿装。现在这绿苔青瓦的屋檐压得很低,直遮住了老土墙的额头。而墙脚正绽放着一束灿烂的花。

我想,自从人类走出山洞发明了垒墙盖房,墙就与人长相厮守,从此墙上就烙下了人的体温、音容和身影。可惜近年来随着社会节奏的加快，已是弃了泥土，别了砖瓦，不见了柴墙篱笆。难得这深巷里还为我们保存了些有温度的老墙，保存了前人的眼泪和笑脸。我眺望深深的街巷，谁解这老墙里的密码？谁又能读得懂这幅风雨斑斑却又四季变换的青绿山水画？

希望的田野　幸福的模样

彭学明

很早以前,这里的田野是看不到希望的。

这里是千里黄河的最下游、最末端。咆哮的黄河,从巴颜喀拉山一路蜿蜒而来,沿路裹挟的滚滚泥沙,在这里越积越厚,越积越高。这里的房屋因此被河水冲垮了,家畜家禽被冲跑了,田园庄稼被冲毁了,留下的是满目疮痍、一片废墟,是流离失所、灾荒灾难,是成群结队的人逃难逃荒。这就是历史上经常上演的"黄泛"和"黄患"。

是的,黄河是中华民族的母亲河,可母亲河也有不堪重负的时候。历史上,黄河数次改道,最终选择了在这里汇入大海。因为在这里,有接纳她的宽广的心胸,有解放她的天然的出口。这个心胸就是广阔的平原,这个出口就是浩瀚的渤海。当黄河千里迢迢、长途跋涉来到这里时,当她千回百转、左冲右突来到这里时,那种两岸夹击的长期的压抑感,一下子全都烟消云散了。蔚蓝的大海、无边的宽阔、无限的未来,都深深吸引着她义无反顾地投身进去、融入进去,直到变成浩渺大海的波涛,化作波澜壮阔的剪影。

可生活在黄河口的人们却遭了罪、受了苦。黄河沿路裹挟来的泥沙,年复一年地在这里淤积,年复一年地在这里扩大,使这里变成了沙滩沙丘。原本不很肥沃的土地,被一层一层地掩埋了。更不幸的是,由于这里就在渤海边,富含盐碱的海水常年倒灌与浸淤,更使这里变成了寸草不生的盐碱地。黄河每年带来的3万吨泥沙，渤海无法计算的海水，相互作用，让这里的土地长出的都是白茫茫的盐碱，是苦不堪言的贫穷。

这里，就是山东的垦利。

这些，都是历史的景象。

如今，站在垦利的黄河入海口，我们的眼前是浩浩荡荡的大海、横无际涯的辽阔，是惊涛拍岸的汹涌、千帆竞发的壮丽，当然，更是胸怀天下的豪迈！一绺一绺的狂风卷过来。还有一群一群的海鸥，似乎也随着狂风巨浪卷过来、卷过来！可是，无论风多大，浪再高，海就是海，海的辽阔、海的浩渺、海的博大，都把我们的心胸和心情永远地打开了。

在河与海的交汇处，我们可以清晰地看到，黄河的水，如一片黄沙跌宕起伏，而渤海的水，如一块水晶仰天横卧。一望无际的黄和一望无际的蓝，在渤海的怀抱里划出一道明显的分界线。

站在垦利的黄河入海口，我们看到垦利的土地由贫瘠变成了肥沃，垦利的人们由贫穷变成了富有。如今的垦利，到处都是希望的田野，是幸福的模样。

几十年来，勤劳勇敢的垦利人民，在党和政府的领导下，通过撒化学物质化碱、引黄河水压碱、修防渗渠拦碱、铺地下渗管排碱、种耐碱植物抗碱、土地压沙埋碱等多种形式，硬是把百万亩的低产盐碱地，变成了百万亩的高产良田！黄河每年裹挟而来的滚滚泥沙，被这里的人们变废为宝，沙变泥，泥生土，土生金，成了垦利人源源不断的田园、源源不断的财富。垦利的良田，每年都随着黄河裹挟而来的几万吨泥沙而增长着。

我们来到垦利时，垦利的田园正是抽穗扬花的季节。一马平川的黄河冲积平原上，清一色的稻谷绿遍四野。家家户户的田园，就这样浩荡地连接着，连出了气势，连成了风景。风起时，绿色的稻浪像一条条飘带，一层一层摇曳倒伏。时不时地，一个小小的村庄，在一片青绿中藏着。墙白，瓦红，檐矮，烟直。顺着田园走去，你会无意中看到，这稻田、稻谷和稻浪并不是密不透风地连着，而是由细小的阡陌隔着，只是那稻浪太肥了，以至于所有的稻田看起来都连成一片了。在这广袤的田畴里，我们还会看到一条两条的排灌渠，渠的两岸长满了青草，开满了野花，蜻蜓和蜜蜂在花间飞舞，牛群和羊群在岸边吃草。蜜蜂倒很专注于花蜜，蜻蜓却时不时地飞到牛背上来，停在牛尾巴上，一派安谧美好的风景。正当你迷醉在这一派风景中时，时不时又传来一阵"泼剌泼剌"的声音。循声望去，这绿茫茫的稻海里，还藏着无数条鱼，那是鲤鱼，鲤鱼正在稻海里乱拱乱窜、快乐游弋。一层层稻花抽穗了，一层层稻花凋落了，凋落的稻花，正是鲤鱼们渴望已久的美味佳肴，刺激着鲤鱼们兴奋地舞着。

种田的乡亲们，这时都变成了一个个杰出的民间刺绣师。他们别出心裁地选好一块地方，把不同颜色的稻谷种在一起，种成一个个汉字，种成一幅幅图案。于是，我们才知道，稻谷不只是稻秧的绿色和黄色，原来还有红色、紫色、黑色、白色、褐色等各种颜色。我在垦利永安镇二十八村，就见到了稻谷的七彩颜色，见到了稻谷的七彩颜色种出的七彩汉字和七彩图案，还见到了一辆高速飞驰的"动车"、一条飘飘欲飞的"飘带"、几只展翅飞翔的"雨燕"，还有几朵自由翱翔的"白云"和"小康社会，幸福起航"的大字。而在隔渠相望的另一片稻田里，拟人化飞机"超级飞侠"穿梭于世界各地的动漫故事和卡通形象被搬进了田园，七八架"超级飞侠"熠熠生辉地立在田野里，"超级飞侠，勇闯天下"的大字，折射了新一代农人乘着梦想的翅膀走向世界的雄心。

新一代的垦利人，也真是在乘着梦想的翅膀"起飞"。他们不再只是在田野上种粮食,而是种智慧、种理想、种希望、种未来。垦利人把大片大片的滩涂改造成大片大片的耕地,种蔬菜、种果木。每当果树开花时,垦利就举办赏花节;每当果实成熟时,垦利就举办采摘节。桃花、枣花、葡萄花,时时都是赏花时;桃园、枣园、葡萄园,园园都是观光园。垦利人栽培了黄河口蜜桃,一到桃花盛开时,满园争奇斗艳的不仅是桃花,还有天南海北来赏花的游人。特别是那些充满活力的年轻人,个个身披桃红,喜形于色,好像自己就是那朵人们争相欣赏的花;而蜜桃成熟时,那满园飘香的蜜桃,诱惑着无数游人前来采摘和订购,仿佛有无穷的乐趣在这垦利黄河口的桃园里,有无尽的香甜在这垦利黄河口的蜜桃上。那黄河口蜜桃,我没吃过,可我知道黄河口蜜桃富含硒、锶和维生素,荣获了国家农产品地理标志。

还有那浩瀚无垠的湿地。垦利不但把湿地打造成了一方风景、一幅图画,还在湿地里发展养殖,养鱼、养虾、养大闸蟹。早晨或黄昏,当养殖人在湿地里捕鱼、捞虾、抓大闸蟹时,那在晨光里撒开的渔网、在余晖里满载的船舱,该是多么美妙的剪影啊!那迎风摇曳的芦苇把早晨的阳光一抹抹挥洒时,那船桨划破的落霞在水中波光潋滟时,又是多么的诗情画意啊!那在湿地里吃饱了鱼虾而迎着万道霞光冲向天空的一行白鹭,又该是怎样动人心魄的一幅景象!

垦利的田野,不但盛产无公害、无污染的稻米、瓜果、水产和蔬菜,还盛产石油。中外闻名的胜利油田的一部分就在垦利。胜利油田的名字,就是从垦利这片田野里生长出来的。

1965年1月25日,32120钻井队在垦利区胜利村打的坨11井,发现了85米的巨厚油层,试油日产1134吨,属当时日产量最高的油井。当坨11井的石油像一条乌黑的巨龙喷薄而出时,世界为之轰动。中国原来有这么深厚的油脉!原"九二三厂"由此更名为"胜利油田","胜利油田"的名字由此传遍全世界。垦利，也多了一顶皇冠，多了一份荣耀，多了一种资本。

如今，当我站在这座立下赫赫战功的坨11井面前时，当我面对遍地林立的油井时，我马上想到，这坨11油井为何当年一年的产油量就是新中国诞生时全国原油年产量的3倍？想当年，石油工人们是怎样发现这口油井，是怎么开掘这口油井的？该有多少个像王进喜一样的中华人民共和国的建设者，在为之奋斗、为之奉献？

满怀建设激情的新中国石油人，浩浩荡荡奔赴东营，驻扎垦利，饮马黄河尾闾，逐鹿渤海湾畔，在茫茫盐碱滩上，打响了一场彪炳新中国石油史册的围海造油田大会战。不说别的，就说风雪交加中他们住的地窝子和牛棚，就说他们无日无夜地奋战却吃不上一碗像样的米饭，就说他们只能靠肩拉背扛来运送沉重的铁塔、搭建沉重的井架，就可以想象当时的环境是多么地恶劣、条件是多么地艰苦！没有身临其境、亲身经历的人，是难以想象这种艰苦的。

成千上万的东营人和垦利人，也以满腔的爱国热情和饱满的建设激情，拥抱了这些石油人。要田给田，要地给地，要人给人，要力给力，要物给物，无怨无悔地支援着这场大会战。因此，胜利油田的荣誉簿上，永远有东营人、垦利人辉煌的一笔；胜利油田的石油里，也永远流淌着东营人、垦利人的汗水。

渤海边的垦利人，心胸比渤海还宽广。如今的垦利，正健步走在希望的田野上……